Pour bria,

cette plongée dans

La Chine en eaux profondes

en lui souhaitant
un beau voyage dans
une chine qui a bien
changé.

Amicalement,

Sylvio

Londres le 23 juin 2017

Sylvie Bermann

La Chine
en eaux profondes

Stock

Les essais

Couverture Corinne App
Illustration de couverture : © Zeng Fanzhi (b. 1964), *Fly*,
2000 (oil on canvas), Mask Series,
Private Collection / Bridgeman Images

ISBN 978-2-234-07974-8

Avant-propos

Les Chinois aiment les métaphores, les aphorismes et croient à la magie des nombres. À la fin des années 1970, Deng Xiaoping recommandait de s'appuyer sur les pierres du gué pour traverser la rivière en tâtonnant afin de réaliser patiemment et de façon empirique les réformes et la modernisation de la Chine. Celui qui a été surnommé le « Petit Timonier » pensait également que la Chine devait « cacher sa lumière [ou ses talents] en attendant son heure » pour ne pas effrayer le reste du monde. Quelque trente ans plus tard, en 2012, le nouvel homme fort, Xi Jinping, appelait fièrement à réaliser le « rêve chinois », défini comme la restauration de la grande nation chinoise, un pays puissant et respecté, destiné à renouer avec le monde à travers les nouvelles routes de la soie. Le président Xi constatait aussi au moment du 3e plénum du XVIIIe congrès du Parti, consacré aux nouvelles réformes économiques, en novembre 2013, qu'il n'y avait plus de pierres visibles sur lesquelles s'appuyer : la Chine était désormais, selon ses propres termes, entrée en eaux profondes.

Après les « Trente Glorieuses » (1978-2010) qui avaient transformé un pays rural, pauvre et communiste en la deuxième puissance économique mondiale, la Chine s'est trouvée confrontée au revers de la médaille et à de nombreuses difficultés. « Cent ans d'humiliation, trente ans d'erreurs, trente ans de réformes et de croissance fulgurante, et désormais l'entrée en zone de turbulences, les années les plus difficiles » : tel était le verdict lapidaire d'un officiel du Parti lors d'un dîner privé au printemps 2011. C'est un résumé bref et percutant de l'histoire contemporaine. On peut noter au passage que, même si le terme d'« erreurs » paraît faible, il est rare qu'un membre du Parti porte un jugement aussi négatif et catégorique sur l'ensemble de la politique de Mao. Aujourd'hui, le ralentissement inévitable de la croissance, conjugué aux inégalités sociales et régionales, à la corruption, à l'endettement, au vieillissement de la population et aux atteintes à l'environnement risquent de générer des mouvements sociaux et la fédération des mécontentements. Ils imposent la reconversion du modèle de croissance, d'un modèle essentiellement quantitatif fondé sur les investissements et les exportations à un modèle plus qualitatif fondé sur la consommation, les services et l'innovation. Au-delà, à une époque où les sentiments et les ambitions personnelles l'emportent souvent sur les intérêts collectifs, ce qui est en jeu pour les autorités qui président aux destinées du pays est la légitimité et la survie du Parti communiste chinois, même s'il n'a plus de véritablement communiste que le nom. En tout cas, les autorités chinoises se sont plongées dans l'étude du livre de Tocqueville, *L'Ancien Régime et la Révolution*, et l'inventaire des années Gorbatchev pour apprendre à conjurer le mauvais sort. La Chine saura-t-elle créer son propre modèle économique et politique? Dans ce pays fortement imprégné par la culture du yin et du yang alliée à une longue pratique de la dialectique, les contradictions et oxymores pourront-ils, à l'instar de l'économie socialiste de marché, se transformer en atouts?

Une telle mutation en un temps record, aucun pays ne l'a connue. L'écrivain Yu Hua, auteur du roman *Brothers*[1], écrivait que la Chine avait connu en quarante ans ce que d'autres avaient vécu en quatre cents ans. Ce temps accéléré est celui d'une génération résiliente qui a connu les travaux des champs et la « rééducation auprès des paysans » dans le meilleur des cas, mais aussi les camps pendant sa jeunesse du temps de la Révolution culturelle, marqueur indélébile. C'est cette génération avide de rattraper le temps perdu qui constitue les acteurs de la Chine d'aujourd'hui, qu'il s'agisse des dirigeants, des princes rouges, au premier chef Xi Jinping, des capitaines d'industrie, des responsables des médias et des think tanks, ou des écrivains et

1. Yu Hua, *Brothers*, trad. Isabelle Rabut et Angel Pino, Actes Sud, 2008. Le roman raconte la vie de deux demi-frères dissemblables avant et après la Révolution culturelle. Il a été publié en deux tomes en 2005 et 2006 en Chine et a eu un très grand succès car c'est une illustration de l'exceptionnelle accélération du temps en Chine. Voir aussi *La Chine en dix mots*, trad. Isabelle Rabut et Angel Pino, Actes Sud, 2010, qui a été publié à Hong Kong et pas sur le continent.

artistes. C'est un peu l'équivalent de la génération des baby-boomers en Occident.

Curieusement, la Chine maoïste exotique en bleu de chauffe et brassard rouge emprisonnant, affamant, humiliant et tuant des millions de gens avait plus la cote et séduisait davantage les intellectuels occidentaux de tous bords qu'une Chine moderne, entrée dans la mondialisation, certes devenue concurrente de nos pays confrontés à la crise économique mais se normalisant et accomplissant les vœux que nous formions rituellement de développement du tiers-monde en sortant plus de 700 millions de personnes de la misère.

La Chine sera bientôt la première économie mondiale mais le « rêve chinois », mantra maintes fois décliné, va bien au-delà des performances économiques. La Chine est à la recherche d'un « soft power », d'une diffusion de son image et de ses idées, d'une influence sur la scène internationale à la mesure de son histoire et de sa culture plurimillénaire. Elle a surtout soif de reconnaissance. Les Chinois s'interrogent sur les raisons du désamour en Europe et aux États-Unis mais commencent peut-être à comprendre qu'il s'agit de la rançon du succès. Une superpuissance suscite tout à la fois admiration et crainte. En tout cas, comme me l'a dit un jour une chercheuse de l'Académie des sciences sociales : « Vous n'allez pas rayer la Chine de la carte, il faudra compter avec nous. »

Compter avec la Chine, c'est prendre conscience qu'elle est entrée dans nos vies et nos paysages mentaux, et que ce phénomène s'accentuera avec les jeunes générations de Chine et d'Occident. Nous ne serons plus au centre du monde, la part relative des pays européens va diminuer. La Chine d'aujourd'hui est une super-puissance qui a des intérêts à défendre sans commune mesure avec ceux du plus grand pays du tiers-monde qu'elle était jusqu'aux années 1980. Est-ce pour autant une puissance hégémonique? Quels défis pour nous, pour l'Europe? Il est en tout état de cause important de comprendre les mouvements qui sont à l'œuvre, les nombreux paris à relever pour cet immense pays en transition, et comment les héritiers des empereurs et de la Révolution culturelle entendent restaurer la puissance chinoise et prendre toute leur place dans le monde, en remettant en question souvent l'ordre américain. Et, dans ce nouvel ordre du monde, de réfléchir à la manière de vivre en bonne intelligence, dans l'intérêt de tous, dans un esprit que les Chinois aiment à qualifier de «gagnant-gagnant».

La Révolution culturelle s'est officiellement achevée il y a un peu plus de quarante ans. C'est le début de mon histoire avec la Chine, où j'ai vécu au total, sans compter Hong Kong, quelque sept ans à trois périodes clés : la fin de la Révolution culturelle comme étudiante (1976-1977), les débuts de la politique de réformes sous Deng Xiaoping comme jeune diplomate (1980-1982) et l'arrivée au pouvoir, lors du XVIIIe congrès du Parti, du nouvel homme fort de la Chine, Xi Jinping, en tant qu'ambassadeur de France (2011-2014). J'y ai dans l'intervalle effectué de nombreux voyages et missions.

Depuis ce moment charnière où j'ai vécu en plein cœur de Pékin les journées d'octobre 1976, qui ont vu l'arrestation de la Bande des Quatre, la veuve de Mao et ses trois acolytes, mettant fin à cette aventure délirante et sanglante de la Révolution culturelle, la Chine a constitué un des principaux fils rouges de ma vie et de ma carrière. J'étais partie à vingt-deux ans comme étudiante à Pékin. C'était bien avant la pratique des années de césure ou des stages obligatoires à l'étranger, bien avant que l'Institut d'études politiques n'ouvre un bureau de recrutement et de coopération à l'université de Tsinghua et, sous l'influence de son directeur Richard Descoings, qu'il crée des doubles diplômes et accueille comme aujourd'hui des centaines d'étudiants chinois rue Saint-Guillaume. La direction des études m'avait alors refusé une suspension d'un an en m'enjoignant de passer mon diplôme au plus tôt au lieu d'aller «perdre mon temps dans un pays sans avenir». J'avais dû, pour obtenir le droit de partir, revenir à la charge avec beaucoup d'insistance.

Étudiante pendant un an parmi les *gong nong bing* 工农兵, ces étudiants ouvriers-paysans-soldats admis à l'université en raison de leurs bonnes origines de classe, j'ai connu la dernière année des pratiques maoïstes : j'ai repiqué le riz dans les rizières de feu les communes populaires, travaillé à la chaîne dans une usine de transistors, chanté des hymnes révolutionnaires, appris le chinois dans le *Quotidien du peuple* et les textes philosophico-théoriques du président Mao. J'ai connu la période de transition d'un pâle et éphémère secrétaire général du Parti, Hua Guofeng, qui cherchait à mettre ses pas dans ceux de Mao alors que perçait déjà le retour du bâtisseur de la Chine d'aujourd'hui, Deng

Xiaoping, le père de la politique de réformes et d'ouverture.

Pourquoi la Chine? À cette époque, en dehors des actualités cinématographiques présentant invariablement des foules de Chinois exaltés brandissant le Petit Livre rouge, le pays était très loin de nos préoccupations. Même aux « Langues O' », l'Institut national des langues et civilisations orientales, la direction et les professeurs nous mettaient en garde contre l'inutilité du chinois en nous engageant à faire parallèlement des études sérieuses conduisant à un vrai métier. La Chine a été pour moi la recherche d'un monde doublement interdit, une forme de quête romanesque et esthétique à la Victor Segalen[1] du mystère d'une culture symboliquement enclose derrière les murs de la Cité pourpre, dont les codes paraissaient à l'opposé des nôtres, mais aussi d'un pays fermé, à l'abri de ses murailles, dans les turbulences de la Révolution culturelle, dont l'objectif était paradoxalement de détruire ce qui était justement l'essence de la Chine, sa culture. Tout le monde a sa Chine. Une Chine imaginaire, vue avec « les yeux de l'esprit[2] », à l'image du très beau récit de Lesley Blanch, la première femme de Romain Gary, sur les ressorts psychologiques de son amour pour la Russie éternelle qui était pourtant déjà l'Union soviétique. La Chine, comme à l'époque de Voltaire et Montesquieu, ne laisse jamais indifférent. Elle suscite des sentiments forts, soit

---

1. Victor Segalen, *René Leys* [1922], Gallimard, « L'Imaginaire », 1971.

2. Lesley Blanch, *Journey into the Mind's Eyes*, Collins, 1968; *Voyage au cœur de l'esprit*, trad. Guillaume Villeneuve, Denoël, 2003.

d'amour et d'empathie soit de rejet du pays tel qu'il est, imparfait donc, et non tel qu'on le voudrait.

J'avais commencé des études d'histoire à la Sorbonne et, tout en trouvant passionnantes l'Antiquité gréco-latine, l'histoire médiévale de l'Occident et la construction des États modernes, je ressentais la frustration d'une histoire trop européocentrée. L'ouverture sur le monde qui nous était offerte tenait alors en un enseignement portant sur les relations Orient/Occident aux XVIe et XVIIe siècles, dont le maître de conférences avouait que le point le plus oriental de ses pérégrinations était Venise. C'était certes le point de départ du merveilleux voyage de Marco Polo au pays de Kubilai Khan, le Cathay et son éblouissante capitale Cambaluc (Pékin) à l'époque mongole, au XIIIe siècle[1]. La connaissance de ces mondes lointains était malgré tout limitée et livresque, témoignant de l'ignorance et même de l'indifférence aussi bien dans les études secondaires qu'universitaires à l'égard de l'une des plus anciennes civilisations du monde. Les grands romans ou la poésie chinoise ne faisaient pas non plus partie du viatique enseigné dans les lycées. En dehors du *Lotus bleu* et des livres touchants et instructifs du prix Nobel de littérature de 1938, Pearl Buck, si l'on excepte les nombreux récits de voyage des compagnons de route maoïstes, les rayons des librairies contenaient peu d'ouvrages sur la Chine. J'ai fait le choix de l'Asie et plus particulièrement de

---

1. Marco Polo, *Le Devisement du monde ou le Livre des merveilles.* Première publication en franco-italien en 1299. Première édition adaptée en français en 1310. Nombreuses éditions et rééditions.

l'Extrême-Orient parce que c'était l'ailleurs le plus lointain. C'était d'ailleurs au départ l'Asie de manière indiscriminée car j'avais commencé en même temps l'étude du chinois et du japonais. Un certain goût d'Asie était alors porté par les grands maîtres du cinéma japonais, Kaneto Shindo, Akira Kurosawa et Kenji Mizoguchi, dont les films, en noir et blanc, les couleurs de la peinture à l'encre, passaient dans les ciné-clubs et les cinémas d'art et d'essai avec des histoires mystérieuses et poétiques telles que *L'Île nue* ou *Les Contes de la lune vague après la pluie*. J'ai rapidement perçu que tout en Asie procédait de la Chine, tous ces pays ayant été à l'école de l'empire du Milieu, et que le chinois était en quelque sorte le latin-grec de l'Asie. J'ai toujours considéré que la structure d'une langue reflétait la structure de pensée d'un peuple et qu'il était donc indispensable de la connaître. La plongée dans cette littérature, cette sagesse et cette histoire m'a confortée dans la passion de comprendre ce monde. L'écriture idéographique est sans pareille car elle relève à la fois d'une esthétique, d'une poétique et d'un mystère à décrypter. C'est une entreprise très ambitieuse, l'étude de toute une vie même pour un lettré chinois. Au fil de mes études, mon attirance s'est focalisée sur la Chine du Nord, celle des Mandarins, par contraste avec la Chine du Sud, celle des marchands. La Shanghai coloniale, réplique esthétisante de la Chine traditionnelle avec les apports de l'Art nouveau, ne manquait pas d'attrait et de mystère, illustrés à la perfection dans le film du cinéaste taïwanais Ang Lee *Lust, Caution*, et évoquait nos lectures de jeunesse, *Tintin*, les concessions, les triades, les fumeries d'opium, la bohème. Le pouvoir évocateur de la Chine du Nord est cependant très fort : la capitale impériale ordonnée par les points cardinaux, le centre de l'univers, l'absolue perfection de la Cité interdite, les maisons à cours carrées construites en modèle réduit sur le même principe et les portes monumentales de la ville par où entraient les caravanes de chameaux qui avaient parcouru les routes de la soie. En résumé, le vieux Pékin Lao Beijing 老北京, auquel les Pékinois restent attachés par-delà la modernisation forcenée. La ville fortifiée de Pingyao, qui a conservé et restauré ses maisons datant des dynasties Ming et Qing et ses demeures princières derrière ses murailles, où j'aime retourner, illustre cette architecture puissante et sobre, austère même, mais incarnant en quelque sorte la perfection du mystique « nombre d'or ». Ce « virus de la Chine » commun à beaucoup de ceux qui ont vécu dans ce pays, quelles que soient les époques, incite à y revenir toujours. Le choix se posait d'une vie pour la Chine en devenant chercheur ou l'orientation vers une carrière diplomatique plus diversifiée, l'implication directe dans les relations internationales, les négociations sur la guerre et la paix, la connaissance en profondeur de plusieurs pays où le retour des saisons témoigne de l'ancrage dans un lieu. C'est à cela que je pensais lors de mon « premier retour de Chine » à l'automne 1977, à bord du Transsibérien. Souvenirs profondément ancrés des corneilles ou corbeaux noirs volant au-dessus de la Grande Muraille entourée des ginkgos aux écus d'or et des érables rouges ; l'arrêt interminable à la frontière mongole pour changer

16

l'écartement des roues, les bourrasques de neige dans les bouleaux sibériens que l'on prenait en pleine figure en traversant les plateformes ouvertes pour aller au wagon-restaurant, dont les horaires improbables étaient ceux de Moscou mais où l'on mangeait encore du caviar et des blinis ; le lac Baïkal d'un bleu étincelant pendant une demi-journée, la crainte de rester à quai lorsque nous descendions pour acheter les *pelmenis*, ces raviolis sibériens vendus par les vieilles paysannes en fichu aux gares d'Irkoutsk, Krasnoïarsk, Novossibirsk, et le retour de la pluie après le franchissement de l'Oural jusqu'à l'arrivée place des Trois-Gares à Moscou. Avec ce qui restait de ma bourse d'étudiante, j'avais voyagé pendant six jours en « classe dure » avec des étudiants nord-vietnamiens assez rustres et aux propos dogmatiques qui venaient faire leurs études à Moscou. Le contact s'effectuait par le truchement du chef de wagon, jeune russophone de grande classe, confiné dans ce métier à une époque où les intellectuels suscitaient la méfiance et où les relations étaient peu amènes entre les deux grands voisins chinois et soviétique. J'avais heureusement fait la connaissance de deux jeunes voyageuses françaises qui faisaient le trajet en première classe, couchettes molles et fauteuils ornés de dentelles où je pouvais profiter durant la journée du thé du samovar et surtout des douches...

Je suis donc revenue, une fois entrée au Quai d'Orsay, dans ce pays qui, j'en étais convaincue, avait un passé et un avenir, en transitant d'abord par la colonie britannique de Hong Kong (1979-1980), où s'attardaient les derniers « *China watchers* » et où j'ai assisté

17

à la naissance, ou renaissance, du capitalisme chinois avec le surgissement à Shenzhen au milieu des champs et rizières de la première zone économique spéciale, point de départ et emblème des réformes chinoises qui allaient transformer l'économie et les mentalités. J'ai connu l'ère de Deng Xiaoping, omniprésent mais agissant « derrière le rideau », comme en son temps la puissante impératrice douairière Ci Xi. C'était pendant la période d'ouverture du tandem Hu Yaobang, secrétaire général du Parti, et Zhao Ziyang, Premier ministre (puis secrétaire général du Parti, qui fut écarté en 1989 pour avoir soutenu la révolte des étudiants). Ces deux personnalités choisies par Deng pour réaliser la modernisation économique ont été jugées trop libérales au plan politique et leurs noms sont aujourd'hui quasiment effacés de l'histoire officielle, mais leur empreinte reste forte, le fils aîné de Hu Yaobang, Hu Deping, étant aujourd'hui une discrète référence morale pour les autorités chinoises.

Un deuxième cycle en terre chinoise s'est achevé pour moi, mais pendant plusieurs années j'ai continué d'observer la Chine d'ailleurs. De Paris, de Moscou, de New York, de Bruxelles et enfin de Londres. De Paris comme « rédacteur Chine » à la direction de l'Asie du Quai d'Orsay (1982-1986), où j'étais responsable de ce que les entreprises appellent toutes aujourd'hui la « grande Chine » (Chine, Hong Kong et Taïwan). Du Moscou de Gorbatchev (1986-1989) au moment où la perestroïka et la glasnost créaient un climat d'ouverture et d'espoir sans précédent, avant l'explosion du pays et l'effondrement du Parti, traumatisme et contre-modèle absolu à Pékin aujourd'hui. De Paris à nouveau pendant les négociations de paix sur le Cambodge (1989-1991), les premières négociations multilatérales où était impliquée la Chine, qui ont abouti avec l'accord tacite de Pékin à la marginalisation de leurs protégés Khmers rouges et à la réintégration du pays sur la scène internationale. De New York au Conseil de sécurité de l'ONU, où les diplomates chinois qui ont longtemps gardé un profil discret, indifférents aux turbulences du monde tant que cela ne touchait pas à leurs intérêts vitaux naguère relativement limités, se montrent de plus en plus déterminés et actifs. Des institutions européennes à Bruxelles où, en dépit de l'établissement de relations officielles entre l'UE et la Chine, cette dernière figurait peu dans le radar des Européens, qui gardaient le regard tourné vers eux-mêmes ou leur environnement proche, aveugles au basculement du monde qui s'amorçait.

Au cours de mes nombreux voyages et missions au fil des années qui ont suivi, j'ai constaté la métamorphose de la Chine, les transformations radicales du paysage urbain, la frénésie de construction à Pékin dans la perspective des jeux Olympiques de 2008 ou la résurrection de Shanghai – ville punie et marginalisée de la période post-Révolution culturelle – en époustouflant Manhattan du XXIe siècle. Je vérifiais la remarque de Baudelaire selon laquelle « la forme d'une ville change plus vite, hélas ! que le cœur d'un mortel ». Mais c'est seulement lors de mon retour en 2011 que j'ai pris la pleine mesure de l'évolution de la société et surtout de la jeunesse chinoise, qui malgré des doutes ou des difficultés est curieuse, dotée de sens critique et d'humour, joyeuse, dynamique, entreprenante et résolument tournée vers l'avenir. J'ai rencontré aussi ces milliardaires, patrons d'entreprises sortis de nulle part qui envoient leurs enfants, la Chine de demain, étudier à Eton, Oxford, Cambridge et Harvard. J'ai alors connu la Chine des ingénieurs sous le règne du tandem Hu Jintao-Wen Jiabao, que certains ont pu qualifier, à tort peut-être, l'avenir le dira, de « décennie perdue ». J'ai enfin connu l'espoir suscité par l'arrivée au pouvoir en 2012, lors du XVIIIe congrès du Parti, des dirigeants de la cinquième génération ralliés autour de Xi Jinping, nouvel empereur de la dynastie communiste, dans la lignée de Mao et de Deng Xiaoping. J'ai rencontré de jeunes blogueurs impertinents et suivi avec la même curiosité que les internautes chinois les turbulences politiques et les luttes pour le pouvoir avec l'ascension et la chute dans des conditions rocambolesques de Bo Xilai, avant celle d'autres « tigres », victimes de la campagne contre la corruption. J'ai vu l'installation à des fonctions clés des successeurs potentiels de la sixième génération, qui devraient arriver au pouvoir à la faveur du XIXe congrès du Parti à l'automne 2017. J'étais triste de quitter la Chine à la fin de l'été 2014 mais fière d'avoir occupé ces fonctions de représentante de la France au moment du renforcement de nos rapports bilatéraux avec la célébration du cinquantenaire de l'établissement de relations diplomatiques. J'avoue aussi que je considérais cela comme une forme d'accomplissement après avoir fait, en véritable pionnière, le choix de la Chine trente-cinq ans plus tôt. Cela a d'ailleurs été mis à mon crédit par mes interlocuteurs pendant mon séjour en Chine.

De retour en Europe, à Londres, les liens n'ont pas été rompus. J'ai vu en octobre 2015 – au journal de la BBC – le président Xi, impérial dans le carrosse de la reine d'Angleterre, et écouté son grand discours à la City, moments forts symbolisant la revanche sur l'histoire après les guerres de l'opium qui avaient déclenché « le siècle de l'humiliation chinoise ». Londres est par ailleurs peuplée d'« *Old China Hands* », terme singulier qui signifie à la fois connaisseurs et anciens de la Chine, souvent passés par l'ancienne colonie britannique et qui aiment se retrouver autour d'un déjeuner de *dim sum* à Chinatown. Je retourne régulièrement en Chine pour voir mes amis, retrouver l'atmosphère des *hutong* 胡同 – le nom mongol de ces anciennes ruelles bordées de maisons à cours carrées de Pékin –, l'odeur si particulière de la Chine et écouter les dernières anecdotes de la vie politique.

Au cours de ces quelque quarante années, j'aurai vécu dans ces deux Chine dont je voyais souvent les scènes comme sur un écran dédoublé : vision d'une Chine hypermoderne et du comportement audacieux des petits-enfants du président Mao ainsi que des businessmen se superposant ou se juxtaposant avec mes souvenirs prégnants de la Chine maoïste et austère en bleu de chauffe. Une Chine qui relève du Moyen Âge ou de la préhistoire pour les jeunes Chinois. C'est la perception souvent troublante mais très éclairante de ces contrastes qui m'a inspiré ce livre, lequel ne constitue pas des mémoires ni un récit historique et linéaire, encore moins des secrets diplomatiques. Sur ces sujets, je conseillerais la lecture du livre de Caroline Puel, *Les trente glorieuses chinoises*[1], qui retrace chronologiquement, en les mettant en perspective, les trente années qui ont transformé la Chine. Il s'agit ici de souvenirs, de témoignages, de notations et réflexions qui ont souvent suscité l'intérêt et la curiosité de mes jeunes et moins jeunes interlocuteurs chinois, anglais ou français, qui m'invitaient à mettre cela sur papier.

---

1. Caroline Puel, *Les Trente Ans qui ont changé la Chine*, Buchet-Chastel, 2011 ; réédition mise à jour sous le titre *Les trente glorieuses chinoises*, Perrin, 2013.

1

L'année du Dragon de feu,
la perte du mandat du Ciel

Bruits de gongs et de tambours dans l'air limpide de l'automne pékinois commençant. Nous suivons ces sons lancinants qui rythment de toute éternité les événements grands et petits de la vie chinoise. Nous parvenons en vélo à la place Tiananmen, où nous sommes témoins d'une authentique liesse populaire à l'annonce de la chute de la Bande des Quatre, qui a mis un terme officiel à la Révolution culturelle. C'était le 6 octobre 1976, une journée historique et le début d'une nouvelle ère en Chine.

J'étais arrivée trois semaines plus tôt comme étudiante en chinois à l'Institut des langues de Pékin. Le départ des élèves boursiers prévu autour du 10 septembre avait été reporté de quelques jours à la suite de l'annonce le 9 septembre du décès du président Mao. Les échanges culturels entre la Chine et les pays étrangers, interrompus pendant la Révolution culturelle, avaient repris trois ans plus tôt pour les pays qui entretenaient des relations diplomatiques avec Pékin. Il n'y avait donc pas encore d'Américains, à l'exception d'une étudiante sino-américaine qui bénéficiait d'un statut dérogatoire.

Après dix-huit heures de vol et trois escales – à Dubaï, Karachi et Bangkok –, c'est l'arrivée à Pékin dans le petit aéroport d'une petite ville, pour ne pas dire de campagne. Les Pékinois devant l'aéroport, dont la façade extérieure était ornée d'un portrait endeuillé du fondateur de la République populaire, portaient tous sans émotion apparente un brassard noir. Ma première image de la Chine.

Une route sombre bordée de peupliers conduisait au cœur de la capitale. Quelques réverbères rustiques attiraient, les soirs d'été, les amateurs de cartes ou d'échecs chinois dont les maisons ou masures étaient dépourvues d'électricité. Assis en rond sous le cercle de lumière et donc à moitié sur la route, tout à la passion du jeu, ils étaient indifférents au danger des camions et des rares voitures qui parfois les voyaient trop tard pour les contourner. Certains joueurs l'ont payé de leur vie.

Pékin était alors une ville grise au bord du désert de Gobi, d'où soufflaient parfois les vents jaunes transportant des sables qui pénétraient par l'encadrement des fenêtres, crissaient dans la bouche et irritaient les yeux. C'était, comme le chantait Francis Lemarque dans une chanson des années 1950 que fredonnait mon père, *Mon copain de Pékin*, « une ville pleine de poussière tout au bout de la terre ». Des petites maisons de pisé construites au bord des routes, refuges de la population pendant le terrible tremblement de terre de Tangshan en avril, doublaient l'habitat et accentuaient le côté un peu lunaire de la ville. Les jeunes couples, à la recherche d'intimité, y sont restés pendant plusieurs mois jusqu'à ce que tombent les ordres de détruire ces cahutes.

Les vieilles maisons patriciennes à cours carrées *siheyuan* 四合院 de la ville tartare autour de la Cité interdite, dans les quartiers de la tour du Tambour et de la Cloche laissées à l'abandon, et celles plus modestes de la ville chinoise au sud, partagées depuis la Révolution culturelle entre plusieurs familles, étaient dépourvues d'hygiène et de confort mais faisaient le charme de la capitale du Nord décrite par Lao She et Victor Segalen. C'était encore une ville horizontale.

Rue Wangfujing / rue du « puits de la demeure Wang » 王府井, surnommée les « Champs-Élysées pékinois » et principale artère commerçante depuis les dynasties des Ming et des Qing, avec le Baihuodalou 百货大楼, le « Goum pékinois », véritable temple de la consommation offrant les cent produits annoncés dans son nom : des thermos décorées de pivoines aux couettes moelleuses en duvet d'oie ou de canard, en passant par tous les instruments de bricolage et des produits artisanaux en bambou. Les paysans venaient s'approvisionner en carrioles. Des centaines de vélos noirs presque identiques et tous dotés d'un antivol, dans un pays supposément vertueux où le vol n'était pas censé exister, stationnaient sur le parvis. Les caissiers ou caissières, aux doigts agiles, comptaient à une vitesse redoutable sur leur boulier, l'un des plus anciens instruments de calcul au monde et au demeurant pratiquement le seul à l'époque. Même quand ils étaient munis également d'une calculette posée à côté sur le comptoir, ils la dédaignaient au profit du boulier. On dit en effet que les calculs sur abaque étaient plus rapides que sur les calculatrices électroniques, voire que sur les tout premiers ordinateurs.

L'autre bâtiment à la modernité toute soviétique et le plus haut de la capitale était l'Hôtel de Pékin. Cet hôtel mythique, confortable et doté des seules toilettes à l'occidentale de la ville, accueillait les rares hommes d'affaires pionniers qui y louaient à l'année leur chambre et leur bureau de représentation. C'est là aussi que séjournaient les touristes français attirés par l'exotisme de la Révolution culturelle. Les vélos, unique mode de transport individuel, en majorité de la marque Pigeon volant comme le mien, ont envahi les rues de Pékin jusque dans les années 1990, à tel point que lorsque ont été construites les premières contre-allées cyclables dans les années 1980, ces dernières étaient empruntées par les quelques taxis et les rares voitures de diplomates alors que les cyclistes continuaient de parader en rangs serrés, actionnant leurs sonnettes grêles, au beau milieu de l'avenue de la Paix éternelle. La chorégraphie lente et harmonieuse des gestes des agents de la circulation vêtus de blanc sur leur podium était impuissante à renverser le cours des choses. Une parade « vintage » de ces bicyclettes, symbole par excellence de la Chine maoïste, a été organisée à Pékin en 2013, la « Beijing Vintage Ride ».

C'était l'époque où les signes ostensibles de richesse étaient « les trois choses qui tournent » : les montres, les vélos et les machines à coudre, de la marque Singer bien sûr. On racontait que la piètre qualité des montres de marque soviétique vendues aux Chinois leur avait valu le surnom moqueur de « montres bravo » car elles s'arrêtaient dès que l'on applaudissait. Une seule ligne de métro parcourait Pékin d'est en ouest. Son principal objectif était de constituer un abri antinucléaire pour les cadres et la population, qui se sentaient menacés par la guerre susceptible d'être déclenchée par l'Union soviétique révisionniste, perçue alors comme l'ennemi principal. Les étudiants étaient les seuls étrangers à avoir le droit de visiter ces longs couloirs qui constituaient une véritable ville souterraine. Je me souviens de salles assez larges et de réserves de nourriture. Cela avait été conçu par nos professeurs comme une sortie de classe et l'occasion de nous alerter sur le danger que représentait l'Union soviétique. La troisième guerre mondiale, qui avait été l'obsession de Mao, nous était présentée comme inéluctable. Le ressentiment à l'encontre des Soviétiques, accusés en particulier d'avoir lâché les Chinois en rappelant leurs experts aux pires moments de la crise économique et de la famine – causées par le Grand Bond en avant –, était particulièrement fort. Mao avait également été très hostile au rapport secret de Khrouchtchev condamnant Staline. Les Chinois, qui se plaisent à jouer avec les noms, avaient rebaptisé l'impasse où se trouvait l'ambassade soviétique « rue de l'Antirévisionnisme ». C'était l'adresse figurant sur la plaque qu'il fallait donner au chauffeur de taxi. Cette ambassade était une ville dans la ville. Elle était dotée d'une église orthodoxe sur un terrain fourni dès 1715 au patriarcat russe et constituait l'unique représentation étrangère jusqu'à ce que les puissances occidentales imposent à la Chine l'ouverture de relations diplomatiques en 1860, après la deuxième guerre de l'opium. Signe de méfiance, tout le personnel jusqu'au jardinier et au balayeur était soviétique, et il était toujours russe à mon départ en 2014. Cette ambassade est aujourd'hui au cœur d'un nouveau quartier russe (Yabaolu) orné d'affiches en caractères cyrilliques, où l'on vend fourrures, chapkas et autres produits importés. Lieu, dit-on aussi, de nombreux trafics.

À mon arrivée en Chine, sur la place Tiananmen, les portraits de Marx, Engels, Lénine et Staline encadraient encore, accrochés aux frontons du Palais du peuple et du musée de la Révolution, celui de Mao qui continue de surveiller la capitale depuis la porte sud de la Cité interdite. Je ne me souviens pas exactement quand on les a retirés pour laisser Mao seul en majesté mais je sais qu'ils avaient disparu peu après la chute de la Bande des Quatre. Des milliers de statues géantes de Mao le bras droit levé, comme donnant une bénédiction, accueillaient à l'entrée des universités, des usines et des bureaux les étudiants et les travailleurs. Mao nous attendait à l'entrée de l'Institut et nous avions à ce moment-là le sentiment de revenir à la maison, après avoir pédalé pendant une heure contre le vent sur des routes de campagne sombres depuis le centre de Pékin.

La rue était bruyante car des haut-parleurs diffusaient en permanence des instructions, des slogans politiques et pendant les fréquents défilés les chansons rouges encore en vogue : *L'Orient est rouge, Pour naviguer en haute mer il faut un timonier* ou *Sans le Parti communiste, il n'y aurait pas de Chine nouvelle.* Chansons aux paroles galvanisantes, au rythme entraînant, qui me restent en mémoire à force de les avoir entendues, et chantées, et au son desquelles les quinquagénaires ou sexagénaires dansent aujourd'hui avec allégresse ou nostalgie dans les parcs des villes.

Les camions crachaient leur fumée noire. J'entendais au petit matin dans les rues de Pékin les sabots des ânes qui tiraient entre autres leur carriole de fumier. Les triporteurs portaient des charges qui faisaient dix à vingt fois leur volume. Survivance de ces années, on en trouve encore de nos jours au milieu des voitures de grand luxe et des 4 × 4 qui ont envahi Pékin. Des femmes aux pieds bandés promenaient fièrement leurs petits-fils aux culottes multicolores fendues à l'arrière dans des berceaux en bambou souvent ornés d'un petit drapeau rouge. L'odeur de Pékin, indéfinissable mais si caractéristique surtout l'hiver, un peu douceâtre, faite de poussière de charbon, de froid et de camphre peut-être, est restée imprégnée dans la mémoire de tous ceux qui ont connu les années 1970 et 1980. Les ciels de la capitale étaient pourtant encore bleus, de ce bleu limpide et intense décrit par les écrivains pékinois des siècles précédents.

Les superbes locomotives à vapeur, hautes, couleur d'ébène, au châssis rouge et noir, que l'on peut admirer au musée du Chemin de fer de Kunming, conduisaient lentement et au rythme berçant des tchoucoutchouc ses passagers en couchettes baptisées molles ou dures puisque les classes n'avaient pas droit d'existence dans un pays communiste supposé égalitaire, le politiquement correct de l'époque... Les étudiants étrangers menaient un combat généralement perdu d'avance pour voyager comme les simples Chinois dans les pires conditions dans ces wagons dont les couchettes dures, très dures même, s'alignaient dans les odeurs persistantes de sueur, d'ail et de tabac bon marché. Il fallait quinze heures pour aller de Pékin à Shanghai, alors qu'il en faut à peine cinq aujourd'hui. Les liaisons aériennes étaient peu nombreuses et la compagnie chinoise CAAC, dotée de vieux appareils soviétiques, était surnommée « *Crash All Around China* ». Les passagers y transportaient de nombreux paquets entourés de papier journal, plus ou moins bien ficelés, mais également, je me souviens, des poulets vivants et caquetants. Parfois, le pilote n'attendait pas que tout le monde soit installé avant de commencer à rouler sur la piste. Les déplacements étaient rares à cette époque. On était loin des grandes transhumances d'aujourd'hui, des centaines de millions de personnes rendant visite à leurs familles pour le Nouvel An et les vacances n'existaient alors presque pas. On ne quittait pas sa province ou sa ville natale, où le *hukou* 户口, le « certificat de résidence », imposait de vivre, de travailler et de mourir. Les salaires de quelques yuans, alors que les maisons, les études et la santé étaient à la charge du gouvernement, ne permettaient pas de voyages de loisir.

Il y avait eu une brève exception pendant la Révolution culturelle, celle des grands voyages de découverte des gardes rouges sillonnant en train le pays de long en large, gratuitement de surcroît, car tout était dû à ces révolutionnaires en herbe dépêchés par Mao pour prêcher la bonne parole. Le prétexte, selon le terme consacré, était celui d'« échanges d'expériences », révolutionnaires s'entend, avec leurs homologues des autres régions de Chine. Certains ont fait ensuite le récit de moments débridés et joyeux alors que régnait une grande liberté sexuelle.

C'était l'époque des tickets de rationnement, pour l'alimentation – en fait les céréales considérées comme alimentation de base – même si je ne les ai pas connus car je dînais à la cantine de l'université destinée aux étudiants étrangers, mais aussi pour le coton, les *bupiao* 布票. J'en ai d'ailleurs conservé quelques-uns que les jeunes Chinois demandent à voir avec curiosité et qui se vendent aujourd'hui dans les marchés aux puces. Les étudiants étrangers les utilisaient aussi pour se procurer, au petit marché campagnard de Wudaokou, où s'élèvent maintenant les immeubles des sociétés high-tech, les vêtements molletonnés bleus adaptés aux hivers glacials de Pékin. Nous circulions à vélo ou dans des bus bondés généralement pris d'assaut – malheur aux lents et aux faibles – et dont les fenêtres étaient toutes mystérieusement bloquées à mi-hauteur, même lorsque la température descendait jusqu'à moins vingt et que le vent sifflait. Nous arrivions ainsi transis de froid, après avoir lutté contre le vent, dans le centre de Pékin, à une heure de route de

31

l'Institut des langues, pour déguster un canard laqué, des brochettes de mouton dans les restaurants musulmans ou une marmite mongole. J'ai le souvenir de moments joyeux partagés par les Chinois autour de grandes tablées, malgré les difficultés de la vie. Des Pékinois à l'allure campagnarde, des hommes surtout, dans une pièce envahie par la fumée qui montait des cheminées des petits fourneaux de cuivre, à laquelle s'ajoutait celle du tabac très prisé par les Chinois alors gros fumeurs, mangeaient avec une allégresse bruyante mouton, chou et nouilles de riz translucides agrémentés de multiples sauces. C'étaient des restaurants assez populaires. De nos jours ils sont du dernier chic, et les ingrédients sont plus variés et plus raffinés. Les restaurants de canard laqué étaient généralement fréquentés par une clientèle de cadres. Les Pékinois avaient une habitude plutôt dérangeante pour les étrangers, mais qui a la vie dure malgré les interdictions en vigueur aujourd'hui, qui était de se racler bruyamment la gorge et de cracher par terre. Il y avait des crachoirs dans les restaurants comme dans les salons VIP des gares, où étaient notamment parqués les étrangers afin d'éviter tout contact avec les Chinois. Les dirigeants, comme les empereurs autrefois, avaient également des crachoirs, même si ceux-ci n'étaient plus en or comme ceux des empereurs mandchous. Tout le monde a gardé en mémoire les images des entretiens de Mao et de Deng, crachoir en porcelaine blanche à leurs pieds, avec des dirigeants étrangers. Margaret Thatcher a d'ailleurs confié qu'elle avait eu beaucoup de mal à s'y habituer.

Les lieux de promenade et de distraction étaient rares mais d'une beauté intemporelle. Nous allions au palais d'Été, Yiheyuan 颐和园 ou «jardins de l'harmonie préservée», voisin de notre université. Nous pationions en hiver sur les eaux gelées du lac du palais, où est figé le bateau de marbre de l'impératrice douairière Ci Xi, dont la légende dit que sa construction en 1893 a ruiné les finances de l'État et empêché la mise sur pied d'une marine destinée à la défense du pays contre les «barbares» de l'Occident. Comme tous les enfants chinois, nous mangions des brochettes d'azeroles, ces petites pommes rouges acides adoucies par le caramel, des pommes d'amour en format réduit, touches de couleur vive dans l'hiver pékinois. Au printemps ou en été, nous prenions aussi nos vélos pour nous enfoncer à travers champs et pique-niquer dans un lieu déserté, et qui nous apparaissait romantique, au milieu des ruines abandonnées du Yuanmingyuan 圆明园, le «jardin de la clarté parfaite», autrement dit l'ancien palais d'Été. Nous étions les seuls visiteurs. Aujourd'hui, les colonnes écroulées ont été redressées et un parc public a été aménagé pour accueillir de nombreux touristes dûment informés des destructions commises par le corps expéditionnaire franco-britannique en 1860. Au sortir de la station de métro déjà, une immense reproduction d'une des façades détruites veille à instruire les visiteurs sur cet événement, symbole de l'humiliation passée de la Chine. Nous gravissions en automne les collines parfumées étincelant de rouge et d'or au milieu des bouddhas. Cela a été en fait la première sortie organisée avec nos professeurs de l'Institut. Trois ou quatre étudiants étrangers ont par mégarde franchi la zone autorisée et ont été longuement interrogés par la police, obsédée par la crainte des espions soviétiques… Nous nous rendions aux tombeaux des Ming, gardés par la Voie des Esprits : statues de mandarins, guerriers, éléphants, chevaux, lions et animaux mythiques sur lesquelles grimpaient sans façon les enfants. Le chemin poussiéreux et étroit a depuis été élargi et asphalté, et l'on doit aujourd'hui acheter un ticket d'entrée sur la voie. Les paysans étalaient leur blé mûr sur les routes pour que les roues des camions servent de meule. Au site de Badaling, seule portion de la Grande Muraille alors ouverte aux touristes, arpentée par tous les dignitaires étrangers, dûment photographiés, comme Nehru, Richard Nixon, Margaret Thatcher ou la reine d'Angleterre, nous sortions du bus, gelés, et allions nous réchauffer au pied des premières marches dans une échoppe de galettes chaudes de millet au sésame autour d'un poêle antique. Ces lieux, avec la Cité interdite et le temple du Ciel, avant la réouverture progressive des temples fermés pendant la Révolution culturelle, constituaient aussi les promenades dominicales des familles pékinoises, quand aujourd'hui affluent des millions de touristes de toutes les régions de Chine, avides de découvrir, avec une immense fierté, la capitale de leur pays redevenu puissant.

Autre caractéristique du Pékin de l'époque, les montagnes de choux chinois allongés, les *baicai* 白菜, très prisés aujourd'hui des Occidentaux pour leur faible teneur en calories ainsi que leurs qualités diététiques dans les régimes amincissants, et vendus désormais sur les marchés parisiens. Base de l'alimentation avec le riz, ils envahissaient les rues et étaient enterrés au début de l'hiver dans la terre, qui allait geler, pour être conservés jusqu'au printemps. Comme les autres étudiants étrangers, j'ai participé à cette opération à l'Institut des langues. Les Chinois étaient alors d'une étonnante minceur et la ceinture de cuir entourait deux fois la taille des jeunes gens. Seules les jeunes recrues militaires et la police armée ont aujourd'hui encore cette taille de guêpe.

1976 a été une année charnière. La mort en septembre du fondateur de la nouvelle dynastie communiste, qui vivait reclus et malade dans un pavillon de la « nouvelle Cité interdite » de Zhongnanhai, a été interprétée symboliquement comme « la perte du mandat du Ciel ». Dans une ambiance de fin de règne imprégnée d'un fort millénarisme porteur de nombreuses rumeurs, qui affectait aussi le microcosme de notre Institut, c'était une référence insistante aux empereurs des dynasties passées qui perdaient leur légitimité pour avoir failli dans l'exercice du pouvoir et dont le renversement par des révoltes paysannes était ainsi justifié. Chine révolutionnaire ou pas, matérialisme scientifique ou pas, les signes du ciel continuaient d'être interprétés. Les annales de toutes les dynasties rédigées par la dynastie suivante décrivent ces phénomènes auxquels continuent de croire les Chinois fortement superstitieux. Les dérèglements du cours naturel des choses, signes annonciateurs en cette année du Dragon de feu agitée de troubles, avaient été nombreux. Signes politiques avec la mort du Premier ministre respecté et aimé

Zhou Enlai en janvier puis celle en juillet du maréchal Zhude, compagnon de route de la Longue Marche et fondateur de l'Armée rouge. Catastrophes naturelles fin juillet avec le tremblement de terre de Tangshan, l'un des plus meurtriers du siècle, qui a fait plusieurs centaines de milliers de morts à l'épicentre, à 150 kilomètres à l'est de la capitale, où il a également fait trembler les murs et s'effondrer quelques escaliers. Certains racontaient les signaux annonciateurs décelés par les paysans : mulots, serpents et autres animaux sauvages qui sortaient de leurs trous et s'enfuyaient.

À la mort du président Mao, les Chinois ont porté les marques du deuil mais beaucoup ont pleuré sur commande, contrairement au chagrin spontané et profond à l'annonce de la mort du Premier ministre Zhou Enlai quelques mois plus tôt. Récemment, des amis m'ont raconté que, dans les écoles, ils devaient afficher une tristesse ostentatoire. Des écoliers ou lycéens fondaient donc en larmes rangée par rangée mais ceux du fond n'ayant pas toujours très bien compris ce qui se passait se demandaient ce qu'ils devaient faire. Une amie m'a dit que, la peur instaurée pendant le règne du Grand Timonier perdurant, dans certaines circonstances, des mères avaient giflé leurs enfants pour les contraindre à pleurer.

Quelques semaines plus tard, un clair matin d'octobre, ont retenti des gongs et des tambours frappés en cadence avec ardeur. Nous avons interrogé nos professeurs de l'Institut des langues, surnommé « la petite ONU » parce que s'y côtoyaient les étudiants occidentaux venus apprendre la langue et des étudiants

36

du tiers-monde, des Africains surtout, jeunes gens grelottant dans leurs légers costumes blancs à pattes d'éléphant jusqu'à ce qu'ils adoptent les manteaux molletonnés verts des militaires, se préparant à des études d'ingénieurs en Chine. Il y avait aussi des Nord-Coréens peu civils et vivant en circuit fermé. J'ai été fière et émue de prononcer trente-cinq ans plus tard le discours au nom des anciens étudiants de l'Institut, désormais transformé en université des langues et de la culture, lors de la cérémonie de commémoration du cinquantenaire de l'établissement.

Nos professeurs, peu habitués à la spontanéité et soucieux de faire respecter la discipline, nous ont répondu qu'il ne se passait rien et nous ont enjoint de rejoindre aussitôt nos salles de classe. Nous avons naturellement enfourché nos vélos et suivi les processions de camions jusqu'à la place Tiananmen, cœur du pouvoir, pour être témoins de trois jours de liesse et de soulagement réel. Drapeaux rouges claquant au vent, air saturé du son des gongs et des tambours. Les Chinois dans un élan de spontanéité et de gentillesse, oubliant un temps leur méfiance à l'égard des étrangers, nous invitaient à monter sur leurs camions pour avoir un meilleur point de vue pour nos photos et nous faisaient part de leur satisfaction. Le lendemain, un million de personnes étaient convoquées à un grand rassemblement sur la place pour entendre le discours du maire, Wu De, célébrant la chute – le mot choisi en chinois, *fensui* 粉碎, plus imagé, signifie «réduire en miettes», «écraser» ou «pulvériser» – des maoïstes radicaux de la «clique anti-Parti de la bande des quatre » 四人帮反党集团, slogan que nous entendrions pendant toute la durée de notre séjour. Avaient alors été arrêtés Jiang Qing, la redoutable veuve de Mao ; Zhang Chunqiao, le journaliste shanghaien ; son jeune complice de la commune de Shanghai, Wang Hongwen ; et Yao Wenyuan, surnommé le « canonnier de Mao » pour avoir lancé la première salve de la Révolution culturelle en 1966. Ces personnalités, représentant une ligne ultragauchiste, avaient été promues au Bureau politique en 1973 par Mao. Elles avaient profité de l'affaiblissement du grand leader – dont la pathologie lourde et les troubles comportementaux ont été décrits dans les Mémoires de son médecin personnel, Li Zhisui[1] – pour constituer le « groupe dirigeant de la Grande Révolution culturelle prolétarienne », responsable idéologique des outrances, de la terreur et des violences des dernières années du mouvement. Le jour de célébration officiel, nous sommes venus très tôt le matin avec nos professeurs, munis de pique-niques, pour nous installer sagement sur l'immense place quadrillée dans le carré réservé à notre unité, la *danwei* 单位, constituée par notre Institut. Cette cellule de base, répliquée dans toute la Chine et contrôlée par le Parti, autorise les activités économiques, politiques et sociales des individus qui la composent. Sans appartenance à une *danwei*, rien n'était possible.

Ainsi se sont achevées les dix années de la Grande Révolution culturelle prolétarienne (1966-1976) qui,

1. Dr Li Zhisui, *La Vie privée de Mao racontée par son médecin*, trad. Henri Marcel, Frank Straschitz et Martine Leroy-Battistelli, Plon, 2006.

comme l'a démontré le sinologue Simon Leys, n'était ni culturelle ni prolétarienne, ni même une révolution, mais simplement une lutte sans merci pour le pouvoir. Mao, qui avait été écarté à la suite des résultats économiques et humains désastreux du Grand Bond en avant, responsable d'une famine sans précédent et de dizaines de millions de morts, avait repris le pouvoir en utilisant cette méthode de mouvement de masse, sous couvert d'éliminer les traîtres à la Révolution, ceux qu'il avait désignés comme « engagés dans la voie capitaliste », en réalité ses opposants tels le président Liu Shaoqi et Deng Xiaoping. Le Grand Timonier a mobilisé à cet effet les jeunes, devenus ses gardes rouges, exaltés, pleins de haine et de ressentiment contre ceux qui incarnaient l'autorité. Leurs professeurs, jouissant normalement d'un respect inégalé dans la tradition confucéenne, ont d'ailleurs été bien souvent leurs premières victimes.

Après ces journées historiques d'octobre 1976, qui consacraient la fin d'un règne, une forme de démaoïsation silencieuse et sans nom a pu s'enclencher. Les politiques instaurées par la Bande des Quatre ont été abandonnées une par une, mais sans remise en cause idéologique, sans l'équivalent du processus officiel de déstalinisation généré par le rapport Khrouchtchev de 1956. La peur a commencé à s'atténuer.

À l'Institut, où nous étudiions encore aux côtés des étudiants dits *gong nong bing* (ouvriers-paysans-soldats), choisis pour leur bonne origine de classe à l'exclusion des fils de cadres ou pire encore de propriétaires terriens dans cette Chine qui restait marquée par la ruralité, l'évolution a été progressive aussi. Nous avons continué nos études de chinois avec les principaux ouvrages de référence de Mao : *De la pratique, De la contradiction, De la juste solution des contradictions au sein du peuple* ou encore *Servir le peuple* et *À la mémoire de Norman Bethune* (médecin canadien devenu un héros pour s'être mis au service des communistes), textes dont nous avions au demeurant commencé l'étude aux Langues O' avec un jeune lecteur envoyé de Pékin. Très utile pour converser dans la vie courante... Nous étudiions aussi assidûment les unes du *Quotidien du peuple*, témoin des évolutions idéologiques. Nous étions encore astreints au travail manuel à la campagne et en usine, dénommé *kai men ban xue* (开门办学), soit le « travail à portes ouvertes », version abrégée et adoucie pour nous du mouvement de rééducation des jeunes instruits par les paysans, *shangshan xiaxiang* 上山下乡, mot d'ordre en quatre caractères qui signifie « monter dans les montagnes et descendre dans les campagnes ». Cette politique avait été imposée par Mao aux « jeunes instruits », quelque 17 millions de collégiens, lycéens et étudiants délibérément éloignés des villes et privés d'éducation pendant de nombreuses années. C'est ainsi que j'ai repiqué du riz dans les rizières d'une commune populaire proche de Shijiazhuang, la capitale de la province du Hebei entourant Pékin, où les conditions climatiques, sèches, n'auraient normalement pas dû permettre d'en planter. Mais c'était l'époque où il fallait domestiquer la nature conformément à l'histoire allégorique, érigée en leçon de vie par Mao, du vieux paysan Yu Gong qui a passé des années à déplacer avec ses fils les deux montagnes qui obstruaient la vue de sa maison (au lieu de déménager). Aujourd'hui, Yu Gong Yi Shan 愚公移山 («Yu Gong déplace les montagnes») est le nom d'un club de Pékin où se produisent notamment les groupes de rock d'avant-garde.

Je pense qu'il n'y a plus de rizières dans la région où nous avions été affectés, ni d'ailleurs de communes populaires, conçues comme une incarnation du communisme absolu par la collectivisation des terres, des biens et des individus, et donc l'abolition des liens familiaux et sociaux. Elles ont été supprimées dans le cadre de la politique de réformes en 1978. Le repiquage du riz, courbés, pieds nus dans une eau boueuse chauffée au soleil quand on a vingt ans est un exercice facile et plaisant. On avait un peu le sentiment d'être dans une image de la Chine éternelle et de partager la vie des Chinois, une des raisons pour lesquelles nous étions venus dans ce pays. Les contacts étaient toutefois artificiels avec les paysans de la commune, qui auraient pu nous considérer comme des gêneurs mais qui voyaient plutôt en nous des curiosités distrayantes. Un de nos camarades italiens avait suggéré que nous parlions chinois par courtoisie envers nos hôtes. Au bout de dix minutes, un vieux paysan qui semblait écouter avec une attention soutenue nous a dit: «C'est joli la langue qu'il parle, qu'est-ce que c'est?» Au temps pour nous et notre obsession de partager la vie des «vrais Chinois»! Et humiliation récurrente des Occidentaux souvent peu doués pour la prononciation des quatre tons du pékinois. Le désherbage des rizières s'est révélé l'exercice le plus délicat car les mauvaises herbes ont du point de vue du profane la même couleur vert tendre que les pousses de riz. Des amis chinois m'ont raconté en riant trente ans plus tard qu'ils avaient été confrontés à la même difficulté. Afin de ne pas détruire la récolte à venir, nous fûmes trois à renoncer et à partir nous promener au milieu des rizières. Nous avons vite été rattrapés car nous étions dans une zone interdite aux étrangers, et donc étroitement contrôlés. Signe de la méfiance et de la surveillance qui régnaient à cette époque, nos professeurs avaient eu l'interdiction de nous dire dans quelle zone nous étions affectés. Je l'ai su trente ans plus tard en interrogeant un de mes anciens professeurs aujourd'hui à la retraite. Nous avions aussi pendant cette semaine de travaux des champs cueilli des pommes et des cacahuètes, beaucoup d'entre nous découvrant à cette occasion que ces dernières ne poussaient pas dans des arbres ! Nous avions été heureux de nous échapper du cadre de l'Institut. Comme les Chinois faisaient à l'époque de longues siestes, surtout en été alors que les travaux agricoles commençaient très tôt, j'ai le souvenir de longues et agréables plages de lecture dans le dortoir face à la porte entrouverte par laquelle pénétrait un rayon de soleil. J'ai participé également en juin à la grande journée des moissons censée célébrer le rapprochement entre les intellectuels et les paysans. Une belle journée aux champs, à couper les blés, chapeau de paille sur la tête.

Après la vie paysanne, nous avons goûté à la vie ouvrière. J'ai donc travaillé à la chaîne dans une usine de transistors, où je faisais de la petite soudure à l'étain. Les cadences étaient particulièrement lentes car les ouvrières étaient peu motivées, et elles nous reprochaient d'ailleurs d'accélérer le rythme dans la chaîne. Un des professeurs qui nous accompagnaient avait tout monté à l'envers mais, signe que les temps avaient changé, avait brandi avec fierté son produit défectueux en ironisant sur l'incapacité et le peu de goût des intellectuels pour le travail manuel. Quelques années auparavant, une telle désinvolture aurait été impensable. La nourriture que nous prenions debout à la cantine était extrêmement rudimentaire. Il s'agissait principalement de *mantou* 馒头, des boules de pain blanc cuites à la vapeur, et de *wowotou* 窝窝头, ces petits pains de maïs granuleux et secs qui sont restés célèbres comme base de la nourriture populaire dans ces années-là, avec la même connotation que le rutabaga du temps de la guerre pour nous. On les sert aujourd'hui dans les « cantines rouges » de Pékin, qui ravivent le souvenir des années maoïstes.

La peur et les contrôles n'avaient toutefois pas totalement reflué et l'on veillait à ce que nous ne puissions voyager autrement qu'en groupe et accompagnés de nos professeurs dans les hauts lieux de la Révolution culturelle : les champs pétrolifères de Daqing, dans la province du Heilongjiang dans le Nord-Est, et les rizières en terrasses de Dazhai, dans la province du Shanxi, dont Chen Yonggui, paysan illettré coiffé de son éternelle serviette blanche nouée autour de la tête, entré au comité central en 1969 puis au Bureau politique du Parti communiste en 1973 et enfin nommé vice-Premier ministre de la RPC en 1975, était la figure emblématique. On les appelait encore « les deux drapeaux » de

la Révolution culturelle, et les slogans rouge vermillon
« étudier l'agriculture auprès de Dazhai » et « étudier
l'industrie auprès de Daqing » 农业学大寨, 工业学大庆
ornaient les murs de chaque ville et village, et peuvent
encore être devinés dans certains d'entre eux bien
qu'ils aient été effacés depuis. Nous visitions également-
ment nombre d'usines, de mines de charbon et de
communes populaires où, buvant du thé vert ordinaire
ou tout simplement de l'eau chaude dans les régions les
plus pauvres, grignotant des graines de tournesol, ou
mangeant des pastèques rafraîchissantes l'été, en nous
éventant avec des feuilles de bananier séchées, nous
écoutions les dénonciations des crimes de « la clique
anti-Parti de la Bande des Quatre », selon la formule
rituelle. Au début, ces accusations se superposaient
aux récits édifiants de vieux paysans invités à décrire
le bonheur du peuple dans la Chine nouvelle, après la
Libération selon la formule en vogue, en comparaison
de ses malheurs dans la Chine ancienne, celle d'avant
1949. Il est ironique de constater que, par un retour
de l'histoire, c'est précisément cette Chine maoïste
qui apparaît aujourd'hui ancienne ou archaïque. Ces
saynètes organisées à la gloire du Parti communiste
qui avaient cours depuis les débuts de la fondation de
la RPC ont très vite été abandonnées et la condamnation des crimes de la Bande des Quatre a pris le dessus.
Nous visitions aussi régulièrement des écoles, où les
enfants portaient encore le brassard des gardes rouges,
les petites filles jouaient à la marelle. Les cours, même
pour les plus petits, étaient naturellement très politisés
et visaient à un endoctrinement dès le plus jeune âge.

La séparation avec les étudiants chinois de l'Institut avait été soigneusement aménagée, salles de cours, réfectoires et dortoirs différents de manière à éviter la «pollution spirituelle» des étudiants bourgeois étrangers. «Quand on ouvre la fenêtre, les mouches pénètrent en même temps que l'air frais», avait coutume de dire Deng Xiaoping. Notre courrier dans les deux sens faisait l'objet d'une lecture attentive. Il était ouvert avec de la vapeur mais, la Chine ne disposant alors pour fermer les enveloppes que d'une pâte collante blanche étalée avec une spatule qui généralement adhérait au papier, il était évident, vu l'état du courrier que nous recevions, que nous n'étions pas les premiers à en prendre connaissance. Il est même arrivé que nos lecteurs, ancêtres de la police de l'Internet, qui travaillaient avec des méthodes artisanales, intervertissent les lettres des parents.

J'ai quand même eu la chance de pouvoir partager pendant quelques mois ma chambre avec une jeune étudiante chinoise, «infirmière aux pieds nus», autrement dit sans véritable qualification professionnelle mais ces infirmières, comme les célèbres médecins du même nom, étaient glorifiés précisément pour cette raison alors que l'expertise était récusée en tant que notion bourgeoise. Seul comptait le critère idéologique: «Plutôt rouge qu'expert», selon le mot d'ordre en vogue aux temps maoïstes. C'était l'époque où de nombreux reportages montraient des opérations chirurgicales ou des accouchements par césarienne sans autre anesthésie que celle du Petit Livre rouge agité en souriant par les opérés et les parturientes. Le pouvoir anesthésiant et euphorisant de la pensée de Mao Zedong ou Mao Tsetung, comme on l'écrivait alors en Occident, était heureusement complété par le recours à l'acupuncture. Au plus fort de la Révolution culturelle d'ailleurs, les chirurgiens et médecins étaient condamnés à nettoyer les toilettes car on estimait que le peuple était omniscient et que n'importe qui pouvait les remplacer. Ma camarade de chambrée, originaire du Jiangsu, province du centre la Chine, n'avait jamais fait d'études. Elle me disait que ma prononciation du mandarin était plus correcte que la sienne. Elle était censée apprendre un peu de vocabulaire français pour pouvoir lire les notices des médicaments français utilisés en Chine mais, faute d'une véritable formation secondaire, elle n'a pas beaucoup progressé. Nos échanges se limitaient au strict minimum. Pour vivre dans un tel milieu hostile, elle avait dû être sélectionnée selon des critères de classe et d'idéologie très stricts, et recevoir des mises en garde pour ne pas se laisser contaminer par les idées occidentales. Elle avait d'ailleurs une forte propension à me tenir des propos dogmatiques et moralisants.

Dans notre chambre rudimentaire où nous avions chacune un lit de fer, une armoire, un bureau surmonté d'une petite étagère, une bouteille thermos rouge et une cuvette en émail blanc décorée de fleurs rouges pour faire notre toilette, elle avait accroché au-dessus de son lit, comme des centaines de millions de Chinois pendant ces années, une grande affiche de Mao sur fond gris de deuil. Parmi les quelques livres que j'avais pu prendre dans mes bagages figurait le livre de Simon Leys *Les Habits neufs du président Mao*[1], qui dénonçait l'imposture de la Révolution culturelle. Au milieu du livre : une photo d'archives sur laquelle Lin Biao se trouvait aux côtés de Mao. Ma coturne l'apercevant m'avait brutalement arraché l'ouvrage des mains et pris un crayon pour rayer rageusement la photo de l'ancien dauphin en criant : « C'est un traître, un mauvais homme, je ne veux pas le voir. » Une scène digne du roman *1984* de George Orwell[2], illustrant le « trou de mémoire » dans lequel tombent tous les perdants, les membres du Parti purgés pour s'être écartés de la ligne officielle du jour. « L'histoire tout entière était un palimpseste gratté et réécrit aussi souvent que c'était nécessaire. » La campagne « Pi Lin, pi Kong » 批林批孔, la critique de Confucius et de Lin Biao, curieusement liés dans un même opprobre, se poursuivait en dépit de la mort quelques mois plus tôt de Zhou Enlai, perçu comme le mandarin confucéen par excellence et qui en était la cible première.

J'ai quand même vu le comportement de ma camarade de chambre changer au fil des mois. Vers la fin de l'année universitaire, la rigueur idéologique se relâchant, et alors qu'elle était tombée amoureuse, elle a commencé à se montrer coquette et à se maquiller. Elle est devenue plus enjouée et parlait plus volontiers d'autres sujets avec moi.

---

1. Simon Leys, *Les Habits neufs du Président Mao*, Champ libre, 1971 (voir aussi *Ombres chinoises*, [1948] 10-18, 1998).
2. George Orwell, *1984* [1948], trad. Amélie Audiberti, Gallimard, 1972.

Même nos professeurs n'étaient pas censés nous rencontrer en dehors des cours, leurs appartements au fond du campus étaient inaccessibles. La réplique du tremblement de terre de Tangshan qui nous a obligés en novembre 1976 à vivre et à recevoir nos cours pendant une semaine dans des tentes militaires, enfouis sous deux couches épaisses de couettes en duvet de canard ornées d'immenses pivoines rouges ou bleues, a fourni pendant quelques jours l'occasion d'échanges plus libres. Sous prétexte de voir si nos professeurs allaient bien, nous avons eu exceptionnellement accès à leurs appartements. Les risques de séisme s'éloignant, nous avons repris notre vie routinière et nos relations avec nos professeurs se sont de nouveau distendues. Nous nous sommes simplement remis au jeu inoffensif de ping-pong pendant les pauses entre les cours. Un épisode nous a cependant laissé un goût amer. Nous, à savoir les étudiants français – car nos camarades japonais, nombreux dans nos cours, en bons héritiers de l'esprit confucéen, avaient refusé de mettre en cause la science du maître –, n'étions pas très satisfaits de la pédagogie d'un de nos enseignants et l'avions fait savoir à la direction. Le malheureux a été rétrogradé pendant quelques mois et affecté au nettoyage des locaux. Nous avons essayé d'intervenir en sa faveur mais sans succès, certaines pratiques de la Révolution culturelle n'ayant pas encore été complètement abandonnées.

J'avais toutefois une chance unique de m'échapper de l'existence bien organisée et éloignée des réalités chinoises du campus pour découvrir un peu la vie chinoise grâce à un grand monsieur, Léon Hua, qui vivait avec sa femme, communiste d'origine polonaise, dans un bloc de bâtiments de style soviétique réservés aux experts étrangers. Cela ressemblait pour moi à une HLM assez triste, mais c'était paraît-il ce qui se faisait de mieux et de plus moderne à cette époque. Léon Hua était un architecte, lui-même fils d'un architecte, urbaniste de la ville de Pékin, qui avait fait des études en France avec un ami de mon père et qui était revenu en Chine pour aider son pays dans les années 1950. La vie n'avait pas été facile pour lui et sa famille, qui ont souffert de la Révolution culturelle comme tous ceux qui étaient revenus de l'étranger après la victoire de Mao, désireux de contribuer à la reconstruction de leur pays. Parmi les quelques étrangers résidant à Pékin, experts, diplomates, hommes d'affaires et journalistes, les étudiants étaient sans doute les moins compromettants à fréquenter pour les Chinois. Léon Hua m'invitait à dîner avec ses amis et me donnait parfois rendez-vous au palais d'Été pour parler plus librement dans les jardins à l'abri des oreilles indiscrètes. J'ai fait la connaissance de sa plus jeune fille, revenue en Chine, lors de mon dernier séjour. Il m'avait dit à quel point il était difficile d'être une petite Chinoise aux yeux bleus à l'époque xénophobe et paranoïaque de la Révolution culturelle. J'ai essayé, sans succès, en mémoire de son père, de l'aider dans ses démarches pour récupérer les anciennes propriétés de sa famille, victime d'expropriation au moment de la Révolution culturelle. Elle défend maintenant avec obstination le patrimoine des *hutong* de Pékin.

Dans les bus, les Chinois même âgés, des femmes aux pieds bandés insistaient pour nous céder leur place mais nous parlaient rarement. Si, gênés, nous refusions la place, celle-ci restait vide et cela nous valait des regards réprobateurs des passagers du bus. Il y avait des magasins spéciaux pour étrangers, les « magasins de l'amitié » 友谊商店, auxquels les Chinois n'avaient pas accès, et pendant un temps, au début des années 1980, est même brièvement apparue une monnaie destinée aux étrangers, le FEC (*foreign exchange certificate*), évidemment aussitôt surnommé « *fake* ». Ces magasins suscitaient la curiosité et la convoitise des Chinois. Ils disent aujourd'hui avec amusement que, maintenant qu'ils leur sont accessibles, il n'y a plus rien d'intéressant dedans. De fait, les vendeurs de ces magasins de style assez soviétique, reflet d'une Chine révolue, semblent dans cette ambiance déprimante avoir renoncé à recevoir des clients.

Cette ségrégation entre Chinois et étrangers a perduré puisque au début des années 1980, lorsque je suis revenue à Pékin pendant la période de Deng Xiaoping, les rencontres avec des Chinois étaient toujours implicitement prohibées. Nous vivions alors dans des ghettos diplomatiques, comme celui de Sanlitun décrit dans le roman *Le Sabotage amoureux* d'Amélie Nothomb[1], qui y a vécu quand son père était ambassadeur de Belgique en Chine. Un épisode est révélateur de cet état d'esprit : à l'automne 1982, une de mes amies chinoises qui venait de se séparer de

_____

1. Amélie Nothomb, *Le Sabotage amoureux*, Albin Michel, 1993.

son mari a été arrêtée aussitôt après être montée dans ma voiture. Un cycliste s'était positionné devant mon véhicule pour me barrer la route. Je lui ai fait signe de passer avant de comprendre qu'il y avait quelque chose d'anormal et d'essayer de faire marche arrière pour me dégager. Quelques dizaines de Chinois sont alors sortis des bas-côtés apparemment déserts de la grande avenue Chang'an en face du Club international et ont secoué la voiture en criant. J'ai verrouillé les portières mais un homme arborant un badge de sécurité, qui était en fait, mais je ne l'ai su qu'après, le responsable du chantier de l'immeuble en construction de la CITIC (entreprise d'État créée par Rong Yiren avec le soutien de Deng Xiaoping pour attirer les investissements étrangers en Chine et qui allait devenir un des emblèmes du capitalisme chinois), a plaqué sa carte contre la vitre et exigé que mon amie descende. Elle m'a demandé de l'attendre. Ce que j'ai fait, pendant deux heures, les Chinois silencieux autour. J'ai fini par rentrer, très inquiète pour sa sécurité. Je n'ai pas eu de nouvelles pendant quarante-huit heures car elle avait souhaité s'assurer d'abord qu'il n'y aurait pas de conséquences dans sa famille ou sur son lieu de travail. Elle m'a expliqué par la suite ce qui s'était passé. Elle avait informé un ami commun du changement de date et de lieu de notre prochaine rencontre mais ce dernier avait oublié de m'en avertir. Elle avait été repérée en faisant les cent pas pendant qu'elle m'attendait. Elle s'était ensuite résolue à m'appeler d'une cabine.

Les responsables de la sécurité l'avaient longuement interrogée puis l'avaient laissée rentrer chez elle. En réalité, ils pensaient s'attaquer à la prostitution avec des étrangers mais, lorsqu'ils avaient vu que j'étais une femme, certains avaient dit de nous laisser passer, ce que je n'avais pas entendu au milieu des cris. Elle n'était donc pas trop inquiète. C'est pour cette raison qu'elle avait accepté de descendre de voiture et de parler à ce responsable de la sécurité. Cela s'est produit vers la fin de mon séjour, je l'ai revue avant mon départ mais n'ai pu garder le contact par la suite et j'ai été déçue de ne pas pouvoir retrouver sa trace lors de mon dernier séjour.

C'était l'époque où les rendez-vous entre Chinois et étrangers, extrêmement surveillés, étaient rares et devaient rester secrets, le lieu et l'heure étant convenus à l'avance, seule la date était communiquée par téléphone à partir d'une cabine pour ne pas laisser de trace. Curieusement les rendez-vous avaient généralement lieu dans des rues de l'ancien quartier des légations, sombre et bordé d'arbres. Nos amis se dissimulaient sous des couvertures à l'arrière des voitures pour franchir dans l'obscurité la grille du ghetto diplomatique de Sanlitun. Il faut ajouter que les dames d'ascenseur, à l'instar des babouchkas en Union soviétique, contrôlaient férocement les entrées et sorties dans ces résidences diplomatiques, mais j'avais la chance de ne pas en avoir dans mon immeuble. Ces précautions et ces interdits suscitent beaucoup de rires incrédules chez les jeunes Chinois, du moins ceux qui n'ont pas d'activités jugées sensibles, qui circulent librement aujourd'hui et rencontrent leurs amis étrangers sans entraves. Si les couples mixtes se sont multipliés au fil des années, c'est Deng Xiaoping lui-même qui a dû autoriser le premier mariage, resté célèbre, entre un Chinois et une étrangère, une ancienne étudiante française de l'université Fudan de Shanghai, Odile Pierquin. Quelques années plus tard, la jeune peintre Li Shuang, la seule femme du groupe des Étoiles, a dû passer deux années dans un camp de rééducation avant d'être autorisée, à la suite de nombreuses démarches des autorités françaises, à se rendre à Paris pour épouser son compagnon. En charge du dossier chinois au Quai d'Orsay, je suis allée l'accueillir à l'aéroport.

Le groupe des Étoiles *Xing Xing* 星星, créé en 1979, trois ans après la mort de Mao, regroupait de jeunes artistes d'avant-garde en rupture avec à la fois l'art réaliste socialiste et la peinture traditionnelle chinoise. Considérés aujourd'hui comme les ancêtres de l'art contemporain chinois, ils avaient fait sensation et attiré un public nombreux en organisant une exposition sauvage, accrochant de nuit leurs œuvres sur les grilles du très conformiste musée des Beaux-Arts à Pékin en septembre 1979. Les autorités ayant décroché les toiles la nuit suivante, une manifestation réclamant la liberté de création a été organisée, à la tête de laquelle se trouvait le peintre Ma Desheng sur ses béquilles. Ces deux événements sont aujourd'hui considérés comme des manifestes et l'acte de naissance de l'art postmaoïste. Les jeunes de l'ambassade de France avaient noué des liens avec ces artistes. Nous les voyions souvent et organisions des soirées dansantes qui les ont beaucoup marqués car elles leur paraissaient le symbole d'une liberté et d'une joie de vivre enviables. Ils les évoquent encore aujourd'hui. Trois d'entre eux, Li Shuang, Ma Desheng et le sculpteur Wang Keping, vivent à Paris alors que Huang Rui, parti un temps au Japon, est revenu à Pékin et entretient la flamme. J'ai revu aussi Li Shuang et Wang Keping, revenus faire des expositions – dont une à l'UCCA, l'une des plus célèbres galeries d'art contemporain du quartier de Dashanzi, plus connue sous l'appellation « 798 ».

Malgré les évolutions, la peur a mis du temps à refluer : peur des voisins, peur des parents, des enfants et des amis qui pouvaient dénoncer leurs proches. Même la vie privée était sous étroite surveillance. C'était le temps de la « police de la pensée ». Les récits sont nombreux de gens arrêtés pour avoir critiqué le président Mao ou simplement utilisé ou déchiré du papier journal sur lequel se trouvait un portrait du grand leader. Et comme chacun sait, à cette époque où régnait le culte de la personnalité, il figurait partout.

J'ai connu une période oubliée voire taboue aujourd'hui, celle de Hua Guofeng, un dirigeant de circonstance jugé utile un temps pour participer au coup d'État visant à éliminer la Bande des Quatre puis vite purgé lorsqu'il est devenu inutile ou gênant. « Un passage éclair sur la scène politique », comme l'a justement formulé l'écrivain Yu Hua. Je me souviens à cette époque des sorties hebdomadaires organisées par l'Institut des langues le soir pour aller au cinéma, ce qui signifiait planter son petit tabouret pliant en plein air pour voir, sur un drap tendu servant d'écran rudimentaire, des films de la guerre antijaponaise, des films révolutionnaires édifiants et bien souvent des productions nord-coréennes, le cinéma chinois ayant périclité pendant la Révolution culturelle et les anciens films produits par les studios de Shanghai étant totalement prohibés. Nous allions aussi voir des pièces de théâtre ou des spectacles de chant et danse qui consistaient invariablement en la mise en scène du bonheur régnant à l'époque glorieuse du Grand Timonier, suivi de la mort du dirigeant suprême, la population, les larges masses, comme on disait alors, désespérées, le ciel s'assombrissant, le monde étant plongé dans les ténèbres jusqu'à ce que son héritier le remplace, auréolé d'un soleil resplendissant et acclamé par le peuple rassuré et euphorique. Mao ressuscité en quelque sorte, le bonheur des masses retrouvé.

La petite phrase de Mao sur laquelle le secrétaire général du Parti de 1976 à 1979, Hua Guofeng, appuyait sa légitimité : « Avec toi aux affaires, je suis tranquille » 你办事我放心, a par la suite suscité de nombreux sarcasmes et a été employée par dérision dans des circonstances de la vie quotidienne. Les portraits des deux dirigeants, dont la ressemblance avait été accentuée – l'un sur fond gris exprimant le deuil et l'autre sur fond bleu ciel de vie et d'espoir –, étaient portés en triomphe au milieu des drapeaux rouges à l'occasion des diverses manifestations et ornaient tous les bâtiments publics ainsi que les établissements scolaires. Ils figuraient en particulier au tableau des écoles, parfois aux côtés du mythique Lei Feng, mort en 1962 à vingt-deux ans d'un accident de la route. Celui qui se qualifiait lui-même dans son journal intime, recueil de ses bonnes actions au milieu de citations de Mao, de modeste « petite vis du socialisme », ce travailleur modèle, icône de l'abnégation, est remis périodiquement à l'honneur au nom de la morale – en particulier le 5 mars, jour qui lui est dédié –, sous les ricanements des internautes du XXIᵉ siècle. Que Hua Guofeng ait été mis à l'écart est compréhensible en raison d'une ligne économique plus soviétique qui s'opposait à celle de Deng et de ses réticences aux réformes. Qui se souvenait encore qu'il existait lorsqu'il est mort, pendant les jeux Olympiques de Pékin en 2008, et pourquoi une personnalité aussi terne et inoffensive a-t-elle été jetée aux oubliettes, au point que la propagande veille à le retirer de toutes les images, y compris celles qui subsistent de ses voyages à l'extérieur du pays ou de ses rencontres avec des dignitaires étrangers, comme nous en avons fait l'expérience lors d'une exposition de photos de l'AFP et de l'agence Xinhua à l'occasion de la célébration du cinquantième anniversaire de l'établissement des relations diplomatiques entre la France et la Chine ?

Pendant ce même temps, les murs de Pékin s'animaient. Des caricatures et des bandes dessinées brocardant la Bande des Quatre et se focalisant sur l'« Impératrice rouge » tant redoutée et haïe, parfois dessinée avec un corps de serpent, étaient lues avec plaisir et esprit de revanche par des centaines de milliers de Pékinois. Le premier anniversaire de la mort du bien-aimé Premier ministre Zhou Enlai, dont Deng Xiaoping a dit plus tard que « sans lui la Révolution culturelle aurait été plus cruelle » mais aussi que « sans lui elle aurait duré moins longtemps», était commémoré par des couronnes de fleurs blanches, et les premiers *dazibao* 大字报, affiches murales en grands caractères, les ancêtres des tweets sur Weibo, qui témoignent de la passion de l'écrit et du débat des Chinois, réclamaient le retour de Deng Xiaoping trois fois banni par Mao. Un mur de briques le long de la rue Xidan, à l'ouest de la Cité interdite, où les Pékinois mettaient traditionnellement des petites annonces est en particulier devenu après l'élimination de la Bande des Quatre un lieu d'expression politique. Il est ironique que ce mur, surnommé par la suite «mur de la démocratie», emblème du printemps de Pékin, ait accueilli à la fois les demandes de réhabilitation politique de Deng Xiaoping et plus tard, en 1979, celles de l'activiste Wei Jingsheng qui prônait d'ajouter aux «quatre modernisations» – agriculture, industrie, science et technologie, défense – caractérisant la politique de réformes de Deng Xiaoping une «cinquième modernisation»: la démocratie, revendication pour laquelle Wei Jingsheng a été arrêté et emprisonné pendant de longues années.

Deng Xiaoping est donc revenu au pouvoir en décembre 1978, pour ne plus le céder jusqu'à sa mort en février 1997. Même s'il a régné à la fin «derrière le rideau», selon l'expression impériale, avec pour seul titre celui de président de la puissante Commission militaire centrale jusqu'en 1989, il a été l'arbitre du pouvoir et le bâtisseur de la Chine moderne. La Chine d'aujourd'hui est effectivement celle dont il a eu la vision: une Chine capitaliste dirigée par un pouvoir autoritaire, celui du Parti communiste, ce qui après

1989 est devenu, en contrepoint du «consensus de Washington» (corpus de mesures appliquées aux pays en difficulté définis par la Banque mondiale, le FMI et le Trésor américain), le «consensus de Pékin» (l'enrichissement économique contre la renonciation à la liberté politique). Chacun a conscience de vivre, plus de trente ans après, dans la Chine pensée et voulue par Deng Xiaoping.

À la rentrée 1977, les universités ont rouvert leurs portes, fermées pendant dix ans, à l'exception de l'année 1973 qui a correspondu à la brève réhabilitation de Deng. Le concours national d'entrée, le *gaokao* 高考, concours extrêmement sélectif hérité des concours mandarinaux a été rétabli. Les candidats, enfants d'intellectuels et de cadres écartés et envoyés se rééduquer auprès des paysans dans les campagnes ou pire dans des camps, en pleuraient d'émotion et de joie, tellement le savoir est prisé dans ce pays de la méritocratie décrit dès le XVIIIe siècle dans les *Lettres édifiantes et curieuses des Jésuites de Chine*[1], qui ont influencé Voltaire. Une cinéaste chinoise m'a raconté que sa grand-mère illettrée avait parcouru des kilomètres à travers la campagne en chaloupant sur ses pieds bandés pour l'inscrire à l'école. Ces jeunes, de tous âges, rentrés des campagnes ont travaillé nuit et jour pour passer l'examen d'entrée à l'université. Les *gong nong bing* (étudiants ouvriers-paysans-soldats), nouvelle génération perdue, dont faisait partie celle qui

---

1. *Lettres édifiantes et curieuses des Jésuites de Chine, 1702-1776*, Desjonquères, 2002.

avait partagé ma chambre pendant quelques mois, sont retournés dans une indifférence totale, silencieusement et sans éducation réelle vers leurs campagnes et leurs usines. C'est la génération 1977 qui fait aujourd'hui la Chine, membres du comité permanent, du Bureau politique, du comité central, chefs d'entreprise, journalistes, écrivains et artistes. Certains étaient encore assez jeunes pour faire de vraies études, d'autres ont pu acquérir un diplôme mais présentent un CV troué et souvent indéchiffrable, sauf pour ceux qui sont passés par là. «Là», c'est la Révolution culturelle.

Or ils sont tous passés par là, c'est ce qui explique à la fois leur résilience et leur impatience à rattraper le temps perdu. C'est ce qui explique ce temps accéléré de la Chine, celui des trente-cinq, quarante dernières années où, comme le dit l'écrivain Yu Hua dans *Brothers*, «la Chine a vécu en quatre décennies ce que les autres pays ont vécu en quatre siècles». La Révolution culturelle, on n'en parle pas, parce que tous ont été à la fois victimes et bourreaux. Dans chaque famille, il y a eu des dénonciations, comme le montre le film bouleversant de Zhang Yimou *Coming Home Guilai* 归来, où la femme jouée par la grande actrice Gong Li, dont le mari dénoncé par leur fille a été envoyé en camp de rééducation, perd la raison et la mémoire à cause de la douleur et de la culpabilité.

La scène où elle se rend à la sortie de la gare munie d'une pancarte, attendant pour toujours et en vain l'homme qui se tient en fait à ses côtés et qu'elle n'a pas reconnu comme son mari de retour du camp, après sa réhabilitation consécutive à la chute de la Bande des

Quatre, évoque les attentes désespérées au Lutetia de ceux qui ne reviendront pas des camps de la mort. Dans chaque famille, des enfants ont été contraints de dénoncer et parfois de frapper leurs parents. C'est ce qu'avoue Chen Kaige, lauréat de la Palme d'or à Cannes pour son film magnifique *Adieu ma concubine*, qui décrit les violences et les humiliations subies ainsi que les lâchetés. Dans un court roman autobiographique intitulé *Une jeunesse chinoise*[1], dont le sous-titre est *Nous sommes tous passés par là*, il décrit l'épisode où les gardes rouges ont obligé sa mère cardiaque à rester debout dans la cour, dans la nuit et le froid, et où seule la vieille gouvernante a osé plaider pour elle. Il raconte sa honte et sa culpabilité de n'avoir rien osé dire, d'autant plus que les gardes rouges ont finalement cédé aux demandes de la gouvernante. Cela a été le cas également de Bo Xilai, obligé de frapper son père Bo Yibo. C'est le même aveu de la part de Luo Ying, pseudonyme d'un homme d'affaires prospère dans *Le Gène du garde rouge*[2], un long et douloureux poème en prose. Les exemples sont innombrables et les écrivains ainsi que les cinéastes à défaut des historiens brisent peu à peu et de manière souvent allusive ce tabou. Ils ne racontent rien à leurs enfants pour qui cette époque évoque le Moyen Âge, un Moyen Âge cruel et incompréhensible, comme pour les générations de petits Français nés moins de dix ans après la Seconde Guerre mondiale.

1. Chen Kaige, *Une jeunesse chinoise*, trad. Christine Corniot, Éditions Philippe Picquier, 2001.
2. Luo Ying, *Le Gène du garde rouge*, trad. Martine de Clercq et Shuang Xu, Gallimard, 2015.

Lors de mon deuxième séjour en Chine au début des années 80 comme jeune diplomate, à l'instar de nombreux Chinois dont beaucoup avaient acheté leur première télévision à cet effet – une amie m'a dit que ses parents venaient de faire l'acquisition d'un téléviseur autour duquel les voisins se regroupaient le soir –, je regardais tous les jours le procès de la Bande des Quatre. Curieux procès, silence obstiné de Zhang Chunqiao, colères de Jiang Qing. Le droit de la défense avait été assuré par de véritables avocats, profession tout juste rétablie, alors que les avocats rentraient des camps de rééducation par le travail où ils avaient été envoyés après le mouvement des « Cent Fleurs » en 1957. Zhang Sizhi a été requis par le Parti pour coordonner les travaux de l'équipe de défense de la Bande des Quatre et d'autres accusés moins importants, ainsi que celle des généraux de Lin Biao dont le procès se tenait parallèlement. Il revient sur cette instruction dans des Mémoires[1] passionnants, dictés en 2012 à Judith Bout, une jeune chercheuse française. Il explique comment, alors que sa profession avait quasiment disparu, il s'est efforcé de faire malgré tout prévaloir le droit. Il avait été commis d'office à la défense de la veuve de Mao, qui l'a récusé pour dénoncer ce procès et se défendre seule. Le 25 janvier 1981, le tribunal d'exception a prononcé son verdict définitif : Jiang Qing et Zhang Chunqiao ont été condamnés à mort avec sursis, Wang Hongwen à perpétuité et Yao Wenyuan à une peine

---

1. Judith Bout, *Les Confessions de maître Zhang*, Bourin éditeur, 2013.

de vingt ans d'emprisonnement, de même que Chen Boda, le secrétaire de Mao, ardent promoteur de la Révolution culturelle. Ils ont tous été internés dans la prison «de luxe» des dirigeants déchus, à Qingcheng. Jiang Qing, dont la peine avait été commuée en sentence d'emprisonnement à perpétuité, s'est pendue dans sa cellule en 1991.

Ce procès a permis de rendre publiquement et formellement justice en focalisant l'attention sur ces quelques personnalités haïes dans le pays, qu'elles avaient mis en coupe réglée, tout en préservant la légitimité du Parti et en laissant délibérément dans l'ombre le rôle de Mao. Certains ont pu dire que c'est le procès de la « Bande des Cinq » qui aurait dû être fait, compte tenu de la responsabilité du Grand Timonier. L'instruction qui fut conduite a cependant joué le rôle qui lui était assigné. Judith Bout fait valoir que ce procès souvent perçu comme fictif en Occident est considéré en Chine par les avocats comme l'acte fondateur de la défense. Le professionnalisme rigoureux et l'attachement au droit de la défense dont Zhang Sizhi a fait preuve lui valent jusqu'à aujourd'hui où il continue de défendre des causes difficiles un immense respect de la part de ses confrères, dont il est la figure tutélaire. J'ai eu la chance de rencontrer cet homme droit et courageux, et d'évoquer avec lui ces affaires anciennes et d'autres plus actuelles.

Ce procès terminé, les Chinois ont pu passer à autre chose, construisant, se reconstruisant. Allant de l'avant, très vite, ils ont bâti une carrière, une œuvre ou une entreprise, une nation prospère et respectée.

2

Le temps accéléré

Une image de *Tintin* illustre parfaitement la métamorphose en un clin d'œil de la Chine. Non pas, comme cela pourrait venir spontanément à l'esprit, une image extraite de l'album *Le lotus bleu*, qui a sans doute constitué notre premier imaginaire de ce pays, mais une image de *Tintin en Amérique*, qui met en scène le petit reporter parti à la recherche de Bobby Smiles et de sa bande de gangsters qui se sont enfuis dans le Far West. Tintin s'est équipé à cet effet d'un chapeau, de bottes et d'éperons de cow-boy. Il arrive au milieu d'une plaine habitée par quelques Peaux-Rouges, où surgit soudain un geyser de pétrole. Tintin sort le lendemain matin de l'hôtel où il a passé la nuit, ahuri et effrayé par la circulation automobile à un carrefour entouré de gratte-ciel. L'agent de police s'étonne de son déguisement, lui demande s'il se croit au Far West et l'enjoint de faire attention aux autos. Ces quelques images de bande dessinée symbolisent l'émergence effrénée de la grande puissance américaine au début du XXe siècle.

Comme la grande plaine de l'Ouest américain a vu émerger en une nuit des cités modernes, la Chine rurale s'est couverte de métropoles de plusieurs millions d'habitants, où des tours toujours plus hautes et des chaînes de magasins occidentaux voient passer la circulation de voitures de marques occidentales haut de gamme qui ont remplacé les vélos. Deux cents nouvelles villes devraient encore être créées d'ici à 2040. En Chine, chaque jour apparaît une nouvelle route ou autoroute – la voirie est sans doute une des meilleures au monde –, un nouvel aéroport, une nouvelle gare, une nouvelle ligne de métro. Pékin qui n'en avait qu'une au début des années 1980 en compte désormais dix-sept et les autres villes qui n'en étaient pas dotées les construisent en des temps records. Des centaines d'aéroports ultramodernes dignes des plus grandes capitales mondiales relient toutes les villes du pays. Le terminal numéro 3 de Pékin, considéré comme un «éléphant blanc» lors de sa construction en 2008, est déjà saturé et le projet d'un quatrième aéroport a été approuvé récemment. Les cartes des villes et les applications GPS sont obsolètes en moins de six mois.

Depuis la « tournée dans le Sud » en 1992 de Deng Xiaoping, qui a lancé son fameux mot d'ordre à la Guizot: «Il est glorieux de s'enrichir», et plus encore depuis son adhésion en 2001 à l'OMC qui a été un formidable accélérateur, la Chine se développe à très grande vitesse; à l'allure de ses élégants TGV fuselés blancs liserés de bleu, parfaitement entretenus et constamment lavés à grande eau pour qu'ils soient étincelants aux arrivées en gare. Deux mille cinq cents gares majeures, souvent futuristes et gigantesques, conçues à l'image des aéroports, desservent plus de 130 villes millionnaires. Dans les trains, la vitesse s'affiche sur un bandeau. Initialement fixée à 350 km/h, elle a été limitée à 300 km/h après le tragique accident de Wenzhou en juillet 2011, peu après la mise en service de la ligne qui relie Pékin à Canton en huit heures (contre près de deux jours il y a trente-cinq ans). Accident dû non pas à un problème lié aux trains eux-mêmes mais au dysfonctionnement de la signalisation. Le train suivant, qui n'avait pas reçu de message d'arrêt, a percuté celui qui redémarrait, lequel a déraillé et basculé du viaduc, provoquant la mort d'une quarantaine de personnes. Cet accident avait suscité un scandale car les internautes ont dénoncé l'absence d'informations fiables et d'enquête impartiale, les wagons tombés sous le viaduc ayant été aussitôt ensevelis.

Les chemins de fer sont un symbole en Chine, symbole de la modernité mais aussi d'un aménagement optimal du territoire, à l'image du maillage des canaux du temps de l'Empire. Il a fallu moins de vingt ans à cette Chine dirigée par des ingénieurs pour construire le deuxième réseau au monde après celui des États-Unis, avec plus de 110 000 kilomètres de voies ferrées, et un nombre impressionnant d'ouvrages d'art, ponts, tunnels et viaducs. La voie ferrée Pékin-Lhassa, qui passe par Xining et Golmud, la plus longue dans des territoires aussi élevés, représente un exploit. Le train le plus rapide du monde, le Maglev, à sustentation électro-magnétique et qui roule à 430 km/h, relie le centre de

Shanghai et celui de Changsha, capitale du Hunan dans le centre de la Chine, à leurs aéroports internationaux. Le nouveau train transcontinental qui suit un des tracés de la route de la soie, en passant par l'Asie centrale, met Urumqi, la capitale du Xinjiang, à seulement 900 kilomètres de l'Europe et permettra une projection commerciale optimisée de la Chine au-delà de ses frontières. Le réseau de trains à grande vitesse lancé seulement en 2007 est aujourd'hui le premier au monde. Cependant, des imprudences, de la corruption surtout, ont conduit le ministre des Chemins de fer en prison et ont abouti en 2014 au démantèlement de ce ministère trop puissant qui constituait un État dans l'État. Mais ces voies ferrées et ces trains ultramodernes sont en même temps la fierté de la Chine qui avait contesté, à l'époque de l'impératrice Ci Xi, la première ligne accusée d'être un projet colonial. Tout le monde garde à l'esprit les frayeurs et les oppositions des paysans, qui avaient détruit une ligne en construction car ils reprochaient aux premières machines rugissantes introduites par les Occidentaux de troubler la quiétude des ancêtres ou de blesser le dragon endormi sous terre. La Chine a maîtrisé rapidement la technologie, même si elle s'est beaucoup inspirée de Siemens, d'Alstom, du Shinkansen et de Bombardier. Elle sera notre concurrente à l'exportation quand le souvenir du premier accident s'estompera, car ces TGV sont rapides, spacieux et confortables. Mon ancien homologue américain, Jon Huntsman, ambassadeur en Chine de 2009 à 2011 puis candidat à la Maison Blanche en 2012, en a même fait la promotion pour le projet de ligne de Las Vegas à Los Angeles.

Dotée du deuxième plus grand réseau autoroutier après les États-Unis, la Chine possède sans doute le parc automobile le plus récent et le plus haut de gamme. Hangzhou, une ville proche de Shanghai, ancienne capitale des arts et des lettres, est réputée avoir le plus grand nombre de Lamborghini, Mercedes, Maserati, Porsche Cayenne, etc. Les Audi constituent la flotte des dirigeants chinois jusqu'à ce que la nouvelle version de la limousine Hongqi («drapeau rouge») – voiture emblématique construite sur le modèle des Zil soviétiques, dans laquelle Mao et Deng défilaient le 1er octobre, jour de la fête nationale, sur l'avenue de la Paix éternelle – revienne peut-être en grâce. Ces Audi aux vitres fumées incarnent la réussite pour tout Chinois parvenu. Les acteurs connus, à l'image des hommes politiques, roulent aussi en Audi ou en Mercedes.

Pour contribuer à désenclaver le pays, plusieurs compagnies d'aviation privées opèrent aux côtés de la compagnie nationale, avec des appareils de dernière génération – les monocouloirs A320 et depuis peu les A320 Neo étant assemblés dans l'usine de montage de Tianjin. Airbus partage le marché des monocouloirs avec Boeing en attendant que les Chinois construisent leurs propres gros-porteurs et que s'effectue un partage du monde en configuration A, B, C. A pour Airbus, B pour Boeing et C pour Comac, l'avionneur chinois concepteur du C919. Beaucoup d'experts occidentaux ironisaient sur les retards, certains affirmant qu'il ne volerait jamais. Même si la technologie est plus complexe que celle des TGV, c'est une question de temps. Il est évident qu'il y aura un jour dans le ciel des avions chinois concurrents d'Airbus et de Boeing. Le vol inaugural du C919 a d'ailleurs eu lieu en 2015.

Le programme spatial chinois est aujourd'hui un des plus ambitieux au monde. Les fusées Longue Marche lancent des satellites étrangers. Il y a plus de quinze ans, lorsque l'Union européenne démarrait son programme de positionnement Galileo, la Chine a souhaité s'y associer, puis elle a pris de vitesse les Européens. Le système Beidou (« La Grande Ourse », 北斗) couvre désormais la Chine ainsi que les pays voisins et devrait être pleinement opérationnel au niveau mondial à partir de 2020. Ses satellites ont même occupé les meilleures fréquences visées au départ par le système Galileo. La Chine a fait une nouvelle percée technologique dans le domaine spatial en effectuant en août 2016 le premier lancement mondial d'un satellite à communication quantique, destiné à rendre inviolables ses communications cryptées.

Le documentaire emphatique réalisé à l'occasion de l'Exposition universelle de Shanghai en 2010, et toujours présenté au Musée national, retrace en un raccourci saisissant sur fond de musique triomphale les temps glorieux de la Chine, de l'Empereur jaune à aujourd'hui. D'autres villes dans le centre de la Chine, comme Wuhan, ont aussi ouvert des musées de l'Urbanisme, avec des maquettes géantes et lumineuses, témoignant de ce rêve de Metropolis et de projection dans l'avenir.

Ceux qui comme moi ont connu les derniers temps du maoïsme ont souvent des flash-backs, le sentiment étrange d'un dédoublement du regard, où des scènes de la vie paysanne ou de villes qui ressemblaient encore à de grands villages peuplés d'hommes et de femmes uniformément habillés en bleu de chauffe – coiffées de nattes pour les jeunes filles et coupe au bol au ras de l'oreille pour les femmes mariées – se superposent aux scènes d'un présent étonnant de modernité, voire de futurisme ou de transgression. Un remake chinois du film *Good Bye Lenin!*, récit d'une remontée hilarante dans le temps pour dissimuler à une femme de l'ex-Allemagne de l'Est sortie du coma que le mur de Berlin est tombé, ferait sûrement recette en Chine, même si les rituels du Parti ont gardé leur côté immuable. Après tout, des visites touristiques organisées par des agences de voyages en Corée du Nord rencontrent un grand succès chez les jeunes Chinois, curieux de découvrir «comment c'était avant», en Chine, du temps de la Révolution culturelle.

La sensation la plus forte a été ma première visite à l'espace 798, dans le quartier de Dashanzi, ancienne usine d'armement construite par l'Allemagne de l'Est, squattée depuis le début des années 2000 par des artistes contemporains et contestataires comme les frères Gao ou d'autres, fascinés notamment par le Pop art et Andy Warhol, qui ont détourné à des fins d'expression politique les bustes, tableaux ou affiches du président Mao. Ces artistes, héritiers du groupe des Étoiles, jeunes peintres et sculpteurs d'avant-garde qui s'étaient fait connaître avec leur exposition sauvage en 2009, se sont emparés des lieux. Ils ont su organiser tellement intelligemment leur promotion en invitant officiels et diplomates étrangers à leurs vernissages ou performances, mode d'expression artistique très prisé en Chine, qu'ils ont pu éviter la destruction du quartier. Cet espace a même été réhabilité en deux ou trois jours par les autorités en 2010, les chemins ont été asphaltés et les galeries réaménagées. J'ai été témoin ce jour-là du face-à-face de deux Chine qui se croisaient dans les gravats et la poussière, celle des ouvriers en pantalon et veste bleus qui avaient conservé l'habitude paysanne de se reposer accroupis les pieds à plat sur le sol et celle des jeunes aux coupes de cheveux déstructurées, aux mèches rouges ou vertes, des anneaux dans les oreilles. Ces derniers étaient venus découvrir dans les vestiges de l'architecture industrielle de l'époque les toiles transgressives accrochées dans ces immenses galeries où les inscriptions d'un rouge à demi effacé à la gloire de Mao ou de la Révolution culturelle restent les témoins d'un temps révolu mais qui demeure dans les esprits de tous ceux qui l'ont vécu.

Le quartier 798 s'est depuis normalisé. Il est devenu la destination favorite des grands collectionneurs ainsi que des touristes américains et européens venus acquérir des pièces d'art contemporain chinois, extrêmement coté. C'est aussi maintenant un lieu de déambulations dominicales pour les familles pékinoises. Des cafés et des boutiques branchés se sont ouverts aux côtés des galeries.

Le nouvel hôtel Parkview Green ouvert en 2013, dont l'air des chambres et même des terrasses individualisées est purifié, est décoré de peintures et de sculptures ultramodernes et souvent provocantes. Le nouveau centre commercial de Soho conçu par l'architecte irako-britannique Zaha Hadid est pratiquement sorti de terre en trois mois, même s'il a fallu un peu plus de temps pour l'aménagement intérieur et la location des espaces.

La Chine est aujourd'hui le paradis des grands architectes, Norman Foster, Zaha Hadid, Jean Nouvel, qui peuvent concevoir les tours les plus hautes, les formes et les matériaux les plus originaux, et même les méthodes de construction les plus radicales, comme à Changsha, capitale du Hunan, où Mao a fait ses études. Un milliardaire, fabricant de climatiseurs converti à l'écologie, projetait ainsi la construction, censément en quinze jours, de l'immeuble le plus haut de Chine par l'emboîtement comme dans un jeu de Lego de cubes constituant les étages dotés d'un système d'air ultra-purifié. J'avais eu la curiosité de rencontrer le P-DG de ce groupe, qui était connu aussi pour ses prises de position en faveur de l'écologie. Il avait renoncé à l'utilisation de son jet privé et de ses voitures pour mener une vie plus respectueuse de l'environnement. Il nous a invités dans sa maison, pour laquelle il avait adopté une méthode radicale d'assainissement de l'air qui donnait l'impression étrange de respirer l'air pur des montagnes. Dîner fascinant reflétant le choc des générations dans la Chine d'aujourd'hui. Ses parents, militaires ayant fait la Longue Marche, peu loquaces. Lui, milliardaire venant de nulle part comme beaucoup de ses congénères, volubile, fier de montrer sa cave française et versant dans nos verres de grands crus en abondance, parlant avec fierté de son fils ou de sa fille, je ne me souviens pas, étudiant à Harvard.

Les exemples sont innombrables et, comme à New York, « *sky is the limit* ». La visite du musée de l'Urbanisme de Shanghai il y a dix ou quinze ans fascinait et suscitait en même temps une certaine incrédulité face à ce qui apparaissait alors comme une folie des grandeurs. Aujourd'hui, tout et même plus a été réalisé. Le célèbre Bund dessiné par les imposants bâtiments néoclassiques conçus au XIXᵉ et au début du XXᵉ siècle par l'architecte de ceux du port de Liverpool, au bord du fleuve Huangpu, a son pendant contemporain avec la « *skyline* » multicolore et étincelante de Pudong, ancien désert marécageux, qui n'a rien à envier à celle de Manhattan. La Perle de l'Orient, la tour de la télévision de Shanghai, surmontée d'un globe, est devenue l'image emblématique de cette ville très internationale et commerciale qui renoue avec sa gloire du temps où elle était considérée comme le Paris de l'Orient et une des grandes capitales économiques, financières et cinématographiques du monde. Belle revanche pour cette ville deux fois punie et laissée à l'écart, d'abord par les dirigeants de la Révolution pour son image capitaliste et débauchée puis par les réformateurs pour ses liens avec les membres de la Bande des Quatre.

Si la ville verticale de Shanghai s'est adaptée heureusement à la modernité, la ville horizontale qu'était Pékin doit encore trouver un style à sa mesure. Les HLM lugubres des années 1970 et 1980 sont peu à peu remplacées par des bâtiments de verre aux formes originales. Le plus réussi est l'Opéra de Pékin, conçu par l'architecte français Paul Andreu, en contrebas de la Cité interdite. Cette construction ovoïde sertie au milieu de l'eau joue avec les couleurs grises et beiges environnantes, notamment celles du Palais du peuple, austère et gigantesque bâtiment stalinien où ont lieu tous les grands rendez-vous du régime, des congrès du Parti aux réceptions de chefs d'État étrangers. C'est aussi dans ces lieux imposants que les ambassadeurs remettent leurs lettres de créance au président chinois. L'emblème de la ville choisi pour le bulletin météo quotidien est la tour de la télévision centrale (CCTV), construite par l'architecte néerlandais Rem Koolhas. Audacieuse et controversée, surnommée par dérision « le grand pantalon », elle prend la forme d'un T ou d'un L selon l'angle de vue. Autour, le nouveau quartier des affaires à l'est de la ville, le CBD (Central Business District), se donne des airs de Manhattan avec la plus haute tour de Pékin, où l'on trouve un restaurant et un bar avec vue panoramique les jours où la vue n'est pas bouchée par le smog. À Sanlitun, attenant au quartier diplomatique datant des années 1960, « Le Village », élégant ensemble architectural de magasins et cafés au milieu duquel trône la boutique Apple, inauguré au moment des jeux Olympiques de 2008, accueille les jeunes Pékinois branchés. La rue Wangfujing, cœur de la ville, proche de la Cité interdite, une des premières avenues modernes et commerçantes, est bordée de massifs blocs en béton surmontés de toits en forme de pagode, pour donner la touche chinoise, un peu sur le modèle des anciennes portes monumentales de la ville. Ils n'en ont ni la force ni le charme. L'organisation des jeux Olympiques à Pékin a généré, outre l'installation du stade olympique avec son fameux Nid d'oiseau et le Cube d'eau, une frénésie de construction d'hôtels, d'infrastructures mais aussi de plantations d'arbres et de fleurs. Quand les autorités ont commencé à verdir la ville dans la perspective des jeux Olympiques, personne n'y croyait, certains faisaient même courir la rumeur que les rares pelouses de cette ville aux confins du désert étaient revêtues de peinture verte. En réalité, même si la perception n'est pas celle d'une ville verte en raison de la pollution et du gris uniforme des bâtiments, le nombre d'arbres plantés dès qu'un espace s'y prête, sous un échangeur par exemple, est impressionnant. La bande au milieu des avenues et des autoroutes est ainsi agrémentée de rosiers soigneusement entretenus.

Si le paysage urbain connaît des changements époustouflants, le plus étonnant est l'évolution de la société civile. D'anciens paysans ou militaires reconvertis dans l'industrie après la vague de démobilisation décidée par Deng Xiaoping pour moderniser l'armée sont devenus du jour au lendemain capitaines d'industrie ou milliardaires grâce à leur sens du risque et de l'entreprise. Zhang Xing, directrice générale de Soho, la grande entreprise immobilière, a dit un jour dans une interview que, comme elle, « tous les Chinois qui ont réussi viennent de nulle part ». Le plus emblématique est le succès d'anciens chiffonniers, à l'instar du héros de *Brothers*, qui ont amassé des fortunes en triant et revendant les déchets. J'ai reçu certains de ces nouveaux milliardaires à l'ambassade. Peu accoutumés aux manières de table françaises, ils bataillent avec le pain et la nourriture occidentale, ils ne parlent que le chinois mais ils sont confiants, entreprenants et tournés vers l'avenir.

Les jeunes en revanche ressemblent plus de nos jours à des adolescents américains ou européens qu'à leurs parents ou leurs grands-parents. Leur liberté d'esprit et de ton, à condition toutefois de ne pas franchir la ligne rouge qu'est l'élaboration d'un programme politique ou d'un mouvement, est détonante. C'est la génération Internet – «un cadeau du ciel à la Chine», comme me l'a dit un jeune blogueur –, qui découvre le monde en voyageant par millions (100 millions en 2016), qui étudie par centaines de milliers aux États-Unis ou en Europe et se tient informée en franchissant généralement «la Grande Muraille de l'Internet», surnom de la censure, avec des systèmes de VPN. Les internautes sont plus de 700 millions et ils ont un avis sur tout. La police de l'Internet, constituée de plusieurs dizaines de milliers de jeunes informaticiens, joue avec eux au chat et à la souris ou, pour se référer à une histoire classique chinoise, au combat de la lance et du bouclier, chaque artisan se vantant d'avoir qui la lance la plus perçante, qui le bouclier le plus protecteur, histoire qui a engendré le mot «contradiction» en chinois, en juxtaposant ces deux caractères (矛盾 *maodun*). J'ai rencontré l'un de ces «policiers de l'Internet» dans un café avec des amis après le théâtre dont il était féru. Jeune homme très sympathique et très cultivé, il avait la conviction de la nécessité de défendre la sécurité de son pays. Le débat s'est engagé sur cet étrange sentiment d'insécurité que connaissait la Chine malgré ses succès économiques et son poids croissant sur la scène internationale. N'était-elle pas en mesure de tolérer un espace de critique ?

La vitesse est aussi dans les têtes, volonté de rattraper le temps perdu et de dépasser les pays occidentaux. C'est le temps des ambitions : réussir sa carrière, gagner le plus d'argent et le plus vite possible. Le temps des stars : les acteurs et actrices de cinéma suscitent le même engouement qu'en Occident. De jeunes starlettes suivent le chemin de la belle et talentueuse Gong Li. Le tournage d'une coproduction franco-chinoise par Charles de Meaux, racontant l'amour du peintre missionnaire jésuite Jean-Denis Attiret au XVIIIe siècle pour la concubine de l'empereur Qian Long, qui lui avait commandé son portrait, n'a pu se dérouler comme prévu dans l'enceinte du palais de Chengde, la résidence d'été des empereurs de la dynastie mandchoue, en raison de l'enthousiasme perturbateur des fans de Li Bingbing, qui jouait le rôle de l'impératrice face à Melvil Poupaud dans le rôle du jésuite. La Chine a acquis le goût des records parfois jusqu'à l'absurde, comme le souligne le plus grand blogueur de Chine, le jeune Shanghaien Han Han. Elle entend être la première partout. Elle a prouvé qu'elle pouvait l'être. Si sa première participation aux jeux Olympiques relevait plutôt de l'adage de Coubertin « L'essentiel est de participer », elle a engrangé en 2008 un nombre record de médailles aux jeux de Pékin. Elle n'entend pas s'arrêter là. Le football, dont le président Xi Jinping est un grand amateur, est la nouvelle cible. Les clubs généralement peu performants et souvent corrompus n'hésitent pas à payer des sommes astronomiques à des entraîneurs ou à des joueurs occidentaux dans l'espoir qu'ils les mèneront prochainement à la victoire.

La Chine est avide de prix d'excellence. Le prestige du Nobel est particulièrement fort dans ce pays. Les autorités ont été d'autant plus ulcérées que le prix Nobel de la paix soit attribué à l'auteur de la Charte 08, Liu Xiaobo. Par rétorsion dérisoire, un prix Confucius a dans la foulée été attribué à Vladimir Poutine... Les autorités chinoises se sont félicitées en revanche du prix Nobel de littérature attendu depuis longtemps et attribué à Mo Yan en 2012. Elles veulent toujours ignorer celui qui avait été décerné au tournant du siècle à Gao Xingjian dont les pièces, que j'avais vues au théâtre à Pékin dans les années 1980, sont toujours jouées en Chine mais qui a été rejeté pour l'écriture dans le style du nouveau roman de son chef-d'œuvre *La Montagne de l'âme*[1], et surtout pour sa liberté d'esprit ainsi que pour ses critiques de la Révolution culturelle et des événements du printemps 1989. L'attribution du prix Nobel à Mo Yan a suscité des réactions très injustes dans les pays occidentaux, qui lui ont reproché son refus de se prononcer sur la censure et sur les droits de l'homme en Chine sans même le lire et reconnaître sa puissance narrative. Au nom de quoi un écrivain parce qu'il est chinois se retrouverait-il sommé de se prononcer sur le régime de son pays ? On raconte souvent en Chine l'histoire de l'Américain qui vante la supériorité du régime de

---

1. Gao Xingjian, *La Montagne de l'âme* [1990], trad. Noël et Liliane Dutrait, Éditions de l'Aube, 1995 et *Le Livre d'un homme seul*, trad. Noël et Liliane Dutrait, Éditions de l'Aube, 2000.

son pays parce qu'il a le droit de critiquer le Président américain et se voit rétorquer par un Chinois que lui aussi peut critiquer le Président américain...

La Chine a célébré avec fierté son premier prix Nobel de médecine attribué, tardivement, à Tu Youyou en 2015 pour ses recherches contre le paludisme, qui ont abouti à la création à partir d'armoise naturelle utilisée par les paysans d'artémisinine, composant de tous les antipaludéens dans le monde. Les autorités ont à la fois salué le succès de la médecine traditionnelle chinoise et le renforcement de l'influence de la Chine dans le monde.

La Chine a aussi des ambitions en matière cinémato-graphique. Elle s'est félicitée de l'attribution de l'Ours d'or au Festival international du film de Berlin en 2014 pour le film *Black Coal, Thin Ice* de Jiao Yinan, un polar noir situé dans la province du Heilongjiang au nord-est, dont la publicité n'a pourtant guère été faite dans le pays. La Chine multiplie les coproductions dans l'espoir d'une Palme d'or à Cannes ou d'un oscar à Los Angeles. Les villes de Pékin et de Shanghai ont chacune depuis quelques années un « festival international du film », mais aucun des deux n'a l'expertise et l'aura des grands festivals internationaux. L'ambition de Wang Jianlin – fils d'un vétéran de la Longue Marche, lui-même ancien militaire, aujourd'hui P-DG du groupe Wanda, spécialisé dans l'immobilier et le divertissement – est symptomatique à cet égard. À peine connu en 2008, année où il a gagné son premier million, Wang Jianlin a été classé par le magazine *Forbes* comme l'homme le plus riche de Chine en 2013. Son fils a étudié à l'University College London (UCL) dans la capitale britannique, où il a acheté en 2015 une propriété dans l'allée des milliardaires à Kensington Palace Gardens, à deux pas de la résidence de l'ambassadeur de France. Il a racheté des réseaux de salles de cinéma et des studios aux États-Unis. Son rêve est de créer un festival international du film dans la ville balnéaire de Qingdao dans la province du Shandong, où il a construit des studios de cinéma. Il entend poser son festival en rival de celui de Cannes ainsi que de la cérémonie des Oscars et a organisé en 2013 un gala de lancement avec des acteurs et actrices célèbres, parmi lesquels Leonardo DiCaprio, Nicole Kidman, Catherine Zeta-Jones et John Travolta. Il vient de financer le tournage à Qindao de *La Grande Muraille*, film en langue anglaise à grand spectacle produit par un studio américain et réalisé par Zhang Yimou avec Matt Damon, pour attirer le public et célébrer en même temps le patrimoine chinois.

La langue, le mandarin comme l'appellent joliment les Occidentaux, alors que le terme chinois est simplement la «langue commune», *putonghua* 普通话, a évolué au rythme des changements de la Chine. L'autre terme couramment employé dans les années 1970 lorsque j'étais étudiante était *zhongwen* 中文, «langue chinoise». Aujourd'hui, de manière significative, on utilise de préférence *Hanyu* 汉语 qui signifie «langue des Han».

«La pensée de Mao Zedong est un soleil qui ne se couche jamais», «Pour naviguer en haute mer il faut un timonier», «L'impérialisme est un tigre de papier», «À bas la clique anti-Parti de la Bande des Quatre»:

79

la presse, la radio, la télévision égrenaient ces slogans imagés et inventifs destinés à tenir lieu de pensée. Ils accompagnaient toute la vie quotidienne mais aussi tous les moments importants de l'existence des gens. Les « lettres d'amour » des Chinois des années 1960 et 1970 étaient truffées de ces citations, et les couples déclaraient leur flamme en se proposant de défendre ensemble la pensée de Mao Zedong. Les jeunes, qui lisaient tous pendant mes années d'étudiante un livre intitulé *Le Chant de la jeunesse* de Yang Mo recommandé pour sa pensée révolutionnaire édifiante, nous disent aujourd'hui que c'était surtout pour les scènes qui leur paraissaient romantiques ou érotiques. La langue a changé comme le pays. Le plus emblématique de cette métamorphose est le changement de sens de l'appellation « camarade » *tongzhi* 同志 par laquelle tout le monde s'interpellait dans les années 1970 et au début des années quatre-vingt et qui signifie aujourd'hui « gay ». « Mademoiselle » *xiaojie* 小姐, qui a succédé dans les années 1980 à cette même appellation égalitaire et asexuée, signifie maintenant « prostituée », et de nouvelles interpellations apparaissent tous les jours. Curieusement, il n'est pas aujourd'hui jugé déplacé ou sexiste d'appeler une serveuse « beauté » *meinü* 美女. Ce qui a changé aussi de façon significative est que, dans notre société désormais urbaine et plus aisée, les gens ne se saluent plus en guise de bonjour, comme à l'époque où j'étais étudiante, à toute heure de la journée par interpellation : « Avez-vous mangé ? » 你吃饭了吗?, souvenir des temps de famine que tous ont connus. La langue parlée à Taïwan ou à Hong

Kong, l'anglais, les abréviations d'Internet ont influé sur le langage des jeunes. Même les structures de la langue peuvent être bouleversées. Des professeurs et des linguistes ont publié des articles critiques dans la presse suggérant de créer, sur le modèle de l'Académie française, une instance qui veillerait à la protection de la langue chinoise. De nombreux mots ont été créés pour répondre aux défis de la modernité. Ainsi l'ordinateur est le « cerveau électrique », comme le téléphone est la « parole électrique ». Une amusante coïncidence phonétique permet aux étrangers de retenir facilement le mot « fusion-acquisition » qui se prononce *bingo*! La langue est extrêmement plastique. Les internautes jouent avec les mots, dont l'écriture idéographique avait été à maintes reprises menacée car accusée de constituer un frein à la modernité. Weibo, le Twitter chinois, a fait la preuve du contraire car un texte en 140 caractères, sans ponctuation, est plus substantiel que dans une langue alphabétique et a permis l'éclosion de véritables débats. Le détournement des mots et l'homophonie fréquente en chinois permettent d'exprimer sa pensée malgré la censure. Les internautes ont une imagination sans limites : ainsi, quand chaque année à l'approche de la date anniversaire ils souhaitent faire mention du 4 juin, jour de la répression de Tiananmen, absolument taboue et qui ne passe pas sur les sites, ils écrivent « 35 mai » (31 mai + 4 jours) pour tromper les censeurs. L'harmonie ou « société harmonieuse » 和谐 prônée par le président Hu Jingtao prend la forme des crabes de rivière 河蟹, dont la prononciation est similaire (*he xie*), et que l'on retrouve dans une version en porcelaine dans toutes les expositions d'Ai Weiwei, jusque sur les tapis du château des ducs de Marlborough à Blenheim, où est né Winston Churchill. Les internautes chinois ont également inventé la forme passive du verbe « harmoniser » pour signifier la censure : un article ou un blog peuvent ainsi avoir été « harmonisés », c'est-à-dire supprimés. Aujourd'hui, depuis la promotion du « rêve chinois », on dit même « rêvés ».

Dans les premières décennies du XXIe siècle, nul ne peut en regardant la Chine imaginer, s'il ne l'a pas connue, la Chine maoïste. Beaucoup de Chinois se demandent si tout n'est pas allé trop vite justement. La Chine est devenue à la faveur de la crise financière en Occident la deuxième puissance économique dès 2010. Elle est même déjà la première en termes de parité du pouvoir d'achat, notion qu'elle récuse toutefois.

Il y a un prix à payer : les ciels d'un bleu intense à Pékin ont fait place au soleil orange de la pollution.

3

Contrepoints : les temps difficiles

Trente ans de rattrapage, d'une croissance effrénée, d'obsession des records, d'industrialisation et d'urbanisation non contrôlées ont un prix en termes de destruction de l'environnement, d'accidents industriels, de creusement des inégalités sociales et régionales, d'augmentation de la corruption. Tous ces problèmes qui génèrent le mécontentement des citoyens pour qui l'ascenseur social n'est plus garanti interviennent dans un contexte de ralentissement économique inévitable et doivent être réglés concomitamment. La Chine est désormais confrontée au revers de la médaille. La métaphore de Xi Jinping sur l'entrée de la Chine en eaux profondes prend tout son sens.

Sous le dôme

La dégradation de l'environnement est le sujet le plus emblématique à cet égard.

Les Pékinois se sont réveillés un matin de janvier 2013 sous un smog épais qui rendait la ville invisible et irrespirable. Les décollages et atterrissages d'avions ont été annulés, les aéroports fermés. À travers mes fenêtres on ne voyait rien, que du gris. Les internautes échangeaient des photos de ce gris. La municipalité de Pékin continuait quant à elle d'afficher un signal lénifiant de « légère pollution ». L'ambassade des États-Unis, accusée depuis des mois d'ingérence parce qu'elle publiait quotidiennement les indices de pollution réels sur son site, révélait des taux de particules fines (PM2,5) plus de dix fois supérieurs aux normes de l'OMS. Fureur des internautes, qui ont inventé à cette occasion le terme d'« airpocalypse ». « *Enough is enough* », tel était le sens des messages qui circulaient sur la Toile, émanant aussi bien des résidents restés dans la capitale que de ceux qui, bloqués aux quatre coins du pays, ne pouvaient rentrer chez eux. C'était ironiquement l'époque où un fabricant de purificateurs d'air assurait la promotion de ses appareils en vantant l'air pur que pouvaient ainsi respirer les plus hauts dirigeants à Zhongnanhai, le cœur du pouvoir, la « nouvelle Cité interdite ». Le sentiment d'inégalité a aggravé la colère de la population pékinoise. Cette réaction des internautes a induit un tournant dans la politique environnementale de la Chine. Elle a marqué la fin du déni et l'annonce d'une détermination à combattre ce fléau qui détruit l'environnement, menace la santé des habitants mais aussi le développement, au nom duquel précisément la prise en compte de la dimension environnementale avait été jugée secondaire. Quelques semaines plus tard le système de mesure américain, installé sur le toit de l'ambassade à Liangmaqiao et dont la mise en ligne avait été dénoncée comme une ingérence inadmissible, était adopté dans toutes les grandes villes. Il prenait en compte le taux de particules fines les plus dangereuses pour la santé. Une nouvelle norme élevée « Pékin V » était retenue pour les automobiles. Le Premier ministre Li Keqiang, à l'Assemblée nationale populaire, le Parlement chinois, au mois de mars de cette même année, déclarait la « guerre contre la pollution » et réaffirmait la volonté de bâtir une « civilisation écologique ». C'était le thème également mis en avant dans la lettre que Xi Jinping a adressée aux membres du Forum écologique mondial organisé à Guiyang, capitale de la province méridionale du Guizhou en juillet 2013.

La Chine était en effet devenue en 2006 le plus gros émetteur de CO_2 dans le monde, même si en termes de pollution par habitant un Chinois n'émet pas plus qu'un Européen et moins qu'un Américain. Le célèbre chroniqueur du *New York Times* Thomas Friedman, dans une tribune imagée intitulée « *Bring in the Green Cat* », écrivait alors de Shanghai où il avait souffert de la pollution que la Chine avait atteint ses limites environnementales. Il affirmait que le fameux chat de Deng Xiaoping plutôt que d'être noir ou blanc ferait mieux d'être vert, sinon il serait mort avant d'avoir attrapé la souris. Il avertissait que la Chine ne pouvait pas se permettre de faire comme l'Occident, à savoir se développer d'abord en polluant et nettoyer ensuite. Ce serait trop tard. Le miracle économique chinois se terminerait en cauchemar écologique.

Quelque neuf ans plus tard, c'est bien un tableau apocalyptique des effets de la pollution atmosphérique en Chine et de ses conséquences sur la santé que dresse le film documentaire *Sous le dôme, enquête sur le brouillard chinois* de l'ancienne présentatrice vedette de la télévision nationale Chai Jing. Ce film percutant, mis en scène sur le modèle d'*Une vérité qui dérange* d'Al Gore et qui appelle chacun à agir en citoyen, a constitué un événement. Dès sa diffusion, le 28 février 2015, quelques jours avant l'ouverture de l'Assemblée nationale populaire (ANP), il a été visionné 155 millions de fois, soit par un Chinois sur neuf. Il a été l'objet de très nombreux commentaires sur les réseaux sociaux comme dans les conversations entre amis, collègues et voisins. Depuis, il aurait été vu au total par plus de 300 millions de Chinois. Mais, paradoxe et contradiction dans l'air du temps, alors que les autorités avaient encouragé la réalisation de ce documentaire et que le nouveau ministre de l'Environnement, ancien président de l'université de Tsinghua, Chen Jining avait même adressé un message de félicitations à Chai Jing après avoir vu le film, les autorités se sont inquiétées d'un tel succès et des conséquences que pouvait avoir son appel à réagir. Le documentaire a donc été interdit et supprimé des sites, notamment celui du *Quotidien du peuple*. L'essentiel est cependant qu'il ait été vu.

La Chine a subi de multiples épisodes de records de pollution, notamment à Pékin qui a compté pas moins de vingt-cinq jours de brouillard en ce mois d'«airpocalypse» de janvier 2013. Harbin, la ville du Grand Nord généralement si fière de la pureté de son air, a disparu sous une fumée noire le jour où a été allumé le chauffage urbain en octobre 2013. Des taux records ont également été enregistrés à Shanghai, Tianjin, Chengdu, Wuhan où le smog ne disparaît pratiquement jamais et où une fumée jaune et malodorante, issue de brûlis de paille, a même une fois suscité l'angoisse d'une pollution chimique. Selon la Banque mondiale, sur les 20 villes les plus polluées au monde, 16 sont chinoises. L'indice de la qualité de l'air, consulté chaque jour sur une application pour téléphones mobiles dont l'icône représente un visage barré d'un masque, peut aller jusqu'à 900 ou 1000 microns, alors qu'au-dessus de 150 l'air est jugé malsain et à partir de 300 dangereux. Les Chinois arborent désormais dans la rue toutes sortes de masques qui illustrent bien le caractère anxiogène de cette situation. Outre les traditionnels masques chirurgicaux de gaze blanche, que les cyclistes pékinois portaient déjà lorsque j'étais étudiante dans les années 1970, en particulier lorsqu'ils étaient enrhumés ou pour se protéger de la poussière et des sables, les habitants des agglomérations se couvrent aujourd'hui le visage d'effrayants masques qui ressemblent à des masques à gaz, parfois commandés à grands frais en Allemagne par ceux qui ont des doutes sur l'efficacité des masques chinois. Des amis chez qui je suis allée dîner pendant l'hiver 2014 ont enfilé leurs masques pour simplement m'accompagner dans la rue en bas de chez eux à la recherche d'un taxi.

Ce cauchemar écologique résulte d'une industrialisation désordonnée et à marche forcée. Cela avait commencé dès les débuts du régime lorsque Mao, soucieux de rattraper les pays occidentaux et déterminé à dompter la nature, avait décidé de développer l'industrie lourde sur le modèle soviétique, sans oublier la catastrophe industrielle et humaine provoquée par le Grand Bond en avant, ses petits fourneaux, la destruction des récoltes et la famine qui a tué 36 millions de Chinois. La déforestation a été massive à cette époque. Personne n'a oublié non plus l'absurdité écologique des campagnes de masse au cours desquelles les enfants étaient appelés à éradiquer tous les moineaux de Chine. Ils utilisaient à cet effet des lance-pierres ou des casseroles produisant un vacarme assourdissant qui empêchait les oiseaux de se poser et provoquait leur mort par épuisement. Les pauvres moineaux étaient accusés de manger les graines de céréales et de ruiner les récoltes alors qu'ils contribuaient au contraire à leur protection en mangeant les insectes. Le résultat ne s'est pas fait attendre. L'écosystème a été détruit. Les insectes qui ont pullulé ont ravagé les récoltes... Lorsque, étudiants étrangers dans les années 1970, nos professeurs nous emmenaient visiter, pour notre édification, des usines, nous étions effarés par le niveau sonore et olfactif de la pollution, même si le terme était alors peu utilisé, et par l'absence de protection des ouvriers. Les ouvrières du textile en particulier absorbaient toute la poussière dégagée par la laine ou le coton.

Le charbon constitue toujours 70 % de la consommation énergétique chinoise. Le pays produit autant de charbon et d'acier que le reste du monde. À cela s'ajoute une grande quantité de lignite très toxique. La circulation automobile a connu une progression sans précédent avec la vente en 2015 de plus de 24 millions de voitures individuelles. Il y en a 5 millions pour la seule ville de Pékin avec 800 000 nouvelles immatriculations. L'essence mal raffinée contribue fortement à la pollution – sans compter la traversée de la capitale tous les matins à l'aube par des camions auréolés de fumées noires qui ne s'embarrassent pas des normes environnementales. Le pire est probablement à venir si l'on considère que seulement un Chinois sur dix-sept possède une voiture, soit la moitié de la moyenne mondiale. À cela s'ajoute encore la poussière provenant des innombrables chantiers, jusqu'à 10 000 selon les affirmations des autorités municipales dans la seule ville industrielle de Wuhan dans le centre de la Chine.

La pollution de l'air est le phénomène le plus visible et le plus ressenti. Les autorités tentent de calmer la population, inquiète des maladies respiratoires et même des cancers que pourrait contracter leur unique enfant. On estime à 12 millions le nombre de morts prématurées dues chaque année à la pollution. Le gouvernement reconnaît aujourd'hui l'existence de « villages du cancer », situés dans des lieux toxiques où les taux de mortalité sont particulièrement élevés. Des alertes rouges sont désormais lancées, au cours desquelles sont décrétées la fermeture des écoles et l'interdiction d'activités sportives à l'extérieur. C'est une mesure souvent symbolique puisque la décision est généralement décalée par rapport au pic de pollution. La vente des plaques minéralogiques fait l'objet d'une loterie pour restreindre la circulation, qui est de surcroît alternée. De façon dérisoire, les barbecues de brochettes ont été interdits dans la rue, ce qui a naturellement suscité les moqueries des internautes. Les municipalités appellent aussi à limiter l'usage traditionnel des pétards lors du Nouvel An chinois. Inutile de dire que ces dernières recommandations sont peu respectées, les jours d'entrée dans la nouvelle année lunaire au milieu des explosions et de la fumée continuent de donner le sentiment d'être dans une ville en guerre.

Il n'y a sans doute pas de solution simple et rapide. Les Anglais ont mis des dizaines d'années à se débarrasser du smog, qui imprégnait la littérature de Dickens et Conan Doyle ainsi que la peinture de Turner et qui semblait consubstantiel à la ville de Londres. Parfois les autorités chinoises ont recours à des méthodes radicales mais qui ne peuvent qu'être limitées dans le temps. Le Bureau de modification du climat peut ainsi décider d'ensemencer les nuages avec de l'iodure d'argent. La pluie ou parfois la neige qui s'ensuit, comme ce fut le cas à la surprise et l'irritation des habitants non prévenus en novembre 2010, peut éliminer la pollution. Parallèlement, les usines des provinces avoisinantes sont provisoirement fermées et les chantiers arrêtés. De magnifiques ciels bleus qui rappellent aux Pékinois leur jeunesse surplombent alors la capitale, comme au moment des jeux Olympiques de l'été 2008 ou lors de sommets internationaux qui attirent les regards du monde entier. Les internautes ont ainsi ironisé sur le « bleu APEC » lors de la réunion des dirigeants d'Asie et du Pacifique qui s'est tenue en novembre 2014 à Pékin ou le « bleu G20 » lors de la réunion du sommet de Hangzhou en septembre 2016. Lorsque je vivais à Moscou, les ciels étaient également toujours beaux lors des grandes parades du régime.

À plus long terme, une des solutions est de fermer définitivement les nombreuses usines polluantes autour de Pékin, en particulier dans la province du Hebei, qui contribuent pour 60 % à la pollution de la capitale. Une myriade de petites mines ont été abandonnées ainsi que des villages entiers de mineurs dans les montagnes de l'Ouest. Lorsqu'on se promène dans l'arrière-pays de Pékin, on peut encore y voir les rails et les wagonnets qui transportaient le charbon. La Chine s'est engagée dans une diversification de son bouquet énergétique. Elle entend accélérer le développement de son parc nucléaire, notamment en partenariat avec la France. Elle développe les énergies renouvelables d'origine solaire, éolienne, hydroélectrique ainsi que la biomasse. Les autobus sont de plus en plus souvent électriques – il en a même été exporté à Los Angeles –, de même que les vélos et les scooters qui sillonnent silencieusement les villes. En quelques mois sont apparus des dizaines de millions de vélibs multicolores connectés à des smartphones, mis au point par une start up chinoise, et qui devraient être bientôt exportés

91

à Londres, Singapour et San Francisco. Les routes sont éclairées par des lampadaires solaires. La Chine marque aussi un intérêt pour la technique du charbon propre par capture du CO_2 et a entamé des recherches sur le gaz de schiste, que les ONG environnementales chinoises considèrent comme moins polluant que le charbon. Une des difficultés tient cependant au fait que les réserves supposées sont situées surtout dans des zones pauvres en eau, nécessaire en grandes quantités au processus de fracturation. Les autorités, notamment le ministère de l'Environnement qui reste faible, devront être en mesure de faire respecter les normes mises en place. Il n'y aura pas d'autre solution que d'imposer des pénalités et des taxes aux usines polluantes malgré les réticences des compagnies pétrolières et de l'ensemble de l'appareil industriel, qui entretient encore des liens de consanguinité avec le régime, ainsi qu'un marché carbone, qui se met peu à peu en place. Désormais, les dirigeants provinciaux et locaux devront être évalués en fonction de leurs capacités à protéger l'environnement et non plus seulement sur les taux de croissance du PNB. Un système de « lignes rouges » a été établi en février 2017 pour délimiter des zones préservées. La Chine a annoncé que son pic d'émissions interviendrait en 2030, en réalité au moment où la révolution industrielle sera achevée.

Si les moyens mis en œuvre restent insuffisants au regard de l'énormité de la tâche, la détermination des autorités est incontestable. Cela se traduit par un certain nombre de mesures internes visant à la mise en place d'une économie circulaire dans le cadre d'une politique de développement durable. La pollution a baissé en intensité en 2016 à Pékin, où les habitants ont pu profiter de plusieurs jours consécutifs de ciel bleu. On est cependant loin du but et de nouveau, au début de l'année 2017, les Chinois ont connu des jours de ciel impur. Cette détermination se traduit par une attitude nouvelle à l'international, que l'on peut mesurer par l'évolution entre le refus des contraintes lors de la Conférence des Nations unies sur le climat à Copenhague en 2009 et l'attitude constructive adoptée lors de la COP 21 à Paris en novembre 2015, confirmée par la signature rapide du traité et l'annonce de la ratification avant tous les autres à la veille du sommet du G20 à Hangzhou en septembre 2016. Le raisonnement a changé de façon radicale. La Chine considérait alors que les Occidentaux avaient pollué pendant des décennies pour mener à bien leur révolution industrielle et qu'ils continuaient même d'exporter leur pollution en Chine et dans des pays en développement en délocalisant leurs usines. Le constat ne manquait certes pas de pertinence mais la Chine en tirait argument pour défendre l'idée que c'était légitimement son tour de polluer au nom du droit absolu au développement. C'est la raison pour laquelle elle s'est arc-boutée sur le principe de « responsabilité commune mais différenciée » qui devait s'appliquer aux pays en développement, au rang desquels elle continue de se classer. La prise de conscience a eu lieu parce que le coût du développement est désormais trop élevé en termes de santé publique et de mécontentement de la population.

Si les dirigeants chinois, sous l'autorité directe de Xi Jinping, ont changé de position, c'est en effet moins sous la pression occidentale – encore que Pékin ait été traumatisé par les accusations qui le rendaient responsable de l'échec de la conférence de Copenhague – qu'en raison de la réaction de la population chinoise et des risques de révolte sociale. Les revendications sociales pour des motifs écologiques ont été en effet les plus nombreuses au cours de ces dernières années. Plusieurs incidents et manifestations générés par des problèmes environnementaux ont conduit les autorités à reculer et à annuler certaines implantations d'usines chimiques. Ces manifestations convoquées par SMS sur Weibo ont pu réunir jusqu'à 80 000 personnes comme à Dalian en 2011 et ont abouti durant l'été 2016 à l'annonce de la suspension de la décision d'implantation à Lianyungang de l'usine de retraitement des déchets nucléaires, sur le modèle de La Hague, en coopération avec Areva. Ce dernier cas relève d'une opération préemptive dès lors qu'aucun site n'avait encore été identifié formellement. Un responsable d'une des innombrables ONG environnementales qui ont essaimé au fil des années sur l'ensemble du territoire m'avait dit qu'une politique industrielle et environnementale cohérente serait préférable à ces renoncements au coup par coup, en arguant que l'implantation de ces usines, pour autant qu'elles fussent conformes aux normes en matière d'environnement, répondait certainement à des besoins économiques indispensables. Certains ont fait observer que ces manifestations, loin d'être inspirées par l'intérêt général, répondaient souvent à un réflexe égoïste bien connu dans le monde entier de «NIMBY» («*Not in my backyard*», «Pas dans mon jardin»). Il arrive d'ailleurs que ces usines soient par la suite discrètement relocalisées dans une autre région où l'opinion publique se montre plus conciliante.

Si la pollution de l'air est la plus visible, c'est loin d'être le seul problème que rencontre la Chine. Les sols et l'eau sont également pollués, et cela concerne 20 % des terres agricoles. On estime que les eaux souterraines sont contaminées à 90 % et les rivières à 40 %. L'exploitation des terres rares, indispensables à la fabrication de produits de haute technologie, a provoqué la destruction des territoires de Mongolie-Intérieure. La Chine a pendant longtemps produit 90 % des terres rares, pas seulement parce qu'elle en avait en abondance (selon Pékin, seulement 30 % des réserves mondiales) mais parce que les autres pays qui possédaient des gisements importants préféraient en importer à bas prix de Chine plutôt que subir chez eux les désastreuses conséquences environnementales de l'extraction et du raffinage. Les pays occidentaux avaient donc fermé leurs installations. La décision de la Chine, au nom de la préservation de l'environnement et du souci d'éviter l'épuisement de ressources rares mais aussi pour satisfaire sa demande interne en forte croissance, de rationaliser la production, de fermer les petites mines individuelles exploitées de manière anarchique et par conséquent de réduire ses quotas d'exportation a suscité un tollé dans les pays occidentaux. Ces derniers ont dénoncé de façon souvent contradictoire aussi bien le quasi-monopole chinois que l'imposition de quotas.

L'Union européenne, les États-Unis et le Japon ont déposé une plainte devant l'organe de règlement des différends de l'Organisation mondiale du commerce fin 2009. En 2011, l'OMC a condamné la Chine, qui a dû mettre fin aux quotas imposés. Elle a cependant mis en place un régime de licences, nécessaires aux producteurs chinois pour vendre à l'étranger. La Chine a aussi fait savoir en mars 2014 que le pays ne souhaitait plus assumer le coût écologique et toxicologique (développement de cancers et de leucémies dans les « villages du cancer ») lié à la production très polluante des terres rares. Depuis, les Américains et les Australiens ont dû reprendre l'exploitation sur leur sol.

L'urbanisation accélérée a aussi conduit à négliger la possibilité d'inondations en Chine du Nord, où il ne pleut que pendant l'été. Les routes ont été imperméabilisées sans procédé d'écoulement des eaux. Les pluies torrentielles qui se sont abattues sur Pékin à l'été 2013 ont fait 37 morts, par noyade. Des voitures se sont enfoncées dans l'eau sous les ponts, des rues se sont transformées en rivières, des maisons dans les zones les plus pauvres se sont effondrées. Les aéroports et les gares ont été fermés. La ville était paralysée. C'étaient certes les plus fortes précipitations depuis six cents ans mais les internautes ont une fois de plus réagi en se demandant pourquoi la Cité interdite, construite au XVe siècle, avait prévu un système performant d'écoulement des eaux la mettant à l'abri des inondations et pas le Pékin moderne. D'autres villes ont été touchées pendant cet été particulièrement pluvieux et j'avais dû faire demi-tour en voiture sur la route d'Oulan-Bator à

Ordos, en Mongolie-Intérieure, qui en quelques heures s'était transformée en fleuve. Mon vol de retour pour Pékin a eu cinq heures de retard parce que l'aéroport de la capitale avait été fermé.

Accidents et scandales surréalistes

Des accidents industriels surviennent fréquemment. Un des plus dramatiques a été le gigantesque incendie et l'explosion spectaculaire d'un entrepôt de produits chimiques dangereux sur le port de Tianjin dans le nord-est de la Chine à quelque 150 kilomètres de Pékin dans la nuit du 12 août 2015, qui a fait 173 morts et près de 800 blessés, dont environ 100 pompiers. L'onde de choc a été ressentie à plusieurs kilomètres à la ronde et une boule de feu est apparue dans le ciel. La réaction des produits chimiques avec l'eau déversée par les pompiers pour éteindre l'incendie a libéré dans l'air des fumées âcres contenant notamment du cyanure d'hydrogène pendant plusieurs jours. Des milliers de personnes ont dû être évacuées dans une zone de trois kilomètres autour du site. Cette catastrophe a révélé de graves infractions aux normes de sécurité en vigueur pour le stockage de produits dangereux. Ces accidents sont inséparables des problèmes de corruption et mettent généralement au jour des conflits d'intérêts, en l'occurrence, à Tianjin, des liens entre le propriétaire de l'usine et le chef de la police. Dans tout le pays, des promoteurs ou propriétaires, escomptant un enrichissement immédiat, construisent des immeubles

LA CHINE EN EAUX PROFONDES

avec des matériaux dégradés et obtiennent des autorisations de complaisance. C'est ce que l'on a pu voir avec l'effondrement de milliers d'écoles surnommées « écoles en tofu » pendant le tremblement de terre qui avait fait plus de 80 000 morts dans le Sichuan en 2008. Signe de progrès néanmoins : une enquête a été lancée sans délai. Le président et plusieurs responsables de l'entreprise ainsi que des dirigeants locaux ont été arrêtés pour faire taire la colère de la population.

De nombreux scandales alimentaires, tous plus ou moins surréalistes, ainsi que le relèvent les Chinois avec ironie et amertume, ont défrayé la chronique au cours de ces dernières années. En septembre 2008, le lait contaminé à la mélamine – qui renforçait en apparence sa teneur en protéines – a tué 6 nourrissons et rendu malades quelque 300 000 enfants. Selon l'OMS, c'était l'événement majeur en matière de sécurité alimentaire des dernières années. La réaction officielle suit toujours un peu le même schéma : la situation est d'abord minimisée. La presse est invitée à ne pas publier de témoignages ou d'informations négatives. Une enquête est ensuite diligentée et des peines sévères, pour l'exemple, sont prononcées car cela touchait des enfants, auxquels les parents accordent un prix d'autant plus grand qu'ils sont enfants uniques. Le ministre en charge de l'administration responsable du contrôle de la qualité, l'AQSIC, a dû démissionner. Le secrétaire du Parti et le maire de Shijiazhuang, la capitale administrative du Hebei où était basé le groupe, ont été limogés. À l'issue de procès qui se sont déroulés dans les semaines suivantes, de nombreuses condamnations ont

98

été prononcées, dont trois à la peine de mort, avec un sursis pour l'une d'entre elles. La présidente-directrice générale de l'entreprise laitière Sanlun a été licenciée et condamnée à la prison à perpétuité.

Puis, à l'été 2011, nouveau scandale surréaliste : des pastèques géantes, probablement victimes d'une overdose d'engrais chimiques (le forchlorfenuron, au demeurant autorisé aux États-Unis) destinés à accélérer la croissance, ont explosé dans la province du Jiangsu. L'utilisation de pesticides est également massive et sans véritable contrôle. Ces pastèques qui ont suscité une fois de plus les sarcasmes de la blogosphère n'ont tué personne, mais les producteurs de la province centrale du Jiangsu ont été ruinés car elles étaient invendables et ils ont dû les donner à manger aux cochons. Quant aux cochons justement, animaux de bon augure et symbole de prospérité dans le zodiaque chinois, des dizaines de milliers de carcasses ont dérivé sur le fleuve Huangpu en amont de Shanghai en mars 2014 : des fermiers de la commune de Jiaxing avaient jeté les carcasses d'animaux malades dans le fleuve qui alimente Shanghai en eau. L'affiche du film d'Ang Lee *Life of Pi*, qui était projeté sur les écrans chinois, a immédiatement été détournée par les internautes en « *Life of Pig* », où un cochon prenait la place du tigre et paradait sur une barque qui descendait le fleuve. Ces exemples spectaculaires, entrecoupés d'incidents de moindre intensité, entretiennent les inquiétudes des Chinois, qui ne font plus confiance aux autorités. Ils essaient de s'approvisionner à l'étranger, notamment en lait en poudre pour nourrissons. Les dirigeants eux-mêmes s'approvisionnent dans des fermes bio situées dans la région de Pékin.

L'obsession du coefficient de Gini

Tout le monde respire le même air. C'est une vérité assumée. C'est pourquoi l'affaire des purificateurs d'air des dirigeants a suscité une telle indignation. La question des inégalités en Chine devient d'une forte acuité. Aux débuts de la politique de réformes dans les années 1980, Deng Xiaoping accusait l'égalitarisme maoïste de favoriser la pauvreté généralisée. Il assumait le principe de l'enrichissement de quelques-uns d'abord avec l'idée que le tour de chacun viendrait par un phénomène de capillarité. Comme les Américains, les Chinois n'avaient pas de ressentiment contre les riches. Ils admiraient ceux qui avaient fait fortune jusqu'à devenir millionnaires ou milliardaires et espéraient avoir à leur tour leur chance, comme aux États-Unis du temps du capitalisme naissant. Ce contrat tacite a fonctionné tant que la croissance était vigoureuse, mais une forme de normalisation du capitalisme et le ralentissement de la croissance l'ont rendu caduc, ou du moins l'ont fragilisé. La perception des inégalités est devenue intolérable. Dans la plupart des pays occidentaux, à l'exception des spécialistes, peu de gens connaissent le coefficient de Gini, qui mesure l'écart entre les riches et les pauvres, l'échelle variant de 0 qui représente l'égalité parfaite à 1 qui représente l'inégalité absolue. Un économiste français de passage avait d'ailleurs séché lorsqu'il avait été interrogé par son interlocuteur sur la valeur de ce coefficient en France. Or, en Chine, il est évoqué en permanence car il dépasse la cote d'alerte qui est de 0,40. Il atteint en effet 0,47 selon les chiffres officiels du Bureau national des statistiques (BNS) et pourrait même être en réalité de 0,61. À titre de comparaison, il est en France de 0,31 et de 0,34 aux États-Unis. Dans ce pays qui a connu l'illusion de l'égalitarisme révolutionnaire – même si c'était une imposture car en réalité les hauts dirigeants avaient des privilèges à l'intérieur des murs rouges de la nouvelle Cité interdite –, l'ampleur des inégalités engendre des frustrations intenses. J'ai connu ce même phénomène dans l'Union soviétique de Gorbatchev, où certains laissés-pour-compte exprimaient une nostalgie de la période de Staline, jugée plus égalitaire.

La perception des différences de richesses et de privilèges s'est creusée du fait de la croissance mais aussi de la transparence forcée via Internet. Des internautes traquent les signes ostentatoires de richesse et mettent en ligne les photos de montres ou de voitures luxueuses. Ils avaient ainsi qualifié la réunion annuelle de l'Assemblée nationale populaire de 2012 qui rassemble les dirigeants de tout le pays de « Beijing Fashion Week ». La campagne de lutte contre la corruption a incité les dirigeants à prudemment remiser à la maison ces objets de grand luxe. Un cadre qui avait arboré une montre de marque sur le lieu d'un accident a été ensuite révoqué pour l'exemple. La même assemblée annuelle des dirigeants chinois avait été surnommée la « réunion des parents d'élèves étudiant à l'étranger » car la plupart des enfants de dirigeants poursuivaient leurs études aux États-Unis ou en Grande-Bretagne. Les internautes avaient même suggéré que les universités américaines tiennent compte des dates des réunions des dirigeants du Parti dans le choix du week-end annuel de visite des parents. Une question sous forme de plaisanterie courait sur le seul dirigeant chinois dont les enfants n'étudiaient pas à l'étranger. La réponse était Gary Locke, l'ambassadeur américain d'origine chinoise... Xi Jinping a fait rentrer sa fille de Harvard et a invité les autres dirigeants à suivre son exemple.

Au chapitre des inégalités figure une catégorie de citoyens, celle des *mingong* 民工, d'anciens paysans qui ont migré en masse des campagnes vers les villes pour trouver du travail sur les grands chantiers urbains. Ils constituent une population flottante de quelque 260 000 âmes privées de droits civiques et sociaux car ces personnes ne sont pas détentrices du *hukou* urbain. Le *hukou* 户口 est un certificat de résidence dont le principe remonterait à la plus haute Antiquité. Certains avancent qu'un tel système d'enregistrement de la population existait sous la dynastie des Xia, près de deux mille ans avant Jésus-Christ. En fait, codifié sous la dynastie des Han à des fins de levée de l'impôt et de conscription, puis adopté par le Parti communiste pour contrôler les mouvements de population entre les zones rurales et urbaines, il s'apparente à la *propiska* russe puis soviétique. Il est intéressant de constater qu'il est toujours en vigueur à Taïwan tandis qu'il a été aboli récemment en Corée du Sud. Ces nouveaux ouvriers

vivent généralement dans des préfabriqués à la périphé-
rie des chantiers. Mais quelques milliers d'entre eux,
surnommés « la tribu des rats », vivent dans l'obscurité et
l'insalubrité des sous-sols de Pékin, anciens abris antiaé-
riens du temps du conflit sino-soviétique reconvertis en
logements bon marché, ou pire, pour les plus démunis,
dans des bouches d'égout. Les *mingong* ne bénéficient
pas de la Sécurité sociale et leurs enfants ne peuvent
être inscrits dans les écoles. Ils en sont au demeurant
souvent séparés car ils les abandonnent fréquemment
à eux-mêmes dans les campagnes. Ces situations
dramatiques font de temps en temps l'objet de reportages et suscitent la compassion ou l'indignation
des internautes. Ce système profondément inégalitaire
et injuste qui crée des citoyens de seconde classe,
ceux-là mêmes qui ont construit les grandes métropoles
dont la Chine est si fière, est très critiqué et génère des
demandes récurrentes de suppression ou de révision.
J'avais rendu visite à des organisations non gouverne-
mentales, des avocats bénévoles notamment, qui les
aident à défendre leur cause. Une réforme du système
est en cours. Le 3e plénum du XVIIIe congrès du PCC
de novembre 2013 a fini par supprimer l'exigence
d'une autorisation de résider en ville mais uniquement
dans celles de moins de 5 millions d'habitants, ce qui
excluait Pékin et Shanghai, qui constituent les plus
grands pôles d'attraction pour les migrants. L'avenir de
la Chine est bien évidemment urbain. Le basculement
est intervenu en 2011 et le pourcentage progresse
d'année en année. Sur une population de 57 % de
citadins en Chine en 2016, seulement 36 % d'entre

eux possèdent un *hukou* urbain. Les autres sont donc encore clandestins et de ce fait privés de droits.

Les inégalités régionales s'ajoutent aux inégalités sociales. Les villes et les régions côtières ont un revenu par habitant semblable à celui des pays du G20 alors que des régions entières, surtout dans les parties montagneuses et occidentales, restent déshéritées et se rapprochent plus du mode de vie des pays en développement d'Afrique. On y trouve même des poches d'extrême pauvreté, comme au Yunnan et au Gansu. J'ai vu lors d'un voyage dans les montagnes du Yunnan, dans la région frontalière du Vietnam, de minuscules habitations semi-troglodytes avec un trou au plafond pour la lumière et un au sol pour faire du feu, et des masures sans eau ni électricité. Les habitants y vivaient comme dans l'émouvant film documentaire de Wang Bing primé en 2012 à la Mostra de Venise, *Les Trois Sœurs du Yunnan,* qui décrit les conditions de misère dans lesquelles vivent trois petites filles de quatre, six et dix ans livrées à elles-mêmes, le père étant parti trouver du travail en ville et la mère les ayant abandonnées. Ces habitations rudimentaires sont peu à peu remplacées par des logements plus salubres avec l'aide du gouvernement et d'ONG étrangères. L'Agence française de développement participe ainsi à des projets de chauffage. Les différents ministères se sont chacun vu attribuer la responsabilité d'une province déshéritée. Pour le Yunnan, ce fut le ministère des Affaires étrangères chinois. J'ai participé à une de ces missions qui visaient à apporter de l'aide à cette région et notamment à distribuer des ordinateurs dans les écoles. Les autorités cherchent à désenclaver la province en construisant des infrastructures impressionnantes, de larges routes ainsi que de nombreux tunnels. Le gouvernement a par ailleurs défini une politique de développement des régions centrales, via un programme dénommé « Go West», qui commence à porter ses fruits, et plus récemment une stratégie de croissance du bassin du Yangzi, autour des trois provinces du Henan, du Hebei et du Jiangxi. Le centre voit émerger de vastes métropoles comme Wuhan, Chengdu ou Chongqing, la plus grande municipalité du monde – qui englobe la campagne environnante – avec 31 ou 33 millions d'habitants. On peut noter au passage que le nombre d'habitants des villes est souvent approximatif, à 1 ou 2 millions près... en raison de la fluidité des populations. Compte tenu de l'augmentation croissante des salaires, de 10 à 15 % par an dans les provinces côtières, les entreprises sont délocalisées en partie dans ces régions du Far West chinois. En tout cas, l'existence de zones de pauvreté bien connues des Chinois a expliqué la polémique qui s'est développée à la veille du G20 de Cannes en 2013, au moment de la crise financière au cours de laquelle certains dirigeants européens avaient suggéré de faire appel à l'aide de la Chine. Le Président chinois était pour cette raison resté très prudent. La tonalité de la lettre ouverte au *China Daily* publiée quelques jours plus tard révélait bien le sentiment général : pourquoi aider des étrangers qui sont plus riches que nous alors que certains de nos compatriotes vivent encore dans des conditions misérables ? Cet argent a été gagné à la sueur du front de nos ouvriers pendant que l'ouvrier français se repose dans les cafés ou sur les plages (*sic*). L'auteur de la lettre concluait en espérant que les euros acquis par la Chine ne s'évaporeraient pas comme s'étaient évaporés leurs dollars (*re-sic*).

La chasse aux tigres, aux mouches et aux renards : une question de vie ou de mort pour le Parti

Les inégalités sont jugées intolérables parce qu'elles sont généralement liées à la corruption, qui est un phénomène historique et endémique en Chine. La profonde corruption du Kuomintang, qui revendait au vu et au su de tous jusqu'aux uniformes et équipements fournis par les Américains, a fortement contribué à la prise du pouvoir en 1949 par le Parti communiste, alors perçu comme intègre. Si le PCC veut rester au pouvoir, il doit donc éliminer la corruption dans ses rangs. Jiang Zemin comme son successeur Hu Jintao ont jugé que c'était une question de vie ou de mort pour l'organisation communiste. Xi Jinping a également décidé dès son arrivée au pouvoir que c'était une question existentielle pour le Parti et par conséquent une priorité absolue. Il a fait savoir clairement que la campagne anticorruption viserait autant les tigres que les mouches. Au début, personne ne l'a pris véritablement au sérieux en pensant que cette nouvelle campagne, rituelle lors de l'intronisation d'un nouveau secrétaire général, sacrifierait quelques mouches et que la vie reprendrait son cours. Il n'en a rien été et la campagne, la plus longue jamais connue, se poursuit, éliminant de plus en plus de tigres, et même de grands tigres.

Le plus puissant, Zhou Yongkang, a d'abord vu la mise en examen et l'arrestation de membres de son entourage, on pourrait même dire de son clan: des dirigeants de la province du Sichuan dans le Sud-Ouest, où il avait été le secrétaire du Parti, et des responsables du secteur pétrolier, en particulier de la CNPC, la puissante entreprise d'État qu'il a dirigée. L'étau s'est refermé sur lui plus de deux ans après que son nom a commencé à circuler sur le web, lorsque des membres de sa famille, son fils notamment, ont été arrêtés. Il a finalement été exclu du Parti et condamné en juin 2015 à la prison à perpétuité. C'est un tabou qui a été brisé, car il était généralement admis que l'on ne touchait pas aux anciens «immortels», à savoir les membres du comité permanent du Bureau politique. Or Zhou Yongkang était non seulement un des «neuf empereurs» de l'équipe de Hu Jintao et Wen Jiabao entre 2007 et 2012, mais il était en outre le tout-puissant et redouté responsable de la sécurité intérieure, surnommé le «tsar de la sécurité», et même classé au 29ᵉ rang mondial des personnalités influentes par *Forbes* en 2011. Il avait de surcroît tenté de protéger Bo Xilai, à qui il était très lié. Des rumeurs d'une tentative de coup d'État commun ont même circulé. Il semblerait aussi qu'il ait mis les membres du comité central sur écoute. La haine suscitée par ce haut responsable de la sécurité était très forte dans toute la société. Lors de ma première visite dans son atelier, un peintre chinois que je n'avais jamais rencontré auparavant m'a accueillie en

souriant par ces mots : « Zhou Yongkang a été arrêté ! »
Naturellement, cette campagne d'ampleur sans précédent offre également à Xi Jinping l'occasion d'effectuer des purges politiques et d'éliminer des ennemis.

Xi Jinping a nommé à la tête de la puissante
Commission centrale de contrôle de la discipline du
Parti, qui orchestre l'opération, un des rares hommes
considérés comme intègres : Wang Qishan. L'explication
la plus souvent évoquée au sujet de son honnêteté est
qu'il n'a pas d'enfant... Il faut savoir que Deng Xiaoping
avait obtenu un contrat tacite aux termes duquel un seul
des enfants des dirigeants historiques serait autorisé à
s'orienter vers une carrière politique, impliquant que
les autres se tourneraient vers le monde des affaires, ce
qui fut le cas mais en utilisant implicitement les liens
familiaux. Wang Qishan, ancien responsable des questions financières et du G20, de l'équipe précédente et
aujourd'hui l'un des « sept empereurs », est sans doute
l'esprit le plus original et l'un des membres les plus culti-
vés des instances dirigeantes. Il est déterminé à assurer
la survie du régime. Passionné d'histoire, c'est lui qui
a recommandé aux membres du Parti de lire le livre
de Tocqueville *De la démocratie en Amérique*, parce que le
philosophe français souligne que c'est au moment où un
régime absolu commence les réformes qu'il est le plus
vulnérable. Il leur a également prescrit de regarder la
série américaine *House of Cards*.

La campagne de « tolérance zéro » envers la corruption est appelée à se poursuivre car, selon le dicton
paysan chinois, « quand on arrache des carottes, des
morceaux de terre viennent avec ». Chaque enquête

ou arrestation soulève d'autres soupçons de corruption. Les grands tigres de l'armée ont été touchés à leur tour avec l'arrestation du général Xu Caihou, ancien vice-président de la puissante Commission militaire centrale et membre du Bureau politique. Enfin, les autorités sont déterminées à faire la « chasse aux renards », à savoir les Chinois qui s'enfuient à l'étranger avec leurs capitaux. La Chine s'efforce de conclure des accords d'extradition pour obtenir leur retour ; 500 d'entre eux auraient ainsi pu être rapatriés. Les autorités surveillent de près aussi ceux que l'on appelle les « fonctionnaires nus » *luogan* 裸干, qui ont envoyé en avant-garde femme, enfants et capitaux à l'étranger pour se prémunir contre des évolutions négatives en Chine et pouvoir rapidement quitter le pays.

Cette campagne, qui inquiète les responsables des provinces ou des administrations ainsi que les directeurs d'entreprise, est en fait très populaire auprès du peuple, excédé par l'autoritarisme et les abus des fonctionnaires locaux qui de tout temps dans l'histoire de l'Empire ont été haïs. C'est la première préoccupation de la population, qui proteste contre des cas d'expropriation et de spoliation. Le développement d'une bulle immobilière a favorisé l'enrichissement et la spéculation des promoteurs. La colère contre ces responsables corrompus suscite chaque année plusieurs dizaines de milliers de mouvements sociaux. Dans toutes les dynasties, le peuple en appelait au souverain jugé bienveillant. De fait, les internautes viennent souvent en appui pour dénoncer les cas de corruption.

Nager en eaux profondes

Toutes ces difficultés sont d'autant plus complexes à régler qu'elles s'ajoutent à un problème récurrent de rareté des ressources et qu'elles interviennent sur fond de ralentissement économique.

La Chine ne dispose que de 9 % des terres arables du globe pour une population qui représente près du quart de la planète. Les ressources sont rares et inégalement réparties. Sa croissance est gourmande en énergie et ses importations de pétrole sont essentielles. En 2012, lorsque les Américains et les Européens ont adopté des mesures supplémentaires d'embargo visant les livraisons de pétrole iranien, la Chine a accepté par solidarité de ne pas se substituer aux Occidentaux et donc de ne pas accroître ses propres importations en provenance de ce pays. Elle était cependant disposée à le faire seulement dans certaines limites. Un de nos interlocuteurs nous a répondu être conscient de nos préoccupations mais également attentif à celles des automobilistes chinois, qui seraient furieux de trouver des pompes à essence vides.

Le temps de la croissance à deux chiffres et du miracle chinois devait prendre fin un jour. Cela ne signifie pas pour autant que la Chine va exploser ou s'effondrer, malgré les prédictions des Cassandre qui se répètent chaque année depuis plus de trente-cinq ans. Ce ralentissement était déjà anticipé par le 11e (2006-2011) puis le 12e plan quinquennal (2011-2016) qui établissait la croissance à 7 % en fin de cycle. Le 13e plan adopté en mars 2016 a entériné le concept

110

de « nouvelle normalité » en termes de développement économique et donc d'une croissance plus lente mais plus durable en vue de la réalisation d'une société de « moyenne prospérité » ou de « petite aisance » *xiaokang* 小康 en 2020 à la veille de la célébration du centenaire de la fondation du Parti communiste chinois.

La Chine a à la fois la capacité de planifier sur le long terme à l'aide de plans quinquennaux généralement scrupuleusement respectés et de faire du « réglage fin » (« *fine tuning* ») en fonction des circonstances (actions ponctuelles en particulier pour contenir le taux d'inflation à certaines périodes qui risquaient de générer un mécontentement social). Cette réussite exceptionnelle suscitait l'admiration des dirigeants occidentaux qui n'approuvaient pas pour autant le régime. C'était frappant au moment où l'Union européenne essayait de résoudre la crise de l'euro.

La Chine entre néanmoins maintenant dans des années difficiles. La métaphore de Xi Jinping sur l'obligation de nager en eaux profondes sans pouvoir prendre de points d'appui paraît tout à fait appropriée. Le Président chinois a utilisé cette formule en novembre 2013 au moment du 3ᵉ plénum du XVIIIᵉ congrès du Parti, présenté comme un plénum historique, sur le modèle du 3ᵉ plénum de 1978 qui a lancé la politique de réformes et d'ouverture. Il devait incarner une deuxième révolution économique fondée sur un libéralisme accru et le recours aux mécanismes de marché. Mais contrairement à l'époque des débuts de la réforme de Deng Xiaoping, qui pouvait tâtonner ou expérimenter, accepter le principe de l'enrichissement préalable

111

de quelques-uns pour démarrer le processus d'augmentation générale du niveau de vie, tous les problèmes doivent désormais être résolus en même temps.

La Chine connaît une phase de transition d'un modèle de croissance quantitatif tiré par les investissements et les exportations à un modèle qualitatif tiré par la consommation intérieure, les services et l'innovation. L'injection en 2009 dans l'économie de 4 000 milliards de yuans, soit 461 milliards d'euros, pour un ambitieux plan de relance qui visait à empêcher les conséquences apocalyptiques de la crise de 2008, a accentué les défauts du premier modèle de croissance en provoquant des surcapacités industrielles – notamment dans le secteur de l'acier, ce qui a généré une plainte de l'UE auprès de l'OMC en février 2016 – et une bulle immobilière sans précédent. Partout ont surgi des quartiers ou des villes fantômes où la grande majorité des immeubles sont inoccupés, comme à Ordos en Mongolie-Intérieure.

Le moment est arrivé d'une économie plus libérale, où le secteur privé doit prendre le pas sur les entreprises d'État hypertrophiées, peu performantes, subventionnées et qui ne versent pas d'impôt à l'État mais conservent un lien endogamique avec le régime – ce que l'historien britannique du Parti communiste chinois Richard McGregor a parfaitement résumé par la formule « China Inc.[1] ». C'est une révolution culturelle au sens propre qui est intervenue lors du 3e plénum de novembre 2013, attribuant désormais la primauté ou le

---

1. Richard McGregor, *The Party: The Secret World of China's Communist Rulers*, HarperCollins, 2010.

« rôle directeur » à l'économie de marché en vue d'une coexistence harmonieuse entre l'État et la « main invisible du marché ». Qui aurait imaginé que les membres du Parti communiste chinois se référeraient un jour, selon les termes du Premier ministre Li Keqiang dans son discours-programme à l'ANP (Assemblée nationale populaire) de mars 2014, à la théorie d'Adam Smith ? L'innovation vient en effet essentiellement des entreprises privées, qui ont constitué un club influent, le CEC (China Entrepreneur Club), sur le modèle du MEDEF, avec à sa tête le fondateur de Lenovo, Liu Chuanzhi, puis Jack Ma, le fondateur et président d'Alibaba. Guo Guangchang, le patron de Fosun qui a racheté le Club Méditerranée, Wang Jianlin patron de Wanda et Ma Weihua, l'ancien président de China Merchants Bank, sont parmi les membres les plus connus à l'étranger. Pour se faire connaître davantage, ils entreprennent chaque année un voyage au cours duquel ils sont généralement reçus par les chefs d'État. Ils ont commencé par les États-Unis, le Royaume-Uni et l'Allemagne. Ils se sont rendus en France en 2013, où ils ont été reçus avec un grand enthousiasme aussi bien par le monde politique que dans les milieux d'affaires. Les membres de ce club sont de fortes personnalités. Je les voyais régulièrement et étais en particulier conviée aux soirées de veille de Nouvel An chinois, au cours desquelles ils jouaient eux-mêmes des saynètes parodiques, impertinentes et drôles. Mon collègue britannique et moi-même avons été invités à monter sur scène pour lire des « sentences parallèles », maximes pour l'année commençante calligraphiées en caractères d'or sur papier rouge.

La Chine a fait constamment valoir ses arguments en faveur de l'octroi – obtenu fin 2016 – du statut d'économie de marché à la fois pour des raisons économiques et pour des raisons de reconnaissance, dans la mesure où la Russie, alors qu'elle ne remplissait en rien les critères, l'a obtenu. L'Union européenne réfléchit aux conditions dont elle pourrait assortir ce statut pour ne pas se priver de la possibilité de recourir à des mesures antidumping. La Chine est en effet encore loin d'être une véritable économie de marché car, si le secteur privé représente près de 60 % du PIB, le secteur étatique reste prédominant et agit comme un groupement d'intérêts. Le capitalisme chinois demeure largement un capitalisme d'État dirigé par le Parti communiste. Malgré la présentation en fanfare qui mettait en avant le caractère historique de ce 3e plénum de 2013 et malgré les pleins pouvoirs confiés à Xi Jinping, notamment à la tête de la nouvelle instance créée : la Commission pour la mise en œuvre des réformes, les rigidités perdurent. L'idée qui prévalait était qu'il y avait trop d'indépendance à la fois des régions et des ministères sans véritables arbitrages, ce qui expliquait que des réformes étaient décidées sans jamais être mises en œuvre. Cette commission de très haut niveau a pris le pas sur l'instance plus bureaucratique qu'était la Commission de la réforme et du développement, la puissante NDRC, elle-même héritière de la Commission au plan, placée sous l'égide du gouvernement. Toutefois les résistances sont fortes et les résultats se font encore attendre.

La monnaie est restée administrée pendant long-temps. Le cours était fixé arbitrairement chaque matin par la Banque centrale : la Banque populaire de Chine. Les Américains et les Européens ont maintes fois dénoncé ce qu'ils considéraient comme une manipulation constituant un avantage compétitif pour la Chine. La monnaie, devenue plus flexible, s'est pourtant réévaluée de 35 % par rapport au dollar entre 2005 et 2014. Aujourd'hui, la bande de fluctuation du yuan a été encore élargie de façon à refléter davantage le marché. La dépréciation actuelle de la monnaie ne résulte pas d'une dévaluation compétitive mais du ralentissement de la croissance chinoise et des exportations. La Banque centrale puise d'ailleurs dans ses réserves (tombées en 2016 à 3 000 milliards de dollars contre 4 000 en 2014) pour soutenir le cours du yuan (RMB). Le processus d'internationalisation se poursuit, le but étant de faire de ce dernier une monnaie de réserve totalement convertible.

La Bourse a été un formidable moyen pour les Chinois de s'enrichir. Ceux-ci aiment les jeux d'argent et ont considéré la Bourse, dans un esprit ludique, un peu comme un casino. De fait, des fortunes spectaculaires ont vu le jour. La fréquentation des salles de marché est devenue un passe-temps pour les retraités et les petits boursicoteurs, qui y jouent aux cartes et bavardent avec leurs voisins. Le gouvernement les y a vivement encouragés pour augmenter la capitalisation boursière de Shanghai. En un seul mois, en mai 2015, plus de 20 millions de comptes ont été ouverts. Après une progression fulgurante et un gain qui équivalait à trois fois le PIB de la France (6 500 milliards de dollars), l'été 2015 a vu un krach boursier spectaculaire. Les fluctuations et la chute brutale des cours ont généré un affolement des Occidentaux, qui ont commencé à évoquer un krach de l'économie chinoise. Les mesures prises par le gouvernement pour enrayer le mouvement, notamment en interdisant les introductions en Bourse mais aussi en encourageant les investisseurs institutionnels et les citoyens à acquérir des titres, se sont révélées inefficaces. Les autres places financières asiatiques puis internationales ont été touchées à leur tour, témoignant de l'insertion de plus en plus grande de la Chine dans l'économie mondiale. Le vice-gouverneur de la Banque populaire de Chine et directeur de l'Administration nationale des changes (SAFE) Yi Gang, qui n'a pas su arrêter la chute de la Bourse, a été remplacé en janvier 2016. Il faut cependant relativiser cette crise boursière : la Bourse avait augmenté en quelques mois de 150 %, alors que les indices n'ont chuté que de 30 %. La Bourse de Shanghai, la sixième au monde en termes de capitalisation boursière, aura terminé 2015 sur un gain de près de 10 %, supérieur à la performance de Wall Street. Un nouveau mini-krach est survenu début janvier 2016. Il y aura certainement d'autres secousses boursières mais les cours continuent de monter et le volume des transactions est considérable.

En revanche, l'endettement excessif des collectivités locales est un sujet de préoccupation sérieux. Faute de liquidités, les provinces qui avaient perdu la capacité de lever l'impôt ont eu recours à des mécanismes peu orthodoxes pour assurer le financement des grands projets d'infrastructures. Certains observateurs occidentaux ont voulu y voir les prémices d'une crise des « *subprimes* » à l'américaine. Les autorités centrales ont commandité un audit et ont mis les autorités locales sous surveillance. Compte tenu du très faible endettement du pays et de la capacité des banques à refinancer, le risque systémique semble cependant pouvoir être évité. Mais les experts internationaux restent divisés sur ce point. Certains se montrent très alarmistes.

La Chine entre dans un nouveau cycle de croissance. Cette transition nécessite toutefois, pour faire de la consommation intérieure – dont le taux par rapport au PIB n'est que de 37 % alors qu'il est de 60 % dans les pays développés – le moteur principal de la croissance, d'adopter et de mettre en œuvre une politique de prestations sociales. La Chine est en effet passée du système maoïste surnommé « la grande marmite », à laquelle tout le monde puisait avec un « bol de fer » incassable (gratuité du logement, des soins, de l'éducation et des retraites), à un système de dérégulation « ultracapitaliste ». L'absence totale de protection sociale, un système d'assurances privées, des soins médicaux de qualité et des frais de scolarité inaccessibles ont généré un des taux d'épargne les plus élevés au monde. Ce renversement brutal du système est également responsable de l'accroissement des inégalités sociales. De nouvelles réformes visent donc à assurer un système de protection sociale large. L'ancien ministre de la Santé Chen Zhu, qui a fait ses études de médecine en France, a mis en place un système de Sécurité sociale qui touche 90 % de la population mais reste toutefois insuffisant en cas de maladie grave. La Chine doit également donner un emploi à tous ceux qui arrivent sur le marché du travail, notamment aux 10 millions de diplômés annuels de l'enseignement supérieur, ce qui n'est plus garanti.

Beaucoup se demandent si la Chine va tomber dans la trappe du revenu moyen et si les Chinois vont devenir vieux avant d'être riches. La population est en effet vieillissante et déficitaire en filles. La Chine a attendu l'extrême limite pour modifier la politique de l'enfant unique imposée par Deng Xiaoping en 1979. Cette politique de contrôle des naissances, cruelle et exécutée sans pitié, avec des stérilisations et des avortements forcés jusque dans les dernières semaines ou jours de grossesse dans un pays attaché à la famille et où le modèle idéal était « quatre générations sous un même toit », aurait empêché quelque 400 millions de naissances. Elle a ainsi permis cette croissance économique extraordinaire qui contraste avec celle de l'Inde, entravée par les naissances trop nombreuses qui en feront bientôt la première puissance démographique de la planète. L'identification du moment approprié pour modifier cette politique afin de tenir compte de l'inversement de la pyramide des âges a suscité bien des débats dans les think tanks et dans la presse au début de cette décennie. C'était un des thèmes dominants à mon arrivée en Chine en 2011. Le retournement étant prévu en 2015, le gouvernement a procédé en deux temps : en 2013, les couples dont l'un des deux parents était enfant unique ont obtenu le droit d'avoir deux enfants. À partir du 1er janvier 2016, le nombre d'enfants est fixé à deux par famille. La Chine avait fait une expérience dans un village pour s'assurer que le changement de politique n'aurait pas de conséquences faramineuses en termes de naissances. Le constat a été que les femmes ne souhaitaient plus nécessairement avoir un deuxième enfant. L'assouplissement de la politique démographique à partir de 2013 n'a pas provoqué non plus un boom des naissances. Il faut dire qu'il y a eu pendant toute la période où cette politique de contrôle des naissances était en vigueur des exceptions à la règle. Elles concernaient en premier lieu les paysans, autorisés à partir de 1984 à avoir un deuxième enfant si le premier était une fille, et les minorités nationales, ce qui générait du ressentiment vis-à-vis de ces dernières de la part des Han. J'avais ainsi rencontré dans un avion une jeune femme de l'ethnie Han qui me disait être heureuse d'épouser un homme de la minorité Dai originaire du Yunnan car elle serait autorisée à avoir deux enfants. Enfin certains, en particulier dans les grandes villes, acceptaient de payer des amendes élevées pour avoir enfreint la règle de l'enfant unique. J'avais été frappée au cours de ces dernières années par le nombre de couples qui se promenaient à Shanghai accompagnés d'une petite fille d'une dizaine d'années et de son petit frère. Cette politique a néanmoins eu des conséquences sociologiques négatives, notamment un déséquilibre entre les filles et les garçons (108 hommes pour 100 femmes en 2014, mais un rapport de 120 garçons pour 100 filles en 2005 à la suite d'avortements sélectifs). Selon la tradition paysanne, le garçon héritait des terres et prenait soin de ses parents âgés alors que la fille partait dans sa belle-famille, dont elle prendrait soin après le mariage. La fille était donc considérée comme perdue pour sa famille. L'urbanisation croissante modifie peu à peu cet état d'esprit et cette réalité économique. Il est indifférent pour un couple citadin d'avoir aujourd'hui une fille ou un garçon. Or l'avenir de la Chine est désormais dans les villes. D'autres conséquences sociologiques sont apparues. Des enfants nés illégalement, qualifiés d'«enfants noirs», au nombre évalué à 13 millions, se sont évanouis dans la nature, sans identité et sans droits. Cette politique a généré aussi nombre de trafics humains, d'enfants volés et de femmes importées d'Asie du Sud-Est pour des mariages dans le sud de la Chine ou pour être incorporées dans des réseaux de prostitution.

Aux marges de la Chine

Autre défi pour Pékin : les marges de la Chine – Tibet, Xinjiang et dans une moindre mesure Mongolie-Intérieure –, où des conflits ont eu lieu en 2011 après qu'un chauffeur de camion transportant du charbon eut écrasé un berger mongol qui protestait au milieu d'autres contre la destruction de la steppe. Pour les minorités, la question de l'identité est au cœur du problème. Du point de vue du régime, c'est une affaire de souveraineté nationale, pas de droits de l'homme, comme le reconnaît par exemple Human Rights Watch, même si dans les faits ce sont des personnes qui en sont les victimes. La Chine ne peut courir le risque de voir son territoire amputé de ces provinces, de plus en plus récalcitrantes. Il lui faut éviter coûte que coûte une explosion du pays sur le modèle de l'Union soviétique en 1991.

Aucune solution n'est cependant évidente. L'autorité centrale a fait le choix d'une politique de colonisation active en essayant de renverser les équilibres démographiques. Ainsi Urumqi, capitale du Xinjiang, et Lhassa, capitale du Tibet, sont-elles aujourd'hui peuplées en majorité de Han, ce qui ne manque pas de susciter des tensions. Une politique de modernisation et de développement des infrastructures a également été mise en œuvre, dont les principaux bénéficiaires sont souvent des Han. Mais, au-delà de ces questions, c'est le respect par les autorités chinoises de ces cultures qui est en jeu.

Le fait que le Tibet soit d'essence théocratique et en conséquence soumis à une autorité extérieure n'est pas tolérable pour Pékin, qui refuse tout dialogue avec le dalaï-lama. Le sentiment général est que les dirigeants attendent tout simplement la mort de ce dernier pour régler le problème. Le dalaï-lama reste extrêmement populaire au Tibet et dans les zones où vivent des communautés tibétaines. Lorsque j'ai séjourné au Tibet il y a plus de trente ans, son portrait figurait dans toutes les maisons. C'était illégal mais les Tibétains nous le montraient avec fierté. C'est encore le cas aujourd'hui, même si les contrôles sont plus sévères. Sa popularité mondiale cause également bien des difficultés à Pékin, qui a la main lourde en gelant pendant une longue durée les relations avec les pays dont les dirigeants auraient osé enfreindre l'interdit en recevant le dalaï-lama. Refusant toute reprise de dialogue même fictif, les Chinois retrouvent les accents de la Révolution culturelle et ses métaphores insultantes. Le dalaï-lama est systématiquement traité de « loup en robe de bure » sans prendre même la peine de défendre des arguments rationnels en faisant valoir, par exemple, que son plan d'autonomie n'est pas acceptable car il concerne le Grand Tibet en englobant toutes les provinces où résident de nombreuses communautés tibétaines, ce qui représenterait près d'un quart de la Chine. La vague d'immolations par le feu qui a touché plus de cent personnes dans les années 2011-2012 a reflué mais le moindre incident pourrait ranimer ce mouvement faute de politique de long terme de la part des autorités chinoises. On disait à l'arrivée au pouvoir de Xi Jinping, en se fondant sur les relations de bonne intelligence, voire d'amitié, que Xi Zhongxun, son père, avait entretenues avec le dalaï-lama, que la politique du nouveau président pourrait être plus souple que celle de son prédécesseur, Hu Jintao. Ce dernier fut un secrétaire du Parti peu heureux au Tibet, où il se plaisait d'autant moins qu'il ne supportait pas les effets de l'altitude. Rien ne permet toutefois aujourd'hui d'étayer cette thèse concernant Xi Jinping.

La région du Xinjiang qui avait connu des émeutes en 2008 est toujours la proie de révoltes sporadiques. Des commissariats, incarnant aux yeux de la population l'autorité répressive des Han, subissent fréquemment des assauts. La situation s'est encore tendue avec des attaques terroristes attribuées par la Chine aux séparatistes de l'ETIM, le Mouvement islamique du

Turkestan oriental, inscrit sur les listes de terroristes par l'ONU. Un attentat ayant fait trois morts et une quarantaine de blessés a été commis à la gare d'Urumqi, la capitale de la province, lors de la première visite officielle de Xi Jinping au Xinjiang en mai 2014. Des attaques terroristes commises par des Ouïghours avaient eu lieu précédemment en dehors du territoire, comme en mars 2014 à la gare de Kunming, capitale du Yunnan, où une trentaine de personnes ont été tuées et 140 blessées à l'arme blanche. Des terroristes avaient même réussi à frapper en octobre 2013 au cœur de Pékin, à l'entrée sud de la Cité interdite sous le portrait de Mao, où une voiture conduite par une famille ouïghoure qui contenait des bonbonnes de gaz et des drapeaux noirs du Mouvement islamique du Turkestan oriental a foncé sur la foule, faisant 2 morts et 40 blessés. Les sacs sont désormais contrôlés aux rayons X dans les métros, de même que les piétons aux passages souterrains de la place Tiananmen, et les voitures et camions aux entrées de la capitale. Une politique d'extrême fermeté et de répression l'a emporté, qui a conduit en 2014 à l'arrestation et à la condamnation à perpétuité, pour cause de séparatisme, du professeur à l'Institut des minorités de Pékin Ilham Tohti, qui prônait simplement davantage d'autonomie pour les Ouïghours. Pour la première fois en août 2016, une ambassade chinoise à l'étranger, à Bichkek au Kirghizistan, a été visée par une attaque terroriste. La Chine est donc désormais confrontée à ce problème comme d'autres pays. Il n'en reste pas moins qu'il lui faudra trouver un *modus vivendi* acceptable pour la majorité de la population ouïghoure, en tenant compte de sa spécificité culturelle et religieuse.

Les défis auxquels est confrontée la Chine sont donc très nombreux et surtout concomitants quand le taux de croissance ralentit inexorablement. Cette période de transition à hauts risques semble devoir durer mais les ressources chinoises et la détermination de ses dirigeants sont également très fortes.

On rappelle d'ailleurs souvent en Chine que l'idéogramme du mot « crise » (危机 / *weiji*) est composé de deux caractères, le premier qui signifie « danger » et le second qui signifie « opportunité ».

4

Un pays, deux systèmes

En 1979, les journaux de Hong Kong évoquaient tous le petit village de pêcheurs de Chum Chun (Shenzhen en mandarin), situé à quelques kilomètres de l'île Victoria, dans la province méridionale du Guangdong, qui avait été choisi par Deng Xiaoping pour constituer la première zone économique spéciale destinée à attirer les investissements étrangers, avec l'ambition d'en faire un deuxième Hong Kong. Personne ne pouvait alors imaginer que ce lieu sorti de nulle part serait le point de départ et l'emblème de la politique d'ouverture et de modernisation qui allait transformer la Chine en trois décennies pour la propulser au deuxième rang des économies mondiales.

Intrigué par ces articles et ces commentaires, le consul général français avait décidé d'aller voir. Je l'ai accompagné dans ce qui était à l'époque un périple compliqué malgré la proximité géographique. Il fallait prendre le ferry de Hong Kong à Kowloon puis un train, le Kowloon-Canton Railway, jusqu'à la gare frontière de Lowu, traverser à pied la zone interdite, reprendre un train ou un véhicule en République populaire de Chine. Une voiture nous attendait pour nous conduire chez les responsables du Parti communiste et de la municipalité dans des bâtiments rudimentaires au milieu de champs et de marécages d'où surgissaient quelques échafaudages en bambou sur lesquels évoluaient nonchalamment un petit nombre d'ouvriers coiffés de simples chapeaux de paille. Là, les autorités du village nous ont exposé les grandes lignes du projet de modernisation et l'ambition de créer *ex nihilo* un deuxième Hong Kong. De retour au consulat général, j'ai consciencieusement rendu compte par dépêche – la forme de communication diplomatique traditionnelle avec le télégramme diplomatique crypté pour les communications urgentes et plus confiden- tielles – de ce que nous avions entendu (beaucoup) et vu (presque rien). Mon chef hiérarchique a ajouté en conclusion de cette note : « Il ne se passera jamais rien là-bas… » J'avais à l'esprit cette conclusion défini- tive, mais aussi mes photos d'échafaudages au milieu des champs, lorsque je suis allée visiter en 2011 cette métropole de 11 millions d'habitants, ses gratte-ciel et les installations impressionnantes de la multinationale Huawei ainsi que des nombreuses autres entreprises high-tech qui ont pu valoir à cette région le surnom de « Silicon Valley chinoise ». Rencontrant à trente et un ans d'intervalle des représentants officiels du Parti et de la municipalité, j'ai pensé avec amusement que j'étais sans doute une des rares, sinon la seule, à avoir connu Shenzhen à sa naissance, voire lors de sa conception. Les paysans des régions avoisinantes y sont venus en masse pour y chercher dans des conditions souvent très difficiles un avenir meilleur, avec l'idée de retourner chez eux une fois enrichis. Des enfants y sont nés et sont désormais des citadins plus exigeants en termes de qualité de vie. C'est aujourd'hui une des plus grandes métropoles de l'estuaire de la rivière des Perles, qui rivalise avec la capitale de la province du Guangdong, Canton. Son port de containers est l'un des plus grands et des plus animés au monde, il a dépassé celui de Hong Kong. La zone de Shenzhen est devenue à la fois l'usine du monde et le moteur de l'économie mondiale. À présent, elle ambitionne d'être le laboratoire du monde, où l'on ne fera plus seulement du « *made in China* », mais du « *made by China* ». On lui donne le nouveau surnom de « Silicon Delta » pour à la fois s'adapter à la réalité géographique et aller au-delà de la simple réplique du modèle américain.

Hong Kong fut ma première affectation aussitôt après mon entrée au Quai d'Orsay. Le poste avait demandé depuis longtemps un « *China watcher* ». Quelques années après la sortie de l'envoûtant film de Marguerite Duras *India Song* avec Michael Lonsdale et Delphine Seyrig, j'étais très fière de porter le titre durassien de vice-consul de France à Hong Kong. J'ai d'ailleurs pour cette raison refusé la promotion nominale au titre de consul adjoint. Le « *China watching* » était un exercice semblable à la kremlinologie mais qui s'exerçait essentiellement de l'extérieur en raison de la fermeture de la Chine. Le poste avait malheureusement été créé avec un temps de retard par rapport à la demande formulée par le consul général car l'établissement de relations diplomatiques avec les États-Unis, et la migration consécutive de leurs diplomates et journalistes vers Pékin, en 1978-79 a fait perdre pour un temps au « *China watching*» ses lettres de noblesse. Cela consistait en fait à lire les multiples revues chinoises de tendances différentes qui tentaient de décrypter la situation sur le continent en se fondant sur les informations données par les réfugiés et les écoutes de la radio chinoise. Tous les sinologues et les journalistes ont suivi avec passion pendant des décennies la célèbre lettre hebdomadaire *China News Analysis* fondée par le jésuite hongrois László Ladány qui, ayant dû quitter la Chine après la révolution de 1949, s'était installé à Hong Kong puis à Lantau, la plus grande des îles de l'archipel. Ses analyses minutieuses et rigoureuses s'appuyaient sur les documents officiels du Parti et sur la radio chinoise. Elles ont constitué un fonds d'informations précieux, en particulier pour le sinologue Simon Leys. László Ladány a publié avec sagesse et humour dans l'un de ses derniers bulletins «les dix commandements des observateurs de la Chine». Il recommandait en particulier de conserver son bon sens: «Si les Chinois ont les caractéristiques des Chinois, ce sont des êtres humains, ils ont donc les réactions normales de tout être humain» – remarque qui ne manquait pas de bon sens justement à une époque qui a connu la « maolâtrie» et les discours utopiques sur la création d'un homme nouveau à partir d'une page blanche, concepts renforcés par l'idée d'exceptionnalisme de la Chine. Il enjoignait également de ne pas croire que nous pouvions avoir toutes les réponses et affirmait que la Chine posait plus de questions qu'elle n'apportait de réponses. Ce qui était vrai hier l'est tout autant aujourd'hui. La tradition du « *China watching*» a perduré car le système politique est toujours aussi opaque, et c'est toujours à Hong Kong que l'on trouve des analystes, des think tanks et des centres de recherche pertinents. C'est là aussi que se publient les livres ou informations qui ne sont pas autorisés en Chine continentale, notamment sur les dirigeants, ce qui relève d'un quasi-blasphème. Ainsi ont été publiés en 2009 les passionnants et instructifs Mémoires de l'ancien Premier ministre (1980-1987) puis secrétaire général du PCC (1987-1989) réformateur Zhao Ziyang[1], qui a été déchu du Parti en 1989 et maintenu en résidence surveillée en raison de sa compréhension pour les revendications des étudiants. Ces Mémoires fondés sur des cassettes enregistrées secrètement pendant sa période de réclusion ont circulé en Chine continentale «sous le manteau», selon l'expression consacrée en URSS, et de façon plus moderne sur Internet, où l'ouvrage a été téléchargé illégalement. C'est entre autres la prochaine publication d'un livre sur les aventures sentimentales de jeunesse de Xi Jinping qui a été à l'origine de la disparition de libraires et d'éditeurs de Hong Kong au mois de janvier 2016.

---

1. Zhao Ziyang, *Mémoires,* trad. Louis Vincenolle, Seuil, 2011. Le livre a été publié en anglais et en chinois en 2009 sous le titre : *Prisoner of the State, the secret journal of Zhao Ziyang.*

Les réfugiés arrivaient alors dans la colonie en grand nombre, au rythme des graves crises économiques (famines consécutives au Grand Bond en avant de 1958-61) et des grandes campagnes politiques (campagne antidroitière de 1957 et Révolution culturelle de 1966-1976). Ils étaient prêts à affronter la menace des requins et le risque de noyade. Ceux qui étaient interceptés en mer étaient généralement renvoyés sur le continent, toutefois en vertu du « *touch base system* », en référence au jeu de base-ball, ceux qui parvenaient au but étaient intégrés et devenaient citoyens de Hong Kong. Ils trouvaient généralement un emploi dans la colonie, où il n'y avait pas de chômage. La population de Hong Kong a vite crû, surtout dans Kowloon et les Nouveaux Territoires, bande déserte au moment de l'acquisition. Partant de moins d'1 million d'habitants en 1949, la ville en comptait déjà 3 en 1961, en a atteint 5 en 1980 et 7,3 en 2017, avec des records mondiaux de densité démographique.

Au début des années 1980, bien des interrogations existaient sur l'avenir de la colonie de la Couronne britannique. Le compte à rebours avait commencé, même si tout était extrêmement rapide et éphémère dans cette ville. À titre d'illustration, je me souviens qu'à mon arrivée, lorsque j'étais à la recherche d'un logement, la responsable de l'agence immobilière m'avait demandé si je souhaitais un appartement ancien ou récent. J'ai demandé ce qu'elle entendait par « ancien » et la réponse avait été : quatre ans… (J'ai finalement choisi un appartement moderne dont la construction était à peine achevée, devant l'université de Hong

Kong, dans une tour avec une majestueuse vue panoramique sur la baie lumineuse et multicolore.)

Le dilemme était que le statut de Hong Kong relevait de traités inégaux dénoncés à ce titre par Pékin. On
se demandait dans ces conditions si la Chine s'estime-
rait concernée par l'échéance du bail emphytéotique
en 1997. Il convient de noter que cette date concer-
nait essentiellement les Nouveaux Territoires, au nord
de Kowloon, acquis en 1898 pour quatre-vingt-dix-neuf
ans par une convention additionnelle aux traités de
Nankin et de Tientsin, l'île de Hong Kong et la pénin-
sule de Kowloon ayant fait l'objet d'une cession à perpétuité. Au début des négociations, Margaret Thatcher
avait caressé l'idée de conserver l'île et de ne négocier
que sur les Nouveaux Territoires. Deng Xiaoping a très
vite mis fin à cette illusion. On considérait en outre
que Hong Kong n'était pas viable sans les Nouveaux
Territoires, qui en constituaient les poumons agricoles
et industriels, même si beaucoup de produits arrivaient
par camion ou par bateau de Chine en échange de
devises dont elle avait un besoin insatiable. On parlait
alors de «frontière évanescente» («*vanishing border*»)
entre Hong Kong et le continent avec l'émergence
de Shenzhen. La question dans l'air était de savoir si
c'était la Chine qui mettrait la main sur Hong Kong
ou bien Hong Kong qui étendrait son influence et
son mode de vie sur le continent. De fait, les puissants
tycoons hongkongais comme Li Kashing, l'homme le
plus riche d'Asie, patron du conglomérat Hutchison
Whampoa, ou le groupe Swire commençaient à investir sur le continent, et les Chinois continentaux à

investir progressivement la colonie. Ces magnats dont
les ancêtres, armateurs et marchands, avaient tiré leur
fortune du commerce voire de la contrebande de
l'opium ont d'ailleurs été remerciés pour leur patriotisme en devenant membres de la Conférence consul-
tative du peuple chinois (CCPC), qui se réunit chaque
année au début du mois de mars parallèlement à l'Assemblée nationale populaire (ANP), et constitue un
temps fort de la vie politique en Chine. Certains des
députés rencontrés pendant cette semaine dite des
deux Assemblées, *lianghui* 两会 m'ont même confié que
les débats étaient plus intéressants dans cette dernière
en raison de son caractère consultatif et de la diversité
de sa composition.

La question de la rentabilité des investissements à
moyen et long terme commençait toutefois à se poser
à la fin des années 1970, l'incertitude n'étant jamais
bonne pour une ville dont l'essence était économique
et financière. La frénésie de Hong Kong contrastait
avec l'alanguissement de Macao, la jolie et nonchalante
Portugaise célèbre pour son casino et sa vieille église
sur la mer que l'on atteignait en une heure de vedette
rapide. Pékin avait toujours veillé à ne pas tuer la poule
aux œufs d'or même lors des pires débordements de la
Révolution culturelle. De fait, Hong Kong n'a connu
qu'un épisode de troubles sociaux en 1967. Tous les
dirigeants chinois, y compris Mao, se sont montrés
pragmatiques. Il y avait également une incertitude de
nature politique. Les habitants, anciens ou nouveaux
réfugiés, inquiets des conséquences de la réintégration
dans la mère patrie, se demandaient s'ils ne devraient

pas trouver un autre refuge après la rétrocession. Ces craintes se sont amplifiées après la répression conduite à Tiananmen. S'il n'a pas été trop difficile pour les *tycoons* d'obtenir un passeport britannique, Londres a cependant eu une attitude malthusienne pour l'ensemble des Hongkongais, qui ont disposé d'un document d'identité de Hong Kong leur permettant d'entrer au Royaume-Uni mais pas de s'y installer.

Hong Kong était alors une vraie colonie de l'Empire britannique. Le gouverneur, chef de l'exécutif, était désigné par la Couronne. Aucun Chinois ne siégeait au conseil législatif, le LEGCO, en réalité purement consultatif, dont les membres étaient nommés et qui était appelé à fournir des conseils au gouvernement. Dans l'administration coloniale, les Chinois de manière générale n'avaient pas voix au chapitre. Une démocratisation partielle prévoyant des élections au LEGCO a été introduite par le 28e et dernier gouverneur, Chris Patten (1992-1997), en prévision de la rétrocession à la Chine. Les Chinois aujourd'hui ne manquent jamais d'ironiser sur cet intérêt tardif des Anglais pour la démocratie à Hong Kong. Chris Patten était l'ancien chef du parti tory qui avait conduit les conservateurs à la victoire en 1992 mais avait perdu lui-même son siège et s'était vu offrir Hong Kong comme lot de consolation. C'est la première fois qu'un homme politique occupait cette fonction généralement réservée à des diplomates du Foreign Office. Il a géré ce poste en politique au risque de tensions inévitables avec Pékin.

Sur l'île de Victoria, dans le quartier de Central, la « City », la population était presque entièrement blanche, si bien qu'en référence au modèle américain, les parents d'une amie originaire du Middle West ont pu dire ingénument qu'ils avaient traversé Chinatown (*sic*) en venant du mythique aéroport international de Kaitak à l'ouest de Kowloon. Incidemment, tout le monde a gardé en mémoire ces atterrissages vertigineux entre collines et gratte-ciel, sur les terrasses desquels il était interdit de faire sécher du linge ou voler des cerfs-volants, jugés dangereux pour les moteurs d'avion. Les photos en noir et blanc de ces avions qui rasaient les immeubles et donnaient l'impression de s'y poser sont désormais vendues dans toutes les brocantes de l'île. Outre la population britannique, les Indiens, particulièrement les Sikhs, étaient nombreux, et les Gurkhas assuraient la sécurité des bâtiments officiels et des banques. Une chaîne de télévision retransmettait quotidiennement les films chantants et dansants de Bollywood.

Il y avait aussi une communauté juive importante constituée des anciens habitants des quartiers de réfugiés juifs de Shanghai, Tientsin et Harbin qui, comme tous les étrangers, avaient dû quitter la Chine au début des années 1950 à la demande de la nouvelle République populaire mais n'avaient pu se résoudre à quitter l'Extrême-Orient. On peut encore visiter dans ces villes les synagogues transformées en musées et les quartiers alentour qui gardent des traces de cette présence. Shanghai avait été le dernier port ouvert pour une trentaine de milliers de Juifs, exilés de la dernière heure, d'Allemagne, d'Autriche, de Russie et de Pologne. Un très beau livre d'Angel Wagenstein,

Adieu Shanghaï[1], raconte l'histoire et la vie quotidienne dans le ghetto de Hongkou, sous contrôle japonais, d'un ancien chef d'orchestre qui avait trop tardé à quitter l'Allemagne, convaincu que ses compatriotes ne laisseraient pas un fou comme Hitler prendre le pouvoir.

Les boat people vietnamiens ont commencé à arriver en masse à la fin des années 1970. Installés dans des camps d'une étonnante propreté, ceux qui n'ont pu être acceptés au titre de réfugiés en France parce qu'ils ne parlaient pas la langue ou n'avaient pas de liens avec notre pays (j'avais souhaité participer à la sélection menée par le consulat) ou dans d'autres pays européens sont restés à Hong Kong, et les femmes ont commencé à prendre la place des bonnes philippines qui peuplaient le dimanche les églises catholiques de l'île. Les mendiants hakkas, étranges silhouettes noires aux longs cheveux laineux et sales, passaient comme des ombres dans les rues de la ville. Les enfants anglais tout aussi bien que chinois en uniforme d'écolier, « *so british* », faisaient la queue pour prendre le funiculaire dans la brume du pic Victoria.

Subsistaient quelques belles maisons coloniales, parmi lesquelles le bâtiment qui abritait le Foreign Correspondent Club, où commence par un jour de typhon *The Honourable Schoolboy*[2], le premier livre de la trilogie de John le Carré, consacré à la lutte de

---

1. Angel Wagenstein, *Adieu Shanghaï*, trad. Krasimir Kavaldjiev, L'Esprit des péninsules, 2004.
2. John le Carré, *The Honourable Schoolboy*, Hodder and Stoughton, 1977 ; *Comme un collégien*, trad. Jean Rosenthal et Isabelle Perrin, Seuil, 2004

George Smiley contre Karla, le redoutable espion du KGB. Je trouvais très romanesque d'être, en tant qu'attachée de presse du consulat général, membre de ce club mythique. Une des plus belles maisons coloniales de l'île était située à Old Peak Road. C'était l'ancienne résidence de France, avec ses belles colonnades blanches et ses immenses plafonds de bois sombre que les studios de télévision ou de cinéma nous demandaient de pouvoir utiliser comme cadre de tournage pour des séries historiques. Malheureusement, nous jugions cela indigne à l'époque et nous avons dû nous résoudre à la vendre, ce qui a abouti à sa destruction dans cette ville frénétique où le patrimoine architectural n'intéressait personne. Pour l'anecdote, le jeune fils du cuisinier, qui n'était autre que Jackie Chan, y a joué avec les enfants du consul général. Il me l'a raconté avec émotion lorsqu'il est venu tourner en 2012 dans les studios de Pékin son film d'action *Le Zodiaque chinois*, qui narre avec humour et cascades la restitution d'une des têtes en bronze de la fontaine de l'ancien palais d'Été retrouvée au château de Chantilly.

Hong Kong avait aussi sa Cité interdite, « Kowloon City » ou « Kowloon Walled City », une cité murée où la lumière du jour ne pénétrait pas. Étrangement, cette enclave proche de l'aéroport, d'une superficie d'environ 2 hectares, où se sont entassés jusqu'à 33 000 habitants, avait été exclue de la convention pour l'extension de Hong Kong de 1998. C'était à l'époque un village habité par des paysans chinois au milieu d'une bande de terres désertes, qui a pris le nom de Nouveaux Territoires, sur lequel la Chine avait souhaité garder la souveraineté en y nommant les autorités. La prise du pouvoir par les communistes et le refus consécutif des Anglais de maintenir ce privilège ont fait de ce lieu un no man's land unique au monde. Une zone de non-droit, contrôlée de fait par les triades, et un repaire pour les trafics de drogue, les jeux d'argent et la prostitution. La police n'avait pas le droit d'y pénétrer et si elle voulait poursuivre un dangereux criminel qui y avait trouvé refuge, elle devait s'entendre avec les sociétés secrètes pour parvenir à l'en extraire afin de le cueillir à la sortie. J'ai visité un jour cette Cité interdite en compagnie du guide chinois qui l'avait fait découvrir à Joseph Kessel quelque vingt-cinq ans auparavant, alors que le consul général attendait dans la voiture à l'extérieur « au cas où ». Les venelles étaient étroites et obscures, à peine éclairées par de faibles néons. Des fils électriques s'entremêlaient dangereusement dans l'humidité ambiante. Les portes étaient ouvertes sur de sordides ateliers de vêtements. Le linge pendait des fenêtres des immeubles de dix étages. L'absence d'hygiène était flagrante. Les regards étaient méfiants. Les réfugiés du continent y exerçaient illégalement la médecine. Les dentistes, installés à même le sol, exposaient des dents comme les arracheurs du XIXe siècle. La destruction de la cité murée, décidée conjointement par la Chine et par le gouvernement de Hong Kong, a été achevée en 1994. Un parc d'attractions la remplace aujourd'hui. Le traditionnel *yamen*, l'équivalent d'une préfecture, qui était au centre de cette cité indigne a été restauré. Les visiteurs peuvent retrouver l'histoire et l'esprit du lieu qui avait inspiré les studios

Shaw Brothers, producteurs de centaines de films de kung-fu ainsi que de *Kowloon City,* lesquels exploitaient la veine du romanesque des sociétés secrètes, des fumeries d'opium et de la pègre.

Le Hong Kong ultramoderne des années 1980 où sans cesse des immeubles vieux de quelques années étaient remplacés par des bâtiments toujours plus hauts et plus modernes ne renonçait pourtant pas à sa culture traditionnelle. La rue dite des serpents, où l'on pouvait déguster de délicieuses soupes parfumées ou acheter toute forme de décoction énergétique ou aphrodisiaque, côtoyait les résidences et les magasins de Hollywood Road, la rue des antiquaires.

Aucun immeuble d'habitation ou de bureaux ne se construisait sans le recours à la géomancie, le feng shui 风水, mot constitué par le caractère du vent (*feng*) : les forces invisibles, et de l'eau (*shui*) : les forces visibles, les deux associées représentant la circulation des énergies. Tout le monde connaît l'immeuble où il a fallu tailler un énorme trou au centre pour laisser passer le dragon. Les glissements de terrain assez fréquents sur ce rocher tropical étaient attribués au non-respect du feng shui. Un 1er avril, le principal quotidien de la colonie, le *South China Morning Post,* a même annoncé qu'un ministère du Feng shui allait être mis en place pour répondre à ces besoins. Certains s'y sont laissé prendre. Les traditions, les superstitions, la religion étaient respectées. Mon voisin, jeune entrepreneur qui emménageait en même temps que moi dans un immeuble en fin de construction, m'a montré dans un appartement encore vide un autel bouddhiste déjà installé. Le jour de la fête des morts, le 4 ou le 5 avril selon les années, les Chinois partaient en procession dans les Nouveaux Territoires pour balayer les tombes de leurs ancêtres et brûler de la fausse monnaie de papier. On observait les rites des fêtes traditionnelles, on mangeait et recevait en cadeau les gâteaux de lune fourrés aux graines de lotus à la fête de la mi-automne, et les courses des bateaux-dragons, dans cette cité-archipel, étaient particulièrement appréciées et joyeuses. Quant aux cinémas de Hong Kong, leur public ressemblait plus à celui des jeux ou opéras cantonais, où l'assistance bruyante et rieuse mâchait des graines de tournesol, empêchant ainsi l'écoute des dialogues en anglais. La jeunesse de Hong Kong adorait faire jouer à tue-tête d'énormes transistors et radiocassettes qui ajoutaient à la cacophonie ambiante.

C'était le paradis de la consommation, la ville de l'abondance. Les supermarchés et magasins regorgeaient de produits variés. Étudiante à Pékin, j'étais venue avec mes camarades français et étrangers à Hong Kong pour Pâques, soit après six mois de vie dans un pays communiste. Nous avions tous fait l'expérience, brève certes mais instructive, de la panique ou du désarroi de gens habitués à la rareté des produits face à des choix surabondants et apparemment redondants. Nous étions tous ressortis le premier jour sans avoir pu acheter quoi que ce soit.

Hong Kong était à la fois le conservatoire de la culture chinoise foudroyée par la Révolution culturelle et le laboratoire du modernisme capitaliste à la chinoise, s'appuyant sur la conviction que chacun pouvait réussir à condition d'être entreprenant et de travailler dur. L'acceptation d'un contrat implicite qui ressemble à bien des égards à l'actuel « compromis de Pékin », à savoir l'absence de revendication politique en contrepartie de la liberté d'entreprendre, de l'ouverture au monde. C'était en quelque sorte la préfiguration de ce qu'allait devenir la Chine. J'avais découvert alors, contre toutes les idées reçues, que la prospérité ainsi que le succès économique et financier exceptionnel de Hong Kong étaient le résultat non pas de l'administration britannique – les autorités coloniales ayant juste, conformément à la tradition, offert un cadre juridique et laissé faire – mais du dynamisme des grands entrepreneurs shanghaiens qui avaient émigré en 1949. Hong Kong, « le port parfumé », n'était alors qu'un petit port de pêche. Il est devenu la première place financière du monde. Je pensais qu'il n'y avait pas de raison que la grande Chine libérée du poids de l'idéologie maoïste et des contraintes ne se développe pas à son tour grâce à l'énergie et au sens de l'initiative des Chinois.

Hong Kong était dans les années 1970 et 1980, par contraste avec Pékin noir d'encre la nuit ou même Shanghai gris et délabré, l'incarnation des lumières de la ville. Une ville qui brillait de ses mille enseignes aux idéogrammes lumineux, une vie incessante dans la plus belle baie du monde, où s'entrecroisaient bateaux et ferrys, majestueuses jonques aux voiles ocres, sampans transformés en restaurants de poisson au sein du village flottant. C'était l'élégance et le raffinement des belles résidences de Happy Valley, les courses de chevaux à l'hippodrome de Shatin, l'un des plus grands et des plus anciens au monde, la myriade de banques, comme la Hang Seng Bank – dans l'immeuble de laquelle était situé le consulat général de France – qui donnait chaque matin l'indice de la Bourse. Les rutilantes Rolls-Royce, parmi lesquelles une de couleur rose particulièrement ostentatoire, roulaient sur le chemin côtier jusqu'à l'immense plage de sable fin et le grand hôtel colonial de Repulse Bay, ou bien stationnaient devant les deux palaces emblématiques qui se faisaient face de chaque côté de la baie, le Peninsula et le Mandarin Oriental, où j'ai eu la chance d'offrir un après-midi un thé à Delphine Seyrig en écoutant avec ravissement sa voix envoûtante, celle de *L'Année dernière à Marienbad*.

Les quartiers de cette cité étaient bien distincts. Seuls les riches avaient des climatiseurs et des déshumidificateurs, si bien que l'eau suintait, ruisselait même fréquemment sur les murs, comme dans la modeste pension que j'ai occupée pendant une semaine à Wanchai, le quartier de Suzie Wong, la « taxi girl » au grand cœur inventée par Richard Mason[1] dans les années 1950 qui a alimenté le mythe de Hong Kong. Par une température de plus de trente-cinq degrés, dans l'air tropical saturé d'humidité, les habitants restaient dans la rue et faisaient claquer bruyamment leurs pièces de mah-jong, jeu alors proscrit en Chine continentale, vacarme incessant des nuits de Hong Kong. Il était possible de trouver au China Emporium tous les produits artisanaux de

---

1. Richard Mason, *Le Monde de Suzie Wong*, trad. France-Marie Watking et David Magliocco, Gope, 2014 ; *The World of Suzie Wong*, Collins, 1957.

la Chine populaire et d'y respirer cette odeur si caractéristique de camphre et de poussière. Les Nouveaux Territoires étaient moins opulents et beaucoup de nouveaux réfugiés y vivaient dans une pauvreté et une crasse qui rappelaient plus la Chine décrite par Lucien Bodard au début du siècle.

Les négociations pour la rétrocession ont commencé en 1984 et la déclaration sino-britannique a été signée dès le 19 décembre 1984. Le Royaume-Uni s'engageait à remettre à la Chine l'ensemble de la colonie. La Chine s'engageait de son côté à maintenir le système économique capitaliste et législatif ainsi que le mode de vie hongkongais pendant cinquante ans. Sur cette base, la loi fondamentale, souvent qualifiée de mini-Constitution rédigée par un comité composé de membres de Hong Kong et du continent, qui avait fait l'objet d'une longue consultation publique, a été adoptée le 4 avril 1990 par l'Assemblée nationale populaire de Chine. Elle prévoyait l'autonomie douanière, fiscale et monétaire. Seules la défense et les affaires étrangères passaient sous le contrôle de Pékin. Les libertés fondamentales (d'expression, de la presse, d'association, de rassemblement, de manifestation, syndicale et de grève) étaient préservées. La Loi fondamentale prévoyait à terme l'élection du chef de l'exécutif au suffrage universel. Elle a pris effet le 1er juillet 1997. La veille au soir avait été organisée, sous une pluie de mousson, une cérémonie d'adieux digne et émouvante au terme de laquelle l'Union Jack avait été abaissé en présence du prince Charles et du Premier ministre Tony Blair. Le dernier gouverneur, sans doute le plus célèbre dans l'histoire, a fait, selon la tradition, trois fois le tour de sa magnifique résidence de Government House en guise d'adieu. Le *Brittania* a appareillé avec à son bord le prince Charles et « *the last governor*». Quelques heures après, le drapeau chinois a été hissé, et C. H. Tung est devenu le premier chef chinois de l'exécutif de Hong Kong. L'armée chinoise a franchi le petit pont et pris possession du bâtiment de l'Amirauté. Elle est depuis restée discrète en ne sortant de ses casernes qu'en tenue civile. Hong Kong, dans le cadre du régime « un pays, deux systèmes », est devenue la première région administrative spéciale de la République populaire de Chine. Fin d'une époque.

Macao, l'un des plus vieux comptoirs européens au monde, puisqu'il avait été accordé quatre siècles auparavant par l'empereur de Chine au Portugal en récompense de la lutte des marins portugais contre les pirates qui infestaient la zone, a connu le même sort en décembre 1999 après une brève négociation, conduite du côté portugais par Antonio Guterres, l'actuel secrétaire général des Nations unies, alors Premier ministre, sur le modèle de celle de Hong Kong. Macao a aussi été la dernière colonie européenne en Asie car les autorités chinoises en avaient refusé à plusieurs reprises la restitution, y compris après la « révolution des œillets » d'avril 1974, qui avait pourtant amené à déclarer l'indépendance immédiate de toutes les possessions ultramarines du Portugal. Aujourd'hui, il paraît insolite de trouver comme dessert les petits flans portugais, les *pastéis de nata*, dont la recette est passée de Macao aux grands banquets chinois à Pékin. Depuis que Macao a le statut de région administrative spéciale, le nombre et l'activité des casinos, du moins jusqu'à la campagne anticorruption lancée par Xi Jinping, ont explosé. Comme j'ai pu en faire l'expérience en 2014, le téléphone portable du visiteur entrant sur le territoire était immédiatement assailli par les mails racoleurs des différents casinos de l'île, dont Stanley Ho, le « roi du jeu », a eu le monopole pendant quarante ans. Le titre du célèbre film *Macao, l'enfer du jeu* avait gardé sa pertinence même si les conditions sont moins sordides. Ces casinos très modernes accueillaient des dizaines de milliers de Chinois, lesquels ont la passion du jeu. Cela s'accompagnait naturellement de corruption et de blanchiment d'argent, dont les triades tiraient profit. La zone économique spéciale de Zhuhai, qui est adossée à Macao comme Shenzhen à Hong Kong, s'est développée très vite. Elle est qualifiée aujourd'hui de Riviera chinoise et accueille un des villages du Club Méditerranée ainsi qu'une année sur deux le Salon aéronautique international, qui a pour ambition de s'inscrire comme le pendant asiatique des Salons du Bourget et de Farnborough. Les deux villes se rejoignent par le pont le plus long au monde, il devrait bientôt les relier également à Hong Kong.

Hong Kong où – comme dans sa voisine portugaise – les accords sur l'autonomie, la liberté de la presse et de la justice, régie par la « *common law* », ont été respectés, du moins jusqu'à la mystérieuse disparition de libraires et éditeurs indépendants en janvier 2016 qui suscite l'inquiétude sur les intentions de Pékin. Le président et les juges de la Cour suprême portent fièrement les mêmes perruques blanches et robes vermeilles que leurs homologues londoniens. Ils font d'ailleurs leurs études à Londres, et reçoivent régulièrement pour des périodes longues des juges de la Cour suprême britannique. Des manifestations, notamment le défilé annuel en faveur de la démocratie le 1er juillet, date anniversaire de la rétrocession, et même des veillées à la bougie en hommage aux morts de Tiananmen ont pu s'y dérouler. Des Chinois du continent s'y rendent chaque année aux alentours du 4 juin pour participer à ces commémorations.

Toutefois, la poule aux œufs d'or jugée indispensable à la Chine a subi les effets de la crise financière en 1997 et la situation s'est inversée. C'est la République populaire de Chine qui est venue au secours de Hong Kong en autorisant les habitants de plusieurs villes de Chine (une liste précise a été établie) à venir en masse consommer sur place. Depuis, le chef du Bureau des affaires de Hong Kong et Macao à Pékin remarque que les Hongkongais se plaignent en permanence de façon contradictoire, soit en raison du nombre insuffisant des visiteurs, et consommateurs compulsifs, que sont les Chinois continentaux, soit en raison du comportement peu policé de ceux qu'ils qualifient avec acrimonie de «sauterelles» («locusts»). Outre leurs manières grossières et leur absence de civisme, il a été reproché aux Chinois continentaux de vider les stocks de lait en poudre à la suite de la crise du lait contaminé à la mélamine qui a tué des bébés en 2010. Les Hongkongais ont également accusé les femmes chinoises d'envahir les hôpitaux et maternités pour venir donner naissance à un deuxième enfant du temps de la politique de l'enfant unique, qui a pris fin en 2015.

La situation dans la région administrative spéciale et la relation avec le continent sont de plus en plus compliquées et tendues. La Chine met certes en œuvre les accords qui doivent aboutir à une réunification totale, mais ceux-ci prévoient également une démocratisation croissante. C'est là que le bât blesse car l'interprétation n'est pas la même des deux côtés de la frontière, qui demeure comme en témoignent les départs des avions pour Hong Kong, Macao et Taïwan qui se font du côté des vols internationaux. La publication en août 2014 par le Conseil des affaires d'État (le gouvernement) du livre blanc sur la mise en œuvre du principe « un pays, deux systèmes » a mis le feu aux poudres. Hong Kong estimait que Pékin entendait ainsi imposer sa suprématie politique et portait atteinte à l'indépendance du pouvoir judiciaire en exigeant des élus comme des juges un double serment patriotique – « *loving the country and loving Hong Kong*». En outre, Pékin précisait que le chef de l'exécutif, dont l'élection était prévue aux termes de la Loi fondamentale au suffrage universel en 2017, serait en fait choisi parmi des candidats approuvés par Pékin, par un collège électoral restreint de 1200 personnes. Depuis mai 2013, un mouvement de désobéissance civile, « Occupy Central », sur le modèle d'« Occupy Wall Street » qui s'était déroulé peu de temps auparavant à New York, menaçait d'occuper le quartier des affaires si les promesses sur l'élection du chef de l'exécutif n'étaient pas tenues. Les dirigeants de ce mouvement avaient organisé un référendum officieux en ligne ainsi que dans des centres de vote informels, principalement dans les universités, vote auquel plus de 600 000 personnes ont participé. Ce référendum a aussitôt été dénoncé comme illégal par Pékin. Le « mouvement des parapluies », qualifié à tort de « révolution des parapluies » par la presse étrangère, a envahi les rues de Hong Kong en septembre 2014. Les parapluies multicolores, usuellement protection contre la pluie ou le soleil, servaient également de protection contre les canons au poivre ou au gaz lacrymogène utilisés par la police. Les lycéens étaient conduits par Joshua Wong, ce frêle adolescent au visage dévoré par d'immenses lunettes cerclées de noir qui avait déjà mené en 2013, avec succès, la campagne contre la tentative de Pékin d'imposer l'histoire du Parti communiste comme référence dans les manuels scolaires. Le mouvement « Occupy Central », dont les dirigeants ne partageaient pas la même vision ni la même stratégie vis-à-vis de Pékin, s'est essoufflé sans que la Chine ait rien cédé. Les trois organisateurs principaux ont appelé ceux qui les suivaient au retrait des sites occupés et se sont rendus à la police en décembre 2014. Le mouvement aura duré soixante-quinze jours. Il est vrai qu'un contre-mouvement, « Anti-Occupy Central », hostile au chaos et mettant en garde contre les risques économiques pour Hong Kong, commençait à recueillir des soutiens de la part des hommes d'affaires (qui déjà s'étaient montrés très réservés sur les réformes annoncées par Chris Patten en 1992) et de l'establishment ou même des gens âgés. Une Hongkongaise m'avait raconté dans un dîner que sa mère de quatre-vingts ans était ainsi spontanément allée signer sans lui en parler avant. Ce contre-mouvement était soutenu en sous-main par Pékin. Une nouvelle marche sans occupation a été organisée en février 2015 pour rappeler leurs préoccupations.

Le rapport de force n'est plus le même que lors des négociations pour la rétrocession. Ce n'est plus la prospère Angleterre face à un pays en développement mais la puissante Chine face à un territoire qui lui reviendra de droit après la période de transition, dans vingt ans, en 2047. Mais ce qui a changé aussi dans l'autre sens est que les jeunes Hongkongais, qui n'ont jamais connu les temps coloniaux, ont un sentiment d'identité différent de celui de la Chine et des aspirations démocratiques qui resurgiront nécessairement. L'élection en septembre 2016 au LEGCO de six jeunes partisans de la rupture avec la Chine, ceux que l'on appelle les «localistes», issus du «mouvement des parapluies», est un signal adressé en ce sens à Pékin, qui a réagi en empêchant la prestation de serment de deux d'entre eux. Il y aura d'autres escarmouches, d'autres bras de fer et d'autres reprises en main, ce qui suscite interrogations et inquiétudes à Hong Kong, jusque-là dans une relative indifférence de la communauté internationale. La position de Pékin est toutefois délicate. Elle ne peut céder devant la rue, car cela risquerait de donner des idées en Chine continentale, une réédition des mouvements de 1989 étant sa hantise. En même temps, il est nécessaire que tout se passe bien car Hong Kong est censée être un modèle de fonctionnement d'«un pays, deux systèmes», que les autorités promettent plus avantageux

encore pour Taïwan – ce qui constituera l'ultime réunification du pays pour tenir les promesses de Mao et
de Deng. Pour Hong Kong, cela dépendra bien sûr
de l'état de la Chine et d'une éventuelle démocratisation d'ici à 2047. La Chine peut toujours apprendre de
Hong Kong, qui maîtrise les règles de la finance internationale et reste le carrefour de toutes les Chine.

Taïwan est évidemment un plus gros morceau
compte tenu de ses liens, notamment militaires, avec
Washington. La question a cependant bien évolué
depuis la période où le destin de l'île représentait
la pomme de discorde principale avec les États-Unis,
même si la France en a payé le prix aussi avec l'affaire
des frégates. On se souvient de la carte satirique publiée
dans les années 1980 qui parodiait la représentation
du monde selon Ronald Reagan : elle dessinait une île
démesurée, Taïwan, appelée « *our China* » et une Chine
à peine plus grande, « *their China* », qui apparaissait
comme un appendice d'une gigantesque URSS avec le
sous-titre « communistes athées, menteurs et espions ».
Le communiqué de Shanghai de 1972 entre Zhou Enlai
et Kissinger reconnaissait, mais de façon ambiguë, la
« politique d'une seule Chine ». Ce même principe a
fait l'objet d'un consensus en 1992 lors d'une rencontre
à Hong Kong entre des responsables taïwanais et des
responsables chinois. Pékin a érigé la question de
Taïwan au rang de ses « intérêts vitaux », au même titre
que le Tibet. La réunification doit dans l'esprit des autorités chinoises être l'achèvement de la restauration de
l'unité de la Chine, « *unfinished business* » hérité de Mao
et de Deng, et à l'ordre du jour de tous les successeurs.

Du côté taïwanais, le Kuomintang, au pouvoir pendant des décennies, à l'exception de la parenthèse indépendantiste de Chen Shuibian (2002-2008), partageait la théorie d'une seule Chine, même si la signification pratique est impossible à préciser. La fiction initiale de reconquête du continent n'a évidemment plus cours à Taipei. Du côté chinois, on a renoncé aux commentaires belliqueux et à la menace de reprise de Taïwan par des moyens militaires, qui avait suscité de vives polémiques en 2004. Même si quelque 1500 missiles restent pointés face au détroit, il n'y a plus de velléités de bombardements comme lors des deux crises des missiles en 1954-1955 et en 1956. Nulle velléité non plus de rejouer la chorégraphie postcrise des bombardements fictifs en 1958 des petites îles de Quemoy et Matsu par le continent les jours impairs et par Taïwan les jours pairs, où une multitude de tracts d'une propagande manichéenne étaient déversés des deux côtés du détroit.

La politique est aujourd'hui plus discrète, plus patiente, plus subtile. Elle s'inscrit dans le long terme. Entre-temps, la situation s'est inversée. Le rapport de force aussi. Taipei, qui incarnait la modernité encore dans les années 1980-1990 face à une Chine pauvre, a vieilli et s'est véritablement provincialisée, mais surtout, à la faveur de la politique d'ouverture et de modernisation, la Chine continentale a attiré les investisseurs taïwanais en grand nombre. Foxconn, le plus grand fabricant mondial de composants électroniques, a ouvert à Shenzhen une usine gigantesque qui emploie 400 000 salariés, dont les conditions de travail sont

d'ailleurs critiquables et où l'on déplore un nombre
élevé de suicides. La compagnie emploie au total
1,2 million de personnes sur l'ensemble du territoire
chinois. Plusieurs millions de Taïwanais résident dans la
région de Shanghai, où des villages et des villes-satellites
sont entièrement peuplés par des Taïwanais, qui ont
même ouvert leurs propres écoles pour leurs enfants.
Des lignes aériennes directes ont été établies. De
manière générale, la rhétorique chinoise a changé.
Sun Yat-sen, le premier président de la république de
Chine, est de plus en plus mis en avant comme figure
historique commune. Une relecture de l'histoire a
même abouti à la réhabilitation discrète du « traître »
Tchang Kaï-chek, ainsi qualifié pendant les années
où j'étais étudiante. Pékin admet désormais qu'il s'est
« aussi » battu contre les Japonais. J'avais été surprise
lors d'un voyage en 2012 dans le Fujian, la province
qui fait face à Taïwan, de rencontrer des touristes originaires de Ningbo très fiers de me dire que c'était la ville
natale de Tchang Kaï-chek. Un changement radical
quand on pense à ceux qui ont été tués ou emprison-
nés comme traîtres en raison de liens réels ou supposés
avec des membres de l'entourage du généralissime ou
même seulement du Kuomintang. La Chine avait aussi
provisoirement suspendu la « diplomatie du chéquier »,
visant à obtenir la rupture des relations diplomatiques
avec les rares petits pays qui entretiennent encore une
ambassade à Taïwan. Elle avait même, à l'époque de Ma
Yingrou, décidé d'établir un moratoire alors que ces
pays sont maintenant demandeurs. (L'établissement
de relations diplomatiques avec la Gambie et avec

São Tomé en 2016 a réenclenché le processus d'isolement de Taïwan.) La Chine s'abstient désormais à la veille d'élections présidentielles de menacer de représailles en cas de victoire du parti indépendantiste. Ma Ying-jeou, chef du Kuomintang (KMT) et partisan du rapprochement avec la Chine, avait intensifié les relations dans tous les domaines. D'importants accords économiques, culturels et touristiques ont été signés pendant son mandat (2008-2016). La rencontre historique le 7 novembre 2015 à Singapour entre « monsieur Xi » et « monsieur Ma », protocole créatif et pragmatique pour éviter des titres inacceptables pour l'une ou l'autre partie, a permis de donner le signal d'une volonté de coopération pacifique. Ma Ying-jeou a payé le prix de cette accélération du rapprochement avec Pékin, contesté par les jeunes réunis dans le « mouvement des tournesols », qui ont protesté en mars 2014 contre l'adoption sans examen de l'accord de libre-échange sino-taïwanais, ce qu'ils percevaient comme un risque de mainmise par la Chine.

Les relations entre les deux rives du détroit ont néanmoins changé de manière durable. Malgré les menaces de Donald Trump de remettre en cause la politique américaine d'« une seule Chine » et un refroidissement inévitable des relations avec Taipei, la nouvelle Présidente, indépendantiste, qui a gagné les élections au nom du Parti démocrate progressiste (DPP) le 16 janvier 2016, Tsai Ingwen devrait toutefois se garder de trop provoquer Pékin. Accusée par la Chine d'être à l'origine du contact téléphonique très médiatisé visant à féliciter Donald Trump de son élection, elle en a elle-même minimisé la portée. De fait, un regain des tensions ne serait pas nécessairement dans son intérêt.

De manière générale les relations entre les deux rives se sont apaisées et normalisées de façon pragmatique. L'influence et l'intérêt sont souvent réciproques. Les experts taïwanais interviennent dans des séminaires ou des débats télévisés sur le continent. Les Chinois sont aussi fascinés par les présentateurs des émissions de variétés et par les chanteurs taïwanais. Les écoles et les collèges du continent organisent des voyages éducatifs à Taïwan. Les nombreux touristes chinois (4 millions par an) nous disent apprécier particulièrement la propreté, la courtoisie et le sens civique des Taïwanais. L'organisation des élections à Taïwan est toujours suivie avec beaucoup d'intérêt par la population. Ce qui est intéressant est que Taïwan est rigoureusement sur la même ligne que Pékin dès que des conflits territoriaux sont en jeu. Ce fut le cas encore en juillet 2016 lorsque Taipei a dénoncé le jugement rendu par la Cour d'arbitrage de la Haye qui a donné raison aux Philippines sur les îles litigieuses de l'archipel de Scarborough en mer de Chine.

De chaque côté du détroit, en évitant la confrontation directe, chacun espère que le temps jouera en sa faveur.

5

Le passé présent

Le long fleuve de l'Histoire

La Chine est le seul pays héritier de son empire. Les Italiens ne sont pas les héritiers en ligne directe de l'Empire romain, pas plus que les Grecs ne le sont de la Grèce antique ou les Égyptiens de l'empire des Pharaons. Il ne s'agit pas de vestiges ou de vieilles pierres, nombreux dans ces trois derniers pays, alors qu'ils ont été souvent détruits par le temps ou par les hommes en Chine, mais de traces immatérielles inscrites dans l'esprit et se traduisant par des références et des modes de pensée permanents.

La Chine est un empire continu qui a même pu être qualifié un temps d'immobile. *L'Empire immobile*[1], tel est en effet le titre du livre d'Alain Peyrefitte qui fait le récit de l'échec au XVIIIe siècle de la mission Macartney qui prétendait obtenir l'ouverture de la

---

1. Alain Peyrefitte, *L'Empire immobile*, Fayard, 1989.

155

Chine au commerce étranger. Le terme «immuable» serait plus approprié. On me demande souvent pourquoi j'ai appris le chinois et me suis intéressée à ce pays. Ma réponse est précisément la fascination pour le caractère immuable ou permanent de la Chine, ce qui ne signifie pas aujourd'hui qu'elle se montre rétive au changement. Bien au contraire, la Chine a connu les évolutions les plus extraordinaires et les plus rapides en trois décennies tout en restant au plus profond elle-même : «Ni tout à fait la même, ni tout à fait une autre.» Le titre du livre d'Alain Peyrefitte sur la Chine des années 1980, qui se réfère à une citation attribuée à Napoléon, est tout aussi percutant et encore plus actuel aujourd'hui : *Quand la Chine s'éveillera, le monde tremblera*[1]. En tout cas, le passé est toujours présent, le passé des dynasties glorieuses comme celui d'une Chine humiliée par les «barbares», qui nourrissent aujourd'hui le «rêve chinois» de restauration de la grandeur.

Alain Peyrefitte raconte que l'idée d'écrire ce livre intitulé *L'Empire immobile* et sous-titré *Le choc des mondes* lui est venue lors de son premier voyage dans le monde chinois en 1960, durant lequel il a fait le constat de l'invariance chinoise : «On eût dit que chaque Chinois portait dans ses gènes l'héritage entier de l'empire de Qianlong.» En réalité, il aurait pu remonter plus loin dans le temps. Pendant des millénaires, depuis le mythique Empereur jaune fondateur de la civilisation

---

1. Alain Peyrefitte, *Quand la Chine s'éveillera... le monde tremblera*, Fayard, 1973.

chinoise près de deux mille sept cents ans avant J.-C., l'organisation du pays et le mode de pensée des Chinois, cristallisés à l'époque des Han (de 206 av. J.-C. à 220 ap. J.-C.), qui ont donné leur nom à l'ethnie chinoise, se sont perpétués. Le modèle était censé être parfait. Il était donc attendu des successeurs qu'ils le reproduisent à l'identique. Les premiers empereurs de la dynastie des Tang (du VIIe au tout début du Xe siècle) perçue ensuite comme l'âge d'or de la civilisation chinoise avaient pour ambition, bientôt dépassée, de retrouver la puissance et le rayonnement culturel de la dynastie des Han après une longue période de divisions et de chaos. Cette succession dans toute l'histoire de la Chine de périodes d'unité et de grandeur ainsi que de périodes de divisions et d'appauvrissement reste de nos jours une grille de lecture prégnante, qui explique aussi cette très forte phobie du chaos. Confucius, qui vivait durant la période de grands désordres dite « des Printemps et des Automnes » (551-479 av. J.-C.), tout en n'ayant trouvé aucun souverain dont il eût l'oreille de son temps, a inspiré les modes de pensée ainsi que la philosophie morale et politique des Chinois à travers les siècles. Il apparaissait tellement comme l'incarnation de cette idée de retour à un modèle idéal et de stricte hiérarchie des relations que les étudiants révoltés du mouvement du 4 mai 1919 ont appelé à la révolution au nom de la lutte contre le confucianisme, accusé d'être le principal facteur d'immobilisme. Ces jeunes intellectuels, inspirés par le grand écrivain Luxun, et dont l'aspiration était d'ouvrir la Chine à la modernité, protestaient alors contre les clauses injustes du traité de Versailles, qui attribuait les territoires occupés par l'Allemagne au Japon. On peut noter au passage que les effets de ce traité de paix ont porté bien au-delà de l'Europe.

La Chine a réussi à siniser tous ses envahisseurs. Les Mongols (la dynastie des Yuan du XIIIe au XIVe siècle) comme les Mandchous (la dynastie des Qing du XVIIe au début du XXe siècle), après avoir renversé des dynasties chinoises, se sont attachés à respecter et même à promouvoir la culture des Han et des Tang, puis celle des Ming. Le marxisme-léninisme et le communisme ont subi une forme de sinisation similaire, au grand dam de Staline et de ses successeurs. À la théorie de la révolution menée par une avant-garde prolétarienne, Mao a ainsi substitué celle d'un encerclement des villes par les campagnes. Il a d'ailleurs supplanté puis éliminé lors de la Révolution culturelle un des premiers dirigeants révolutionnaires chinois, Li Lisan, syndicaliste et bolchevik orthodoxe bien qu'en désaccord avec le Komintern sur la stratégie. Un des moments les plus émouvants de mon séjour en tant qu'ambassadeur a été la remise de la Légion d'honneur à sa veuve, Élisabeth Kichkine, connue sous le nom chinois de Li Sha et surnommée « la grand-mère russe de la Chine », alors âgée de quatre-vingt-dix-neuf ans. Elle avait été l'interprète des premières délégations françaises à se rendre en République populaire de Chine. Je lui ai remis la médaille dans une chambre de l'hôpital de l'Amitié en présence de ses deux filles et de son gendre. Ils m'ont invitée quelque temps plus tard, avec son petit-fils tout blond sur lequel les gens se retournaient avec stupeur en l'entendant parler un chinois dépourvu d'accent, à manger un borchtch et des pirojkis dans leur appartement, petite enclave de Russie en plein Pékin qui me rappelait mon séjour à Moscou. Cet événement repris par la presse a permis de mettre un bref coup de projecteur sur le prédécesseur de Mao et une histoire laissée dans l'ombre des débuts du Parti communiste chinois.

Mao a au fond été le premier empereur de la dynastie communiste. Il a délibérément ignoré la suggestion des architectes de la capitale de préserver le patrimoine historique de Pékin en créant une ville nouvelle à côté de la cité impériale, au-delà des enceintes historiques. Mao entendait justement proclamer la République populaire de Chine du haut de la porte sud de la Cité interdite, la porte de la Paix céleste par laquelle entraient les empereurs. Après 1949, les dirigeants communistes ont régulièrement assisté depuis les tribunes adjacentes aux grands défilés à la gloire du régime. La visite de la Cité interdite est indispensable pour comprendre la Chine car ce n'est pas seulement un lieu de parfaite harmonie, qui est au demeurant le nom de l'un des pavillons les plus majestueux dans lequel l'empereur recevait, mais également une représentation symbolique de l'espace et du pouvoir. Le cœur de la Cité interdite et donc du monde, où règne le fils du Ciel, est ce pavillon que l'on atteint après avoir franchi plusieurs autres cours et pavillons, le tout étant fermé sur l'extérieur par des murailles très épaisses. Le pouvoir communiste est organisé sur le même modèle opaque pour le monde extérieur. Il est intéressant aussi de noter que l'axe immatériel représenté par le méridien des Ming

– dont le troisième empereur, Yong Le, a fait construire
le palais – et l'ordonnancement des points cardinaux,
la symétrie parfaite autour du palais ont été respectés
par Mao et par le Parti communiste. Les deux bâtiments
staliniens qui se font face au sud de la Cité interdite,
le Palais du peuple gigantesque – qui accueille les
congrès du Parti, l'Assemblée nationale populaire et
les chefs d'État étrangers – ainsi que le Musée national,
de même que deux décennies plus tard le mausolée de
Mao, témoignent du respect pour cette ligne invisible
et cette impérieuse symétrie.

En Chine, l'Histoire est une donnée fondamentale
et incontournable. Tous les pays cultivent un « roman
national » mais la Chine a un sens particulièrement fort
de la durée et de la profondeur historique. Certains
ont même pu dire qu'elle « vivait sous la tyrannie de
l'Histoire ». Ainsi, le prétexte au déclenchement de
la Révolution culturelle, qui était en quelque sorte
une tentative de négation de l'Histoire, a été fourni
par une pièce de théâtre, écrite en 1961 par l'historien spécialiste de la dynastie des Ming et destinée à
être jouée à l'Opéra en 1965, sur la destitution de Hai
Rui[1]. Ce dernier était un lettré, fonctionnaire intègre
célèbre pour le mémoire qu'il a écrit en 1565 à l'empereur Shizong de la dynastie des Ming, accusant le
Fils du Ciel d'être indigne et l'invitant à se réformer.
Pour tout Chinois qui sait que l'histoire est utilisée
pour critiquer le présent, l'allusion au maréchal Peng

---

1. Wu Han, *La Destitution de Hai Rui*, voir aussi sa biographie du
premier empereur des Han où le parallèle implicite avec Mao est
saisissant.

Dehuai, compagnon de la Longue Marche qui venait
d'être démis de ses fonctions pour avoir dénoncé les
conséquences désastreuses de la politique du Grand
Bond en avant, était transparente. Un article virulent
d'un des membres de la Bande des Quatre dans le
Wenhui Bao de Shanghai l'a accusé de vouloir réhabi-
liter le maréchal et de restaurer une politique droi-
tière. La polémique s'est envenimée et a fourni des
éléments pour la politique gauchiste. L'historien Wu
Han qui était également vice-maire de Pékin a été mis
en prison, où il est mort après avoir subi des tortures.
Il a été réhabilité en 1979. C'est un exemple significatif impensable dans un autre pays. Mao, qui a lu tous
les classiques, se référait constamment à des personnages historiques ou de romans, notamment *Au bord de
l'eau*[1] et *Les Trois Royaumes*[2], auxquels il aimait souvent
à se comparer. Aucun pays ne revendique à ce point la
fierté de cette continuité historique et culturelle. Zhou
Enlai a dit malicieusement au Dr Kissinger lors de leur
première rencontre que la République populaire de
Chine, fondée en 1949, était un jeune pays en comparaison des États-Unis, pour aussitôt rappeler l'existence

---

1. Généralement attribué à Shi Nai-an, *Au bord de l'eau* 水浒传
[xɪvᵉ siècle], trad. Jacques Dars, Gallimard, «La Pléiade», 1978.
2. Louo Kuan-Tchong, *Les Trois Royaumes* 三国志演义 [xɪvᵉ siècle],
Flammarion, 2009. Ces romans constituent – avec *Le Rêve dans le
pavillon rouge* de Cao Xueqin 红楼梦 cité plus bas et *Le Singe pèlerin
ou La Pérégrination vers l'ouest* 西游记 (*Le Roi singe à la recherche des
canons bouddhiques en Inde*) de Wu Cheng'en [xvɪᵉ siècle] (Gallimard,
«La Pléiade», 1991) – les quatre grands romans chinois, dont les
personnages ou les situations continuent d'être à l'heure actuelle des
références symboliques. Ils ont été adaptés à de multiples reprises
en films, séries télévisés, dessins animés, bandes dessinées ou ballets.

multimillénaire de la Chine. Deng Xiaoping a déclaré plus tard à son interlocuteur américain qu'un jeune homme de deux cents ans ne pouvait se permettre de faire la leçon à un vieillard de cinq mille ans. Xi Jinping lui-même lors de sa visite à Londres en octobre 2015, se réjouissant d'intervenir devant le Parlement de Westminster dont il a souligné l'ancienneté, a dans la même phrase rappelé la durée de la civilisation chinoise. C'est pour cette raison obsessionnelle, cette tyrannie de l'Histoire, que la parenthèse du XIXe siècle, qualifié de « siècle de l'humiliation », doit être effacée.

L'Histoire est aussi un instrument de pouvoir, qui a toujours été au service de l'empire. L'exploitation de la découverte des 10 000 guerriers de terre cuite enterrés avec le premier empereur de Chine aux environs de Xian, l'ancienne capitale impériale Chang'an, permet de mettre en valeur l'ancienneté, la grandeur et la puissance de la Chine. D'une certaine manière, cela a compensé la perte des collections impériales que Tchang Kaï-chek avait emportées avec lui en 1949 à Taïwan. Le prêt de ces guerriers pour des expositions dans les grands musées du monde, y compris à Taipei, contribue au rayonnement de la culture chinoise. La visite dans le Gansu de la dernière tour de guet à l'ouest de la Grande Muraille à Jiayuguan ainsi que d'un relais de poste, dont on ne voit que le tracé des lieux dans un paysage aride, est impressionnante en ce sens qu'elle permet de reconstituer l'extension, l'organisation et la puissance de l'empire des Han, qui ne sont pas sans évoquer celles de l'Empire romain. Là aussi, un nouveau musée très moderne à l'entrée de Dunhang diffuse un film en accéléré, au son d'une musique glorieuse, de la conquête des Han jusqu'aux marches occidentales de l'empire.

Le coup de projecteur mis depuis quelques années sur les grandes expéditions de l'amiral Zheng He entre 1405 et 1435 vise à rappeler que la Chine a bel et bien été aussi à un moment de son histoire une grande puissance maritime et pas uniquement une puissance continentale. Cette aventure exploratrice est un événement extraordinaire et mystérieux de l'histoire de la Chine. Le troisième empereur des Ming avait commandité ces sept expéditions, menées sous les ordres d'un amiral musulman eunuque. Ces jonques géantes, appelées « bateaux-trésors », plus grandes que les caravelles de Christophe Colomb cent ans plus tard, se sont rendues dans plus de trente pays, en Asie, en Arabie et en Afrique. Disposant de savoirs et d'instruments de navigation, la boussole et le compas inventés en Chine, ainsi que de cartes un siècle avant les grandes expéditions portugaises et espagnoles, sachant même éviter le scorbut – qui a frappé les marins des siècles suivants – notamment grâce à la vitamine C contenue dans le thé vert, les commandants de ces expéditions ont mené des missions diplomatiques, scientifiques et de prestige sans aucune connotation militaire. Les bateaux-trésors transportaient les ambassadeurs, qui apportaient le tribut à l'empereur et ramenaient des cadeaux et des animaux curieux, dont une girafe d'Afrique qui a fait sensation à la cour impériale. Toutefois, au retour de la septième expédition, après la mort de Zheng He, le nouvel empereur a mis fin à ces voyages, ordonné la destruction de la plus puissante flotte du monde – qui a compté plusieurs centaines de bateaux de plus de cent mètres de long et 28 000 hommes – ainsi que des journaux de bord et de l'ensemble des archives. Nul n'a jamais vraiment su si la véritable raison en était le coût faramineux des bateaux et des expéditions ou bien une querelle de pouvoir à la cour impériale entre les eunuques et les mandarins confucéens. Toujours est-il que la Chine s'est alors repliée sur son «hinterland» et est devenue une puissance essentiellement continentale, dont le regard était tourné vers la frontière septentrionale et la menace des barbares. Cette histoire était pratiquement tombée dans l'oubli. Un amiral britannique à la retraite, Gavin Menzies, fasciné par les cartes, est parti autour du monde à la recherche des traces des grandes jonques de l'amiral eunuque et a décrit en 2002 ses recherches à la Société royale de géographie de Londres puis dans un ouvrage, en partie historique et en grande partie spéculatif, intitulé de façon à frapper les esprits : *1421, l'année où la Chine a découvert l'Amérique*[1]. D'abord peu intéressé, Pékin exploite maintenant cet épisode glorieux pour mettre en valeur la continuité historique et donc la légitimité de la constitution d'une flotte océanique ainsi que de la nouvelle stratégie maritime en mer de Chine. Captivée par cette histoire, j'ai visité à Nankin le musée qui lui est dédié et qui a reconstitué le plus grand des bateaux-trésors commandés par l'amiral Zheng He.

---

1. Gavin Menzies, *1421, l'année où la Chine a découvert l'Amérique*, trad. Julie Sauvage, Intervalles, 2007.

La culture chinoise est une culture du signe, de l'écrit. Cette écriture à l'origine pictographique et idéographique – tout en ayant également une composante phonétique – que l'on fait remonter à l'Empereur jaune a assuré au cours des siècles l'unité et la continuité de la Chine, dont l'étendue territoriale et la pratique de multiples dialectes empêchaient la communication entre tous les habitants. Cela représente aussi une vision du monde. Une expérience intéressante avait été faite aux États-Unis par des orthophonistes et psychologues pour apprendre à lire à des enfants américains illettrés, totalement réfractaires à la lecture alphabétique abstraite. Ils étaient en revanche parvenus à lire en anglais les idéogrammes chinois, dans la mesure où il s'agit d'une écriture conceptuelle ou alors d'«idées mises en dessins». La formation des mots et la possible combinaison de deux concepts pour en créer un nouveau est passionnante, comme l'illustre le livre de Cyrille J.-D. Javary intitulé *100 mots pour comprendre les Chinois*[1]. Ainsi qu'il le souligne, «c'est une langue qui ne s'épelle pas mais se dessine». Lorsque j'étais étudiante et que les provinciaux maîtrisaient mal le mandarin, les gens dessinaient souvent les idéogrammes dans l'air ou dans la paume de leur main. Une de mes professeurs de chinois à Pékin insistait beaucoup sur l'écriture pour retenir le vocabulaire. Un jour où j'avais eu une fuite d'eau dans mon appartement, elle avait décomposé le mot (*loushui* 漏水) : le premier caractère est composé par la clé de l'eau (trois petites

1. Cyrille J.-D. Javary, *100 mots pour comprendre les Chinois*, Albin Michel, 2008. Voir aussi *La Souplesse du dragon*, Albin Michel, 2014.

gouttes), à droite le signe du foyer et en dessous celui de la pluie. Le deuxième caractère est celui de l'eau. Difficile d'être plus imagé. Ce mot et ces caractères sont à jamais inscrits dans ma mémoire désormais. Le mot « évasion fiscale » qui utilise le même caractère imagé de l'eau qui fuit se prononce à un ton près de la même manière (lou shui 漏税), le dernier caractère signifie impôts. Cela illustre aussi la manière de construire un nouveau vocabulaire adapté à la modernité. Il est clair que l'évasion fiscale n'existait pas du temps de Mao. C'est un exemple parmi bien d'autres. L'apprentissage d'une langue qui compte des dizaines de milliers de caractères développe une mémoire sans égale. Le directeur français de l'usine PSA de Wuhan m'avait dit que les Chinois étaient les seuls qui pouvaient travailler dans la même période de temps sur des chaînes de modèles différents.

Aujourd'hui, les écrivains ou poètes amateurs qui tracent avec d'immenses pinceaux trempés dans de l'eau des calligraphies éphémères sur l'asphalte des trottoirs ou des chemins dans les parcs illustrent cette passion de l'écrit et de la poésie. La parfaite adéquation entre l'écriture contemporaine et les inscriptions sur les stèles des époques glorieuses des Han et des Tang sous lesquels avaient été inventés les caractères d'imprimerie en bois, témoigne de la continuité et de la pérennité de l'écriture. Tout empereur se devait d'être poète et calligraphe, un lettré en somme. La calligraphie, fondement de l'art chinois, est considérée comme un « miroir de la personnalité ». C'est la calligraphie de Qianlong qui figure au-dessus des portes des pavillons de la cité impériale. Mao n'a pas dérogé à cette règle.

Sa calligraphie vermillon du titre du *Quotidien du peuple*, organe du Parti, rappelle l'encre avec laquelle les empereurs signaient leurs édits. Mao a en outre écrit des poèmes, dont *Neige* qui est toujours enseigné dans les écoles secondaires de Chine. Ses successeurs, jusqu'à Jiang Zemin, ont continué d'apposer leurs calligraphies au pinceau à l'occasion d'inaugurations de musées, de ponts et de tunnels.

Sous le règne du Parti communiste, et même sous celui de Mao qui voulait pourtant écrire l'avenir de la Chine sur une page blanche, le passé reste prégnant. Dans le langage courant, les références à l'empire sont constantes. Les membres du Comité permanent du Bureau politique, instance suprême du Parti communiste, étaient surnommés par tout un chacun les « neuf empereurs » du temps de Hu Jintao, puis les « sept empereurs » au moment de l'arrivée au pouvoir de Xi Jinping lors du XVIIIe congrès. Cette dernière expression est cependant vite tombée en désuétude car il est clair aujourd'hui qu'il n'y a plus qu'un empereur. La couverture en mai 2013 de *The Economist* représentant Xi Jinping portant la robe impériale jaune de Qianlong, le grand empereur du temps de la splendeur des Qing, reflète bien cette perception. La couverture a certes été censurée quelques heures après sa parution, mais beaucoup se sont procuré le magazine à Hong Kong, et surtout l'image a largement circulé sur Weibo. Lorsque quelqu'un s'interroge sur une décision autoritaire prise par le nouveau dirigeant de la Chine, la réponse usuelle et quelque peu désabusée fuse : « C'est l'empereur ! » On parle donc d'aristocratie rouge, des princes ou princesses rouges, des fils de princes, des princes héritiers, du parti des princes, pour désigner les descendants des anciens dirigeants généralement compagnons d'armes de Mao pendant l'épopée de la Longue Marche, qui sont aujourd'hui au pouvoir. Une autre expression, les «immortels», est également employée pour désigner les membres du comité permanent. Elle fait cette fois référence aux «huit immortels», les divinités du taoïsme, la seule religion authentiquement chinoise. Lorsque Zhou Yongkang, ancien responsable de la sécurité au comité permanent du Bureau politique issu du XVIIe congrès, a été arrêté puis condamné à la perpétuité et expulsé du Parti en 2014, il a été dit que Xi Jinping brisait un tabou en s'en prenant pour la première fois à un «immortel» depuis le procès de la Bande des Quatre.

Le pays est toujours géré sur un mode centralisé et autoritaire même si, marxisme oblige, le système a porté le nom de centralisme démocratique. Une nouvelle «bureaucratie céleste» élitiste, celle des 89 millions de membres du Parti communiste, a pris le relais des mandarins impériaux recrutés par concours. Comme eux, ils sont sélectionnés sur la base du mérite. Au fil des années, l'enseignement idéologique a fait place aux sciences économiques ou aux études de management. L'adhésion au Parti est devenue, un peu comme le passage par l'ENA en France, par Oxbridge (Oxford et Cambridge) en Grande-Bretagne ou les universités de l'Ivy League aux États-Unis, un véhicule pour faire carrière, se créer des réseaux et accéder à des postes de responsabilité. Comme du temps de l'empire, les futurs dirigeants, les «hauts potentiels» comme nous le dirions aujourd'hui, sont repérés, grimpent les échelons hiérarchiques et sont nommés à la tête de grandes régions ou municipalités autonomes pour se former aux responsabilités administratives et de gestion avant de pouvoir exercer le pouvoir au niveau central.

La censure a également traversé les siècles. La campagne des Cent Fleurs, dont le slogan «Que cent fleurs s'épanouissent et que cent écoles rivalisent» invitait les intellectuels à exprimer leurs critiques franches à l'encontre du Parti, s'est traduite par une élimination des intellectuels contestataires lors de la répression dite antidroitière de 1957. Cette campagne renvoie au premier empereur des Qin, Qin Shi Huangdi, modèle vénéré de Mao, qui sous couvert d'unification des normes, l'écriture, la monnaie et les poids et mesures, a brûlé sans pitié les livres et enterré à côté de ces bûchers les lettrés qui avaient essayé de les cacher. Mao a lui-même revendiqué avec cynisme cette comparaison lors d'un discours prononcé devant des cadres du Parti en 1958: «Qin Shi Huangdi a enterré vifs 460 lettrés, nous 46 000, les intellectuels ont donc tort de nous comparer car je l'ai surpassé de cent fois.» Les gardes rouges ont procédé quelques siècles plus tard aux mêmes autodafés d'ouvrages qualifiés de bourgeois, à la destruction sauvage d'objets anciens et à la punition violente allant parfois jusqu'à la mort de leurs détenteurs. La censure et les exactions contre les intellectuels font également écho à la «guerre des mots» de Zhu Yuanzhang, premier empereur de la dynastie des Ming au XIVe siècle. Ce dernier, ancien gardien de troupeau, puis chef de guerre qui a renversé la dynastie mongole et s'est proclamé empereur, était fasciné par les lettrés tout en étant au départ analphabète. Paranoïaque et fondant son régime sur la peur et la délation, alors qu'il avait été un chef de guerre avisé, il avait entre autres interdit sous peine de mort l'usage de certains mots qui lui rappelaient ses origines modestes. Des historiens chinois, dont Wu Han, destitué et emprisonné pour sa pièce sur la destitution de Hai Rui, fonctionnaire intègre qui avait dénoncé l'autoritarisme de l'empereur, et auteur d'une très intéressante biographie critique du premier empereur des Ming, n'ont d'ailleurs pas manqué d'établir le parallèle avec le comportement de Mao. Quant aux méthodes, la police de l'Internet, composée de quelques dizaines de milliers de personnes qui censurent quotidiennement une liste de mots sensibles sans cesse renouvelée (il était ainsi devenu impossible de mentionner le thé au jasmin après la révolution tunisienne qui portait le nom de cette fleur...) et ferment les blogs après avertissements, n'agit pas autrement.

Le système de pétitions à l'empereur s'est perpétué. Des pétitionnaires souvent maltraités et bloqués interminablement aux portes de la ville continuent de venir dans la capitale pour apporter leurs suppliques en partant de la conviction inébranlable au cours des siècles que, si les dirigeants locaux sont corrompus et tyranniques, l'empereur est lui intègre et juste. Les pétitions par Internet se sont également répandues. De grandes affiches murales étaient placardées dans les rues pour protester ou faire connaître les opinions du peuple. Ce fut encore le cas, avant que Weibo ne prenne le relais, pour les critiques de la Bande des Quatre, l'exigence du retour de Deng Xiaoping, ou le «mur de la démocratie» en 1979.

Même la Grande Révolution culturelle prolétarienne, que Mao envisageait comme une révolution permanente faisant «feu sur le quartier général» et table rase de l'héritage matériel comme spirituel et culturel de la Chine, n'a rien changé à cette permanence du passé. Pas plus que la modernisation fulgurante et l'américanisation de la société qui a suivi la politique d'ouverture et de réformes. Celle-ci s'est au contraire tout naturellement accompagnée du retour des traditions de la Chine d'avant 1949.

Malgré l'attrait des jeunes Chinois pour la culture populaire américaine, le souhait est fort de préserver une langue et une culture qui ont survécu à tous les envahisseurs et à l'ouverture de la Chine. Plus encore qu'un État-nation, la Chine est un État-civilisation. C'est l'écriture et la pensée qui ont fait l'unité et la pérennité de cet immense pays. Un des membres les plus influents du comité central a même indiqué un jour à l'un de ses interlocuteurs français que, si la Chine avait survécu pendant des siècles malgré les vicissitudes de l'Histoire et de la politique ainsi que les invasions étrangères, c'était grâce à l'écriture et au taoïsme. C'est au nom de cette force culturelle que les membres de la diaspora chinoise, même ceux qui critiquent le régime en place, considèrent qu'ils appartiennent toujours au monde chinois.

Confucius superstar

Confucius, banni à plusieurs reprises, est redevenu la référence philosophique et politique de base, le nom emblématique choisi par le Parti communiste pour incarner la Chine. Le Parti a ainsi décidé de baptiser du nom de Confucius les instituts culturels chinois qui se sont multipliés dans le monde sur le modèle d'organisation des alliances françaises mais en retenant le système d'appellation des instituts Goethe et Cervantes. Le président Xi Jinping, premier chef du Parti communiste à participer à une célébration de l'anniversaire du sage dans sa ville natale de Qufu, cite fréquemment les maximes de ce dernier dans ses discours. Ainsi a-t-il rappelé lors de sa visite officielle à Paris en mars 2014 à l'occasion de la commémoration du cinquantenaire des relations diplomatiques franco-chinoises que : « À cinquante ans, on connaît les décrets du Ciel » – phrase extraite des *Entretiens* : « À quinze ans, je résolus d'apprendre. À trente ans, je m'affermis dans la Voie. À quarante ans, je n'éprouvais aucun doute. À cinquante ans, je connaissais les décrets du Ciel. À soixante ans, j'avais un discernement parfait. À soixante-dix ans, j'agissais en toute liberté, sans pour autant transgresser aucune règle. »

La ville natale de Confucius, Qufu dans la province orientale du Shandong, a rouvert en 1981. Je me suis alors empressée d'aller avec des amis dans cette petite ville longtemps interdite pour visiter le temple et la mystérieuse forêt de stèles autour de la tombe du sage, au milieu d'arbres originaires de toutes les régions de Chine. Depuis, afin d'attirer les touristes, le temple ainsi que la demeure de Confucius et de ses descendants ont été restaurés au cordeau. Une académie Confucius dispense des cours et accueille des séminaires. Chaque année, le 28 septembre, son anniversaire est célébré avec faste. Une statue gigantesque du philosophe est apparue un jour de 2011 au cœur de Pékin sur l'avenue de la Paix-Éternelle. Elle y est restée quelques mois avant d'être rapatriée discrètement dans un jardin du Musée national à la suite de polémiques. Si les raisons de son déménagement n'ont jamais été réellement élucidées, on peut penser que sa proximité avec le portrait du président Mao, qui l'avait voué aux gémonies pendant des décennies, était plus que n'en pouvaient supporter les tenants de la gauche au sein du Parti. Maître Kong n'en poursuit pas moins sa carrière posthume. Il a fait l'objet d'un film historique à grand spectacle, même si cela a été un flop chez les jeunes. Il n'empêche que, dans le petit musée installé dans une salle latérale du temple Confucius à Pékin, est mis en valeur tout ce que les personnalités mondiales ont emprunté à Confucius. Voltaire y figure naturellement en bonne place, mais aussi Jésus-Christ pour l'analogie entre la célèbre maxime des *Entretiens* ou *Analectes*: «Ne pas imposer aux autres ce qu'on ne voudrait pas pour soi-même», et les Évangiles: «Ne fais pas à autrui ce que tu ne veux pas qu'il te fasse.» Cette règle d'or est mise en avant par les officiels chinois, qui en étendent l'application à toutes les situations, y compris la diplomatie. Un groupe d'ambassadeurs européens dont je faisais partie, invité par une des responsables du ministère des Affaires étrangères chinois à Qufu, peu après mon arrivée en 2011, s'était vu donner par un professeur de l'académie une leçon de non-ingérence dans les affaires intérieures d'un pays au nom de Confucius. C'était en fait l'époque où la Chine était sollicitée pour soutenir la résolution du Conseil de sécurité mettant en place une zone d'interdiction aérienne dans le ciel libyen, préludant à une intervention franco-britannique. Alors que nous étions invités à faire des commentaires et à poser des questions sur cette démonstration, je me suis amusée à répondre que, ayant fait mes études au temps de la campagne contre Lin Biao et Confucius, il me fallait un peu de temps pour m'adapter à cette nouvelle omniprésence du sage.

Confucius est aussi utilisé aujourd'hui comme référence pour un mouvement de développement personnel à l'américaine, comme un philosophe essentiellement humaniste dont le côté conservateur est gommé au profit de recettes de sagesse dans les situations de la vie quotidienne. Yu Dan, professeur à l'École normale de Pékin, a ainsi animé en 2006 une émission très suivie à la télévision centrale, *Lecture Room,* où elle donnait ses commentaires personnels sur les propos de Confucius, dont la transcription a été publiée dans un ouvrage, *Le Bonheur selon Confucius*[1], fort décrié par ses pairs mais qui n'en a pas moins constitué un best-seller vendu à une dizaine de millions d'exemplaires et traduit

---

1. Yu Dan, *Le Bonheur selon Confucius*, trad. Philippe Delamare, Belfond, 2009.

dans plusieurs langues. Dans un pays qui ne croit plus à l'idéologie marxiste, la recherche par Confucius d'un idéal d'homme honnête et de société juste et harmonieuse comme l'ensemble des valeurs confucéennes peuvent fournir des repères. Ainsi, lorsque Robert Badinter a reçu un groupe d'avocats chinois, il leur a dit être convaincu que l'approche humaniste de Confucius devrait finir par prévaloir et conduire à l'abolition de la peine de mort. Il est vrai que, contrairement aux idées reçues, Confucius lui-même, selon ses entretiens avec ses disciples, avait une démarche similaire à celle de Socrate, invitant à la réflexion personnelle (« Quand j'ai soulevé un angle de la question, si l'élève n'est pas capable d'en déduire les trois autres je ne lui répète pas la leçon »). Il valorisait l'étude (il a ouvert la première école privée au monde), l'exigence morale (celle en particulier d'un gouvernement vertueux) et le perfectionnement de soi-même. Il refusait les idées préconçues et paraissait plutôt ouvert au changement. Le confucianisme est très plastique et a connu des interprétations différentes selon les époques. Ce sont ses successeurs après Mencius, notamment les néoconfucéens sous la dynastie des Song (960-1279), et l'utilisation intentionnelle du confucianisme par le pouvoir impérial au cours des siècles qui ont transformé les recommandations de Confucius en doctrine officielle, conservatrice, et même réactionnaire, fondée essentiellement sur l'ordre social, le respect de la hiérarchie, de l'autorité et des rites. C'est au demeurant cette version qui a gagné à l'époque le Japon, la Corée et le Vietnam, ainsi que d'autres pays d'Asie du Sud-Est, ce qui permet

de valoriser aujourd'hui les vertus de l'éducation confucéenne, notamment l'accent mis sur la valeur travail et
le respect de l'autorité, supposés à l'origine des succès
économiques de la région. Le Parti communiste y trouve
son compte car cela permet d'opposer ces «valeurs asiatiques», telles que définies à l'instigation de l'influent
Premier ministre de Singapour, Lee Kuan Yew, dans
la déclaration de Bangkok de 1993, aux valeurs occidentales, notamment aux droits de l'homme dont il
conteste l'universalité. La morale plutôt que le droit.
La réhabilitation de Confucius s'inscrit également dans
une perspective nationaliste de valorisation du patrimoine chinois.

Quelle ironie de l'Histoire en tout cas que ce retour
en force du grand sage quand on songe que les premiers
mouvements révolutionnaires et les premières revendications modernisatrices en Chine se sont faits au cri
de «À bas la boutique de Confucius!» et que l'une des
campagnes les plus virulentes de la Révolution culturelle s'intitulait «Pi Lin, pi Kong», ce qui signifiait la
dénonciation de Lin Biao et Confucius. Une histoire
cyclique bien chinoise…

*Un pays areligieux aux multiples traditions
et croyances*

Les multiples croyances ou superstitions chinoises
ont également très vite réapparu, ce qui tend à prou-
ver qu'elles étaient simplement restées en sommeil
ou dissimulées. Le fait d'ailleurs que ces modes de

pensée soient restés ancrés dans les sociétés modernes et marchandes de Taïwan et Hong Kong illustre la force de cette culture. Les temples de toutes obédiences ont été rouverts peu à peu à partir des années 1980, en tant que musées d'abord, comme le temple des Lamas (ancienne résidence du prince Yongzheng de la dynastie des Qing, qui l'a transformée en lamaserie après sa conversion au bouddhisme tibétain) ou les temples taoïstes du Nuage blanc et du Pic de l'Est. Mais les temples sont vite devenus des lieux de culte envahis par la fumée des bâtons d'encens et les prières des pèlerins. Les cérémonies d'ordination des prêtres taoïstes ont repris en 1989. Le temple du Nuage blanc 白云寺 est aujourd'hui le siège de l'Association taoïste de Chine, créée en 1957 par le Parti communiste pour assurer un contrôle des différentes écoles taoïstes. Dissoute pendant la Révolution culturelle, elle a été reconstituée dès 1980 et est devenue la référence pour la pratique des rituels. En 1993 a même été organisée la grande cérémonie solennelle en l'honneur des «immortels», qui n'avait pas eu lieu depuis l'empereur mandchou Jia Qing (1796-1821). À la sortie du temple, les fidèles peuvent consulter les diseurs de bonne aventure qui utilisent, à l'aide de baguettes en bois, le procédé de divination qui a fondé la civilisation chinoise : le *Yi Jing* 易经 ou *Livre des mutations*. Les Chinois effectuent plus que jamais des pèlerinages, religieux ou ludiques, aux cinq montagnes sacrées notamment, dont les temples sont d'ailleurs les projections dans les villes. Même les cultes taoïstes les plus ésotériques avec leur écriture secrète et les séances rituelles où l'on convoque les seigneurs des pics cardinaux à l'autel des sacrifices ont réapparu dans les campagnes reculées. Le grand spécialiste Patrick Fava, résident à Pékin, a écrit à ce sujet des livres et réalisé des documentaires passionnants. J'allais souvent me promener au Dongyue Miao 东岳庙, le temple du Pic de l'Est, où sont réunis tous les juges des Enfers qui traitent de tous les délits possibles et imaginables et auprès de qui l'on vient faire toutes sortes de vœux.

Cela ne signifie toutefois pas que les Chinois sont religieux au sens où on l'entend dans les religions monothéistes. Mon professeur de philosophie chinoise à l'Institut des langues orientales, un jésuite chinois, avait commencé son cours en déplorant que « les Chinois [soient], hélas, le peuple le moins religieux du monde ». De fait, Matteo Ricci, révéré comme savant et lettré, et dont j'ai pu visiter la tombe, préservée et soigneusement entretenue par l'école municipale du Parti communiste à Pékin, n'a pas réussi à convertir les Chinois. Ces derniers se rapprocheraient plutôt du panthéisme des Romains. D'innombrables dieux locaux et spécialisés : divinités des villes, des ponts, des portes, des montagnes, des fleuves, des rivières, dieux ou déesses de la longévité, de la miséricorde... sont invoqués pour chasser les mauvais esprits et attirer la chance. Les Chinois sont syncrétiques, le plus souvent superstitieux et ouverts à toutes formes de croyances. Il n'y a pas de vérité absolue ou de transcendance. Pas de guerre de religion non plus. Les différentes écoles confucéenne, taoïste et bouddhiste en conflit d'influence à certaines époques ont fini par trouver un mode de coexistence pacifique. Elles ont également subi des influences réciproques et se sont interpénétrées. Ce syncrétisme est bien mis en lumière dans l'un des quatre romans classiques chinois qui date de l'époque des Ming (xvie siècle) : *La Périgrination vers l'ouest,* ou *Le Singe pèlerin parti à la recherche des canons bouddhiques en Inde.* Il est intéressant de constater, même si c'est anecdotique, que les autorités chinoises ont toléré l'adhésion de certains intellectuels chinois, notamment les dirigeants de Soho, à la religion bahaïe, d'origine persane, qui met l'accent sur l'harmonie universelle, la charité et l'éducation.

Les catholiques, au nombre d'environ 5 ou 6 millions, constituent une exception. Le problème avec le Vatican ne tient pas tant à la religion elle-même qu'au caractère inacceptable d'une autorité extérieure à la Chine, d'où cette Église officielle dite patriotique dont le Parti communiste désigne les prêtres, coexistant avec l'Église souterraine dont les évêques sont secrètement nommés par le pape. Une forme de réconciliation, vivement souhaitée par le pape François, pourrait se fonder sur un compromis concernant le mode d'ordination des évêques : nomination par le Vatican sur proposition de Pékin. En fait, et c'est un jésuite qui le dit, le professeur Vermander, titulaire de la chaire de religion à l'université de Fudan, héritière de l'université Aurore créée précisément par les jésuites en 1903 à Shanghai : les autorités chinoises comprennent mieux l'Église catholique, organisée sur un modèle pyramidal similaire à celui du Parti communiste, que les protestants, dont l'organisation est plus diffuse et le prosélytisme plus subversif. Ces derniers, au nombre de 30 millions environ, constituent l'héritage des missionnaires américains du XIXe siècle, à l'instar des parents du prix Nobel de littérature Pearl Buck. Leur progression est plus sensible que celle des catholiques. Certains ont été arrêtés récemment pour leurs activités à la frontière avec la Corée du Nord.

Toujours est-il que les élèves chinois ou leurs parents vont prier, allumer des bâtons d'encens et porter des offrandes dans tous les temples du quartier, qu'ils soient bouddhistes, taoïstes ou confucéens, en particulier à la veille du *gaokao*, l'examen ultrasélectif de passage à l'université qui détermine leur vie entière. Les religions chinoises sont des religions votives et certains assimilent les dieux à des sortes de percepteurs généraux à qui il convient de faire des offrandes en échange des vœux exaucés. C'est une approche très pragmatique. Les Chinois sont généralement attachés aux plaisirs de la vie terrestre et n'ont pas le sens du péché, et donc pas de sentiment de culpabilité judéo-chrétien. Le très intéressant livre-dialogue sur l'art intitulé *À quoi pensent les Chinois en regardant Mona Lisa ?*[1], coécrit par Christine Cayol, philosophe et directrice de la galerie Yishu8 située dans l'ancienne université franco-chinoise de Pékin, et le professeur Wu Hongmiao du département de français de l'université de Wuhan, est révélateur de l'incompréhension du dolorisme chrétien et de la notion de péché. L'étonnement face aux nombreux

---

1. Christine Cayol et Wu Hongmiao, *À quoi pensent les Chinois en regardant Mona Lisa?*, Tallandier, 2012.

tableaux du Christ supplicié et l'explication du rachat des péchés du monde ont suscité la question du professeur chinois : « Mais enfin, de quoi le monde a-t-il besoin d'être racheté ? »

L'islam est probablement la religion que les Chinois ont le plus de mal à comprendre en raison de sa rigidité et du nombre d'interdits, il ne faut pas oublier que le cochon est un animal du zodiaque très positif, symbole de réussite, de prospérité et de bonheur de vivre. La difficulté avec les musulmans turcophones du Xinjiang, les Ouïghours, tient cependant essentiellement à des questions de souveraineté, à la crainte d'un mouvement indépendantiste et aujourd'hui à l'émergence du terrorisme, qui a frappé Pékin puis Kunming en 2013. C'est pour cette raison principalement que s'est durcie, outre la politique générale vis-à-vis des Ouïghours, la répression des signes extérieurs de la religion, pratique du ramadan, port du voile, etc., perçus auparavant comme des rites folkloriques inoffensifs. De fait, la politique menée à l'égard des musulmans Hui, donc d'origine Han, au Ningxia par exemple, est un peu plus tolérante.

Beaucoup de Chinois face à l'abandon de l'idéologie communiste, à l'accélération du temps et au mercantilisme croissant sont à la recherche de repères et de valeurs spirituelles, y compris des chefs d'entreprise qui pratiquent volontiers la méditation, consultent des voyants et malgré une forme de condescendance pour les Tibétains ont parfois des gourous issus du lamaïsme tibétain. Il est par ailleurs ironique de voir le Parti communiste prétendre choisir selon les rites tibétains le successeur du dalaï-lama et du panchen-lama. Ayant voyagé en 1982 au Tibet, alors fermé, avec une mission technique du ministère chinois de la Géologie, il m'a été donné de constater le dédain de nos accompagnateurs pour la culture tibétaine, leur totale incompréhension face à ces personnes tournant inlassablement avec leurs moulins à prières autour du temple du Jokhang au centre de la ville et aux cérémonies mortuaires, où les cadavres sont abandonnés aux vautours au sommet d'une montagne.

Autre illustration de ce retour en grâce des traditions religieuses ou mystiques : le célèbre monastère de Shaolin, dont les moines guerriers qui ont inspiré de nombreux films joués par les grands acteurs de kung-fu à Hong Kong étaient chargés de protéger le trésor, a été restauré et remis en service. Les enfants et adolescents viennent y apprendre la discipline et les arts martiaux. D'après leurs témoignages, les premiers jours sont une véritable école d'endurance. Le temple, parfois accusé de mercantilisme, organise des spectacles de son et lumière, vend sa propre pharmacopée et a même ouvert des sections à l'étranger.

L'astrologie chinoise a opéré un retour en grâce complet. Tous les Chinois prêtent la plus grande attention aux caractéristiques des douze signes du zodiaque chinois, les douze animaux dont un mythique et flamboyant, le dragon, qui figurent d'ailleurs sur les cartes de crédit délivrées par la Banque de Chine. L'interrogation sur le signe de naissance permet à un interlocuteur de connaître aussitôt votre âge sans avoir à poser la question aussi abruptement. Mon professeur de chinois, avec lequel j'avais préparé mon intervention dans une émission de télévision célébrant le Nouvel An chinois, avait essayé de me dissuader de dire que j'étais de l'année du Serpent car ainsi tout le monde aurait connu mon âge. Afin de chasser les mauvais esprits et d'attirer le bonheur, un natif du signe de l'année lunaire doit tout au long de l'année porter un vêtement ou un objet de couleur rouge. Rares sont ceux qui ne sacrifient pas à cette tradition. Des amis m'ont ainsi offert un bracelet de fils tressés rouge au commencement de l'année du Serpent. La notion de cycle est fondamentale en Chine, qui n'a adopté qu'au XIXe siècle le calendrier linéaire chrétien. Aussi, le soixantième anniversaire du pays, d'une association ou d'un individu, qui marque la fin d'un cycle et donc le début d'un autre, est célébré avec une solennité particulière. J'avais été invitée à la réception organisée pour le soixantième anniversaire d'un professeur de l'Université du peuple, qui avait plaisanté sur le fait qu'à partir de soixante ans le temps repartait dans l'autre sens et qu'il allait donc rajeunir. Aux douze signes se superpose un cycle de cinq éléments : le bois, le feu, la terre, le métal et l'eau, correspondant à des mouvements cycliques, qui précisent le caractère des animaux du zodiaque. Tout le monde avait fait le lien entre l'année du Dragon de feu et les troubles qui l'ont marquée : tremblement de terre à Tangshan et mort de Mao. Ces cinq éléments de la tradition chinoise *wu xing* 五行 ont inspiré la très belle pièce pour orchestre de Chen Qigang, musicien contemporain, dernier élève d'Olivier Messiaen, qui a également composé l'air et la chanson des jeux Olympiques de 2008. Son œuvre fait appel aux instruments traditionnels chinois et aux chants de l'opéra de Pékin. Alors que la Révolution culturelle avait prohibé toute culture musicale classique aussi bien chinoise qu'occidentale, que les gardes rouges avaient brisé parfois les doigts des musiciens, détruit instruments et partitions qui n'avaient pas pu être mis à l'abri, dès le retour à la normale, les Chinois se sont enthousiasmés pour la musique occidentale. Des grands musiciens sont venus donner des master class et de très jeunes enfants de 4 ou 5 ans, qui apprennent à jouer d'un instrument, assistent aux concerts tard le soir. Le premier opéra occidental monté, avec la France, en Chine en 1982 avait été *Carmen* en version chinoise. Cela avait constitué un événement. Comme en Union soviétique et dans tous les pays communistes, les comités d'entreprise recevaient d'autorité des tickets distribués à leur personnel méritant, qu'il aime ou non la musique. Je me souviens du public composé d'ouvriers en casquette. Lorsque le rideau s'est ouvert, la transcription phonétique de *Carmen* 卡门 qui correspondait plus ou moins à « porte de camion » a déclenché l'hilarité générale. Aujourd'hui, le premier bis qui met en transe l'audience à l'issue d'un concert est justement l'ouverture de cet opéra. Si la modernité en musique a été dans les années 1980 la découverte du rock occidental, aujourd'hui l'un des rockers qui rencontrent le plus de succès, Xie Tianxiao – un des successeurs du « père du rock chinois », Cui Jian, dont la chanson *Rien en mon nom* avait été le cri de ralliement de la jeunesse contestataire de 1989 – allie le contemporain et la tradition en intégrant des instruments traditionnels, guzheng, erhu et pipa, dans ses méga-concerts au Stade des Travailleurs.

La géomancie, le feng shui, a effectué le même retour en force. Ce mélange de règles de bon sens et d'éléments plus mystérieux est pris en considération par tout Chinois qui se respecte pour la construction des immeubles d'entreprises ou de banques comme pour celle des maisons privées. Le président de la Banque de Chine à Pékin m'a montré comme à ses autres visiteurs avec fierté son nouveau siège construit par l'architecte de la pyramide du Louvre, Ieoh Ming Pei, selon les règles du feng shui, alliance heureuse dans le hall d'entrée du minéral et du végétal, des pierres, du verre et de l'eau ainsi que des bambous.

Les Chinois étant sensibles à la symbolique des nombres, les inaugurations d'événements ou de bâtiments, qui se font au son des tambours et agrémentées de danses des lions de bon augure – comme ce fut le cas à l'occasion de la réception par la compagnie Southern Airlines de ses premiers Airbus A380 à l'aéroport de la capitale – tiennent dûment compte des dates les plus favorables. Il existe désormais en Chine une «journée des célibataires», qui a été fixée au 11 novembre. Le nombre des mariages – qui associent de plus en plus tradition occidentale de la mariée en robe blanche, pourtant couleur traditionnelle du deuil, et les robes chinoises rouges, couleur du bonheur – a battu des records le 11 novembre 2011. Autrefois, on consultait les horoscopes des mariés pour savoir si ceux-ci étaient compatibles et leur assureraient le bonheur. Une amie décoratrice m'a raconté avoir dû superviser, sur les prescriptions d'un géomancien de la famille pour laquelle elle travaillait, un déménagement le septième jour du septième mois à 7 h 07 du matin. Les autorités et donc le Parti communiste, pourtant critiques à l'égard des superstitions, n'ont pas procédé autrement en choisissant le 8 du huitième mois de l'année 2008 à 8 heures du soir pour l'ouverture des jeux Olympiques de Pékin. Cette fascination pour le chiffre 8 est relativement récente et constitue un signe des temps. Elle est due à la proximité phonétique entre la prononciation « ba » 八 soit 8 en mandarin et « fa » 发 en cantonais qui signifie « fortune ». Le chiffre porte-bonheur favori était autrefois le 9, symbole de l'empereur. J'ai toujours été intriguée par l'association automatique faite par les Chinois entre la France et le romantisme. Une amie que j'interrogeais sur cette perception l'a illustrée par l'anecdote suivante : deux de ses amis, l'un chinois et l'autre français, se sont trouvés un jour derrière une voiture dont la plaque d'immatriculation comprenait plusieurs chiffres 8, ils sont passés également devant une pancarte affichant des chiffres 8, ce qui signifiait de toute évidence qu'ils allaient être chanceux au jeu, mais le Français a refusé de se rendre dans un lieu de paris car il avait rendez-vous avec sa petite amie. Elle en a conclu qu'il avait préféré l'amour et donc le romantisme à la « certitude » de gagner au jeu…

Ce retour de la Chine traditionnelle n'est pas seulement le fait de la société. Lorsque les autorités chinoises ont décidé à la fin des années 1990 de développer la consommation en mettant en place des jours fériés, en plus de la fête nationale du 1ᵉʳ octobre qui célèbre la fondation de la RPC et de la fête internationale du Travail du 1ᵉʳ mai, elles ont choisi de commémorer des hauts faits de la Chine classique ou mythique inscrits dans le calendrier lunaire. Calendrier au demeurant étonnamment précis au regard des changements de saison ou de climat… Chaque année, j'étais surprise de constater que tel jour précis le temps changeait brusquement, comme par exemple au jour du «petit été» (*lixia* 立夏) à la mi-août, lorsqu'aux chaleurs torrides et humides de l'été succédait un air clair et léger.

Lors de la fête du Printemps, la plus importante de l'année, qui marque en janvier ou février le début de l'année lunaire, chacun connaît, jour par jour, le déroulement précis des célébrations et des rites. Ils portent chacun un nom, par exemple le jour de la visite aux aînés ou celui de la visite aux anciens professeurs, qui marquent le respect d'une société confucéenne. Je suis moi-même allée voir chaque année l'un de mes anciens professeurs de l'Institut des langues à cette occasion. Cette fête donne lieu à la plus grande transhumance mondiale : chacun, héritier d'une société confucéenne et rurale attachant la plus grande importance aux valeurs familiales, retourne dans sa famille ou dans son village. L'année où des chutes de neige abondantes ont bloqué des millions de passagers dans les gares a été jugée catastrophique car cela empêchait le respect des rites : visites familiales, banquets où l'on mange des nouilles de longévité, distribution d'enveloppes rouges contenant de l'argent pour les enfants. La lutte contre la corruption a toutefois mis fin dans les entreprises au système des enveloppes rouges que des employés en quête de promotion remettaient à leurs supérieurs hiérarchiques.

Toutes sortes de croyances et de superstitions sont ravivées. À l'occasion de la fête des Temples, sorte de fête foraine, chacun accroche aux branches des arbres dénudés un vœu personnel sur un rectangle de bois peint en rouge d'où pend le nœud tressé chinois, porte-bonheur. J'ai sacrifié à ce rite en accompagnant une amie dans le parc de Chaoyang. Après le XVIIIe congrès et les références au « rêve chinois », les vœux affichaient aussi des rêves individuels : admission à Beida, l'université la plus prestigieuse de Chine, ou dans une université américaine. Ces longues festivités se concluent quinze jours plus tard, lors de la première pleine lune de la nouvelle année, par la fête des Lanternes, hommage aux astres et au seigneur du Ciel, où l'on mange des *yuanxiao*, 元宵, petites boules blanches fourrées de sésame qui ont la forme de la lune. Tout au long de cette période de fête, les pétards fusent pour chasser mauvais esprits et démons. Tout omniprésents qu'ils soient en Chine, les mauvais esprits et les démons sont généralement dépourvus d'intelligence et d'habileté puisqu'ils se révèlent incapables de lever les pieds pour surmonter l'obstacle des très hauts seuils en pierre des portes ou même de contourner les « murs aux esprits » placés dans la cour immédiatement derrière la porte d'entrée. Ils sont également peureux car le bruit les effraie. Cependant, à la suite d'accidents et d'incendies dans les usines de fabrication qui ne répondaient pas aux normes, les feux d'artifice individuels et l'explosion de pétards ont été soit interdits soit limités, mais peu obéissent car ces pétards accompagnent toutes les fêtes, de la naissance aux funérailles en passant par le mariage. Un feu d'artifice, au sujet duquel on ne manque pas de rappeler que la poudre a été inventée en Chine, couronne tout événement, comme lors de la rétrocession de Hong Kong ou de l'ouverture des jeux Olympiques de Pékin.

La fête des Morts ou *qingming* 清明 « jour de la pure clarté », entre le 4 et le 6 avril selon le calendrier agricole, revêt une importance particulière. Elle se conforme à une tradition très ancienne et a été utilisée aussi à des fins symboliques et politiques. C'est une journée considérée par le pouvoir comme sensible. De nouveau, après une interruption de quelques années, les familles vont balayer les tombes des ancêtres. Il est intéressant de noter que l'ambassadeur américain Gary Locke, ancien secrétaire d'État au Commerce, en poste à Pékin de 2011 à 2014, qui a beaucoup joué pendant son séjour de ses origines chinoises même s'il ne parlait ni le mandarin ni le cantonais, a rendu public son déplacement au Guangdong pour aller nettoyer la tombe de ses ancêtres. Les Chinois brûlent à cette occasion de la monnaie de papier, ou encore d'autres dessins imprimés représentant des objets jugés indispensables à la vie confortable des défunts dans l'au-delà : maisons, meubles, vêtements, objets divers. Des offrandes nouvelles représentant des voitures dernier cri, des pianos à queue, des ordinateurs, des téléphones portables ou des vêtements de marque reflètent la hausse du niveau de vie et l'évolution de la mode. L'écrivain Lao She racontait dans une de ses nouvelles la faillite d'un homme dont la profession, celle de fabricant de ces objets funéraires de papier, était devenue inutile dans les premières années de la République populaire de Chine. Ces dessins imprimés sont aujourd'hui reproduits de façon industrielle mais les traditions sont revenues en force. Ceux qui n'ont pas la possibilité de rentrer dans leur famille ou d'aller sur la tombe de leurs ancêtres pour des raisons pécuniaires ou du fait de contraintes professionnelles font brûler ces offrandes furtivement le soir au coin des rues de Pékin ou d'autres grandes villes. La fumée et l'encens sont les traits d'union entre le ciel et la terre, et le symbole de la communication avec les défunts. Des cerfs-volants sont lâchés dans le ciel pour porter aux morts un message d'amour et de fidélité. Mais cette fête est aussi l'occasion de rendre hommage à des morts qui ont un poids politique et de transmettre des messages de cette nature. Ainsi en 1976, la veille de Qingming, quelques semaines après la mort de Zhou Enlai, des dizaines de milliers de Pékinois sont venus déposer des couronnes mortuaires, des fleurs blanches et des poèmes au pied du monument aux héros du peuple sur la place Tiananmen. Cet hommage fort et spontané au Premier ministre, très populaire parce qu'il semblait incarner la justice et qu'il avait protégé à la fois des personnes et des monuments historiques ou religieux de la fureur iconoclaste des gardes rouges, s'est accompagné de revendications politiques et de critiques virulentes de la Bande des Quatre et même de Mao, qui avait interdit toute manifestation de deuil. Le 5 avril, jour de Qingming, des centaines de milliers de personnes sont revenues sur la place pour découvrir avec colère que le mémorial avait été détruit par la police pendant la nuit. Des émeutes, qui se sont produites également dans d'autres villes, ont conduit à des centaines d'arrestations par les forces de l'ordre. Deng Xiaoping, qui s'était pourtant par prudence tenu à l'écart de ces rassemblements, a été de nouveau démis de ses fonctions et exilé. L'année suivante, j'ai assisté dans les rues de Pékin à des manifestations avec des pancartes à l'effigie de Zhou Enlai demandant le retour de Deng Xiaoping au pouvoir. De nouveau, des couronnes et des portraits endeuillés de Zhou Enlai ont été déposés au pied du monument aux morts.

La fête des bateaux-dragons, Duanwu 端午, qui a lieu le cinquième jour du cinquième mois, a une résonance particulière dans la Chine d'aujourd'hui car elle commémore la mort du poète Qu Yuan qui s'est suicidé il y a deux mille cinq cents ans en se jetant dans le fleuve Miluo (dans l'actuelle province du Henan) par patriotisme et pour protester contre la corruption. La nourriture de ce jour est également symbolique : des boulettes de riz glutineux fourrées aux jujubes et enveloppées dans des feuilles de lotus, à l'image de celles qui ont été jetées par les habitants dans le fleuve depuis leurs barques afin que les poissons épargnent le corps du mandarin et poète respecté pour son intégrité. Inutile de dire les commentaires que suscite en ces temps de corruption cette histoire exemplaire.

La fête de la mi-automne, le 15 du huitième mois lunaire, est esthétique et poétique puisque sa raison d'être est d'admirer la pleine lune, la plus brillante de l'année, en dégustant des gâteaux de lune *yuebing* 月饼, généralement farcis aux haricots rouges. Mais la lutte contre la corruption est aussi passée par là puisqu'il est désormais interdit d'offrir des boîtes de ces gâteaux, qui étaient il est vrai de plus en plus luxueuses.

Arrive enfin Chuxi 除夕, le dernier jour de l'année, au son des pétards et des feux d'artifice. Les battants des portes des maisons sont recouverts, jusqu'à ce que le vent les abîme puis les emporte, par les dieux des portes, effigies des gardiens du sommeil de l'empereur Taizong des Tang au VIIe siècle. Ces guerriers multicolores de papier armés le premier d'une lance, le second d'un sabre, protègent le foyer des esprits malveillants. Des vœux personnalisés pour la famille sont inscrits dans des sentences parallèles calligraphiées en caractères noirs ou dorés sur des bandes verticales de papier rouge, de chaque côté des battants. Au-dessus encore, des vœux de bon augure en quatre caractères. Les familles mangent les traditionnels *jiaozi*, les raviolis, mets que l'on sert aussi lorsqu'un voyageur part au loin. J'ai été très émue lorsque mon cuisinier m'en a préparé le jour de mon départ de Chine. Dix mille vœux de bonheur sont échangés en gardant un œil sur le célèbre gala de Nouvel An, Chunwan 春晚, retransmis par la télévision centrale, où Peng Liyuan, deuxième épouse de Xi Jinping, a acquis sa célébrité comme chanteuse de l'armée avec le grade de général. Près de 900 millions de téléspectateurs en Chine et dans les communautés d'outre-mer suivent ce programme de variétés composé de chansons et de sketchs divers. Les jeunes chanteurs sud-coréens androgynes aux cheveux teints en roux, adorés des adolescentes chinoises, y voisinent avec des chanteurs aux accents patriotiques à nouveau fortement encouragés. Privilège, l'année du Cheval en 2014, j'étais invitée dans le public car Sophie Marceau, l'actrice française préférée des Chinois, y a chanté *La Vie en rose* en duo avec le chanteur populaire Liu Huan pour lancer les cérémonies du cinquantième anniversaire de l'établissement des relations diplomatiques entre la France et la Chine. Dans un décor lumineux et gai de silhouettes de chevaux blancs à la Xu Beihong et de lanternes rouges, qui constitue depuis le fond d'écran de mon iPad, le clou de la soirée a été une fascinante danseuse de 13 ou 14 ans qui a tourné sur elle-même pendant toute la durée du spectacle en suscitant admiration pour la prouesse et réprobation pour le côté inhumain de la performance. Si le Twitter chinois a été utilisé à des fins politiques, les Chinois ont aussi pris l'habitude de réagir sur tous les sujets. Ils ont donc abondamment critiqué cette soirée de Nouvel An. Il s'est avéré que la jeune fille, originaire d'une minorité nationale, avait ce don, hérité de sa mère. De plus en plus, les Chinois déclarent délaisser ce rite télévisuel qu'ils trouvent moins intéressant, mais les nombreux commentaires le lendemain démentent cette assertion.

Alors que l'on ne voyait que des films et des feuilletons révolutionnaires ou de la guerre contre le Japon sur petit écran dans les années 1980, la télévision produit aujourd'hui nombre de films et de séries en costumes adaptés par exemple du très célèbre roman de Cao Xueqin *Le Rêve dans le pavillon rouge*[1] 红楼梦, à l'origine de nombre d'archétypes de la littérature chinoise, ou des *Enquêtes du juge Ti*[2], connues en France grâce aux récits du sinologue néerlandais van Gulik.

Reconstitution et revalorisation du patrimoine

Pour recréer un patrimoine culturel chinois, successivement détruit ou volé par les forces franco-britanniques en 1860, emporté par Tchang Kaï-Chek à Taïwan en 1849 puis pulvérisé par les gardes rouges dans les années 1960, la Chine cherche à récupérer dans des salles de vente occidentales des objets qui lui ont appartenu. Quelques années après la polémique suscitée par la vente Saint Laurent et la tentative avortée d'acquérir deux des têtes du zodiaque de la fontaine qui avaient été volées pendant le sac du palais d'Été, les têtes de rat et de lapin en fait dessinées par les jésuites ont fait l'objet en 2014 d'un don très apprécié de la famille Pinault au Musée national. Ce fut une très belle cérémonie, à laquelle ont été conviés, aux côtés des personnalités officielles, des peintres contemporains figurant dans les collections de François Pinault, comme Zhang

---

1. Cao Xueqin, *Le Rêve dans le pavillon rouge*, trad. Jacqueline Azélaïs et Li Tche-how, Gallimard, «La Pléiade», 1981.
2. Robert van Gulik, *Les Enquêtes du Juge Ti*, 10-18, «Les grands détectives».

Xiaogang, Zeng Fangzhi ou Cai Guoqiang, connu pour son art de la pyrotechnie et qui avait réalisé auparavant une stupéfiante performance d'explosion au Musée national de Chine. Les deux têtes, rachetées à Pierre Bergé, ont été placées dans une salle du musée dont le thème est « la restauration de la grandeur de la Chine ». De ces douze têtes symboliques, la Chine a réussi à en récupérer huit. Elle continue de rechercher les autres.

Les autorités chinoises se plaisent aussi à rebaptiser des villes de noms plus évocateurs pour attirer les touristes. J'avais été intriguée en retournant au Yunnan quelque trente ans après mon premier séjour de découvrir l'existence de la ville de Pu'er, du nom de ce thé des montagnes déjà réputé au XIXe siècle quand il était vendu à Paris dans les rayons du Bon Marché. Oublié pendant un temps, il a été redécouvert en Occident pour ses vertus diététiques. En Chine, certains ont fait fortune en spéculant sur ce thé compressé sous forme de galettes rondes qui, comme le vin, se bonifie en vieillissant. Des bourses et des ventes aux enchères ont été organisées. La dégustation se fait dans les règles de l'art dans d'élégantes échoppes. J'ai fini par découvrir qu'il s'agissait de la capitale de la région autonome du Xishuangbanna, la partie chinoise du triangle ou plus exactement du quadrilatère d'or dont les frontières jouxtent la Birmanie, le Laos et le Vietnam, où j'avais séjourné au début des années 1980 et qui portait alors le simple nom de Simao.

De la même manière, toujours dans le Yunnan, à 3 000 mètres d'altitude, à la frontière avec le Tibet, la petite localité isolée de Zhongdian, coiffant au poteau ses rivales potentielles, en Inde ou au Népal, s'est autoproclamée en 2001 Shangri-La, du nom du lieu mythique et imaginaire situé dans les contreforts du Tibet où se déroule l'histoire d'une communauté paradisiaque – et angoissante – dans laquelle tous vivent dans l'harmonie et nul ne vieillit, racontée par l'auteur britannique James Hilton dans le roman *Les Horizons perdus*[1], best-seller des années 1930 et 1940. Ce livre, que l'on trouve dans son édition anglaise à l'aéroport – construit pour attirer des touristes dont plusieurs millions sont venus – et dans tous les centres touristiques et les librairies de la région, avait inspiré le film de Frank Capra *Lost Horizons*, qui a inspiré à son tour, dans un esprit de marketing, le nom d'un célèbre restaurant de cuisine yunnanaise à Pékin et à Shanghai, *Lost Heaven*. On entend très souvent *Shangrila*, une chanson d'amour shanghaienne des années 1930 longtemps proscrite qui a été rééditée. De la terrasse du petit Potala, où circulent de nouveaux moines et moinillons en robe safran, l'on vous désigne une montagne couverte de neige, supposée être le lieu de la chute de l'avion qui a retenu le héros dans ce paradis, monde utopique où le mal n'existe pas.

Les Shanghaiens évoquent aujourd'hui avec fierté le prestige de l'ancienne concession française comme un des principaux atouts de la ville, alors que le terme même de « concession » qui symbolisait la dépossession de la Chine a été longtemps proscrit. Ils cultivent

---

1. James Hilton, *Les Horizons perdus*, trad. Hélène Godard, 10-18, 1998.

aussi la nostalgie du « Lao Shanghai » 老上海, le vieux Shanghai des années 1930, en rééditant des recueils de chansons langoureuses et en ranimant l'orchestre de jazz de l'emblématique hôtel de la Paix, qui a retrouvé sa splendeur Art déco du temps où y séjournaient Charlie Chaplin et Noël Coward à l'invitation de son fondateur Victor Sassoon. Il y a bien sûr une raison touristique et pragmatique à ces choix, mais pas seulement. Le souci est de recréer un monde culturel et même imaginaire dans un pays qui a souffert de la prétention de créer un homme nouveau en éradiquant jusqu'à sa mémoire. Le fait d'assumer et même de cultiver la mémoire des années 1930 à Shanghai est aussi le signe d'une réussite et d'une assurance plus grande de la Chine, qui ne ressent pas la nécessité, comme de nombreux pays restés à l'écart de la modernisation, de faire porter la charge des échecs passés sur un ancien colonisateur ou occupant. Elle peut ainsi se réapproprier cette histoire.

Les villes, qui se ressemblent toutes aujourd'hui, cherchent à recréer leur identité. Cela a été un véritable choc pour moi de ne pas retrouver lors de mes voyages la forme et l'esprit des villes que j'avais connues trente ans auparavant. La plupart du temps, seul un minuscule quartier avait été préservé ou recréé au milieu des tours. La ville de Datong, ancienne capitale impériale du temps des Wei du Nord, de la fin du IVe à la fin du Ve siècle, est un cas d'école car elle a reconstruit intégralement en 2008 la muraille d'enceinte et les tours de guet, et recréé l'organisation de la ville Ming en damier

selon les points cardinaux. La décision du maire de
l'époque, Geng Yanbao, n'a pas manqué d'être criti-
quée et de susciter des polémiques en raison de l'expropriation de nombreux habitants. L'ensemble, même
inachevé, est aujourd'hui grandiose et, malgré les
critiques des puristes, on peut faire confiance au vent
et à la poussière de charbon pour patiner le tout, confé-
rant aux lieux une certaine authenticité. Cette notion
n'est d'ailleurs pas la même qu'en Occident ; les matériaux utilisés y compris pour la construction des plus
beaux bâtiments étant généralement fragiles, ces bâtiments, dont la Cité interdite, ont dû être reconstruits à
plusieurs reprises – sachant que la copie est en Chine la
reproduction de la perfection et, par conséquent, tout
à fait acceptée. L'histoire de ce maire, telle que me l'a
racontée à Datong l'une de ses jeunes sympathisantes à
l'été 2014, est particulièrement intéressante. Cet édile
volontariste et bâtisseur était proche de ses administrés. Très différent des cadres locaux en costume bien
coupé, dissimulés dans des voitures aux vitres fumées,
il était vêtu simplement et pouvait être croisé dans la
rue et sur les chantiers. Il était devenu très populaire.
Voyant ses tenues usées, la population s'était cotisée
pour lui offrir une paire de chaussures neuves. Geste
que les habitants de Datong ont regretté quelque temps
plus tard car leur maire a été muté en 2013 dans la capitale de la province, Taiyuan, sous couvert de promotion
et, fidèles aux superstitions, ils se sont alors souvenus
que les chaussures symbolisaient un départ. Fait sans
précédent, alors que les dirigeants locaux sont souvent
haïs en raison de leur comportement hautain et de

leur corruption, des milliers d'habitants, parfois en larmes, ont manifesté, sans succès, pendant le Nouvel An chinois dans le froid et le vent en déployant des bannières pour demander le maintien de leur maire, qu'ils jugeaient honnête, soucieux du bien-être de ses administrés et désireux de restituer le passé glorieux de sa ville en favorisant également le tourisme.

Les autres villes essaient avec une ambition plus mesurée de rénover les quartiers historiques. Cela a été le cas de Shanghai, de Tianjin et de Wuhan, qui restaurent les quartiers des concessions étrangères ; et en réalité toutes les villes, après avoir irrémédiablement détruit en laissant faire les promoteurs, reconstruisent. Le quartier des bouquinistes et des antiquaires de Liulichang à Pékin, mon lieu de prédilection lorsque j'étais étudiante, a été mis à bas avant d'être reconstruit dans les années 1980. La petite rue sous la voûte des arbres a retrouvé tout son charme et les échoppes, leur bric-à-brac. On y trouve toujours les estampes, les sceaux et les quatre trésors (papier, encre, pierre à encre et pinceaux) du cabinet du calligraphe. Un nouveau quartier à l'ouest de la Cité interdite, près du canal, est en cours de rénovation. Les maisons à cours carrées reconstruites ont été modernisées, certaines étant destinées à accueillir des galeries d'art. D'autres chantiers aux environs de la tour du Tambour sont encore hérissés de grues. Cette évolution récente est significative. Les Chinois qui s'étaient enrichis avaient d'abord fait le choix d'acquérir des maisons occidentales toutes identiques dans des lotissements de résidences à l'américaine éloignées du centre, gardées par des vigiles privés, en tenue de camouflage. Désormais, ils sont de plus en plus nombreux à vouloir renouer avec leur culture en rénovant ou en se faisant construire des maisons à cours carrées aux dimensions plus larges, qu'ils meublent de bois précieux venus du Yunnan ou de Birmanie. J'ai été souvent invitée par des amis fiers de leurs nouvelles résidences « à la chinoise ». Un couple d'amis, chez qui j'étais souvent allée déjeuner ou dîner dans une première maison de style américain, a finalement emménagé dans une maison traditionnelle restaurée avec goût dans le quartier de la Cité interdite. La femme a même écrit un article dans la presse sur son « rêve de *siheyuan* ». C'était, m'a-t-elle dit, juste en face de la maison de son adolescence, où elle a aussi des souvenirs d'événements douloureux de la Révolution culturelle à une époque où l'arrestation de son père interprète de russe de Mao et de sa mère interprète d'italien l'avait livrée à elle-même. Les soirs de printemps et d'automne, les amis nombreux se réunissent dans la cour, art de la convivialité et sens profond de l'amitié et de la générosité des Chinois. J'ai été touchée qu'elle ait fait venir à l'occasion de mon départ une jeune joueuse de pipa, une sorte de luth à quatre cordes qui a plus de deux mille ans d'âge, pour interpréter dans la cour des mélodies douces et apaisantes.

Un autre ami, homme d'affaires, a lui fait construire une maison à cour carrée sur le modèle traditionnel. Il a planté des jujubiers et des lotus dans la cour, où j'ai été invitée à déguster avant le dîner les jujubes cueillis sur l'arbre et à découvrir les différents crus de thé, dont les amis présents ont comparé les mérites pendant des heures. La connaissance des thés est inhérente à la culture chinoise. Il n'est pas de littérature qui n'évoque le moment du thé. Sont ainsi réapparues dans les villes les maisons de thé, victimes d'interdit encore au début des années 1980, sauf curieusement à Chengdu au Sichuan où l'on savourait son thé dans des lieux magiques qui sentaient bon la Chine traditionnelle, sur des chaises en bambou au milieu du pépiement des oiseaux dans les cages suspendues par leurs propriétaires, qui les avaient emmenés en promenade.

Si les Chinois se sont entichés de l'audacieuse Zaha Hadid, qui a construit des Opéras ou des centres commerciaux dans plusieurs villes de Chine, le premier architecte chinois (si l'on considère Pei comme un Américain) à avoir obtenu le prix Pritzker, Wang Shu, combine harmonieusement les formes modernes et l'esprit de tradition. Il a en particulier recréé un habitat s'inspirant de la maison à cour carrée mais en ouvrant un des côtés, bordé de bambous.

Ce retour à la tradition est certes l'apanage d'une classe aisée mais beaucoup ont la nostalgie de la convivialité d'antan. D'autant que les grandes avenues tracées en préparation des jeux Olympiques ont rétréci la vie du petit peuple de Pékin, appelé les *lao baixing* 老百姓, les « cent noms » (appellation liée aux noms de famille limités en nombre car ils font référence au clan ou au lignage), évoqués dans les romans de Lao She, qui évoluaient dans la rue au milieu de leurs voisins. Ce mode de vie demeure dans toutes les *hutong* où, vêtus d'un maillot de corps blanc roulé sous les aisselles pour lutter contre la chaleur étouffante des soirs d'été, les vieux Pékinois jouent aux échecs chinois ou aux cartes. Cette habitude, comme celle de cracher par terre, prohibée ou instamment découragée pendant les jeux Olympiques « pour ne pas donner honte devant les étrangers », a cependant la vie dure. Les vieux promeneurs d'oiseaux que l'on rencontrait souvent dans les rues de Pékin avec les cages en bambou qu'ils accrochaient aux arbres se raréfient et se concentrent désormais dans les parcs.

La vie traditionnelle qui réapparaît est non pas celle de la période antérieure à la Révolution culturelle, mais celle d'avant 1949. Ce sont tous les débuts de la période communiste que l'on veut gommer. L'évolution des tenues vestimentaires en est une illustration. Les bleus de chauffe informes et asexués qui ont caractérisé l'époque maoïste ont fait place pour les femmes à des tenues très libres comme les shorts ultracourts en été, mais aussi lors des réceptions aux *qipao*, ces magnifiques robes traditionnelles, comme celles dont se pare Maggie Cheung dans le film du cinéaste hongkongais Wong Kar-wai, *In the Mood for Love*. Les hôtesses de conférences sont souvent vêtues de robes en soie rouge brillante fendues jusqu'en haut des cuisses et qui épousent au plus près les formes du corps. J'ai vu pour la première fois ces nouvelles tenues avec effarement lorsque j'ai été invitée il y a une quinzaine d'années à un déjeuner de travail dans les locaux du nouveau ministère des Affaires étrangères. J'avais encore en mémoire le modeste bâtiment de style khrouchtchevien qui abritait l'ancien ministère, où évoluaient des diplomates et des fonctionnaires habillés de costumes ternes. Les hauts cadres, abandonnant à la faveur de la politique d'ouverture leurs vestes dites Mao de bonne coupe, ont commencé par s'habiller de complets-vestons à l'occidentale dans des tissus synthétiques informes avant de revêtir des costumes sobres et remarquablement bien coupés dans des tissus de qualité, assortis de cravates Hermès. Mais les plus élégants arborent désormais dans certaines circonstances la très seyante veste Sun Yat-sen, comme celle que le président Xi a invité ses hôtes étrangers à revêtir le dernier jour du sommet de l'ASEM en novembre 2014 et qu'il a lui-même portée, avec pochette brodée, lors du banquet à Buckingham Palace en octobre 2015. Cela ne déparait en rien au regard des habits en queue-de-pie des invités britanniques. Le directeur du Musée national comme le calligraphe traditionnel très coté Fan Zeng arborent en toute occasion cette tenue distinguée et emblématique de la culture chinoise. Shanghai Tang, Blanc de Chine ou Shangxia (en partenariat avec Hermès) cultivent cette image de marque en la modernisant. Il est probable que d'autres produits de mode apparaîtront sur le même créneau, traduisant la fierté de cette culture retrouvée alors qu'au Baihuodalou, le grand magasin devenu chic de Wangfujing, nombre de marques aux consonances occidentales sont encore purement et simplement inventées car jugées plus attrayantes pour l'acheteur. De jeunes créateurs chinois se sont mis à l'ouvrage.

Dans la vie quotidienne, les salons de massage, traduction chinoise du « *mens sana in corpore sano* » consubstantiel à la culture chinoise, qui avaient été frappés d'interdit en tant que symboles de vie bourgeoise et hédoniste, ont rouvert. Le « *tuina* » 推拿 et la réflexologie plantaire ont retrouvé droit de cité. La médecine traditionnelle, fondée sur la circulation des énergies, au demeurant jamais totalement abandonnée en raison de la pénurie de médecins et de médicaments pendant la Révolution culturelle, connaît un véritable retour en grâce auprès de citadins inquiets de la dégradation de leurs conditions de vie due à la pollution. Le cursus des études de médecine prévoit l'apprentissage de la médecine traditionnelle aux côtés de la médecine occidentale. Les acupuncteurs sont très demandés. Le tai ji quan, art martial devenu gymnastique généralement lente et apaisante, continue d'être pratiqué, souvent par des personnes âgées aux aurores dans les parcs et sur les places alors que le qi gong 气功, la maîtrise de l'énergie vitale, le qi ou « souffle », issu du taoïsme, qui se traduit en postures inspirées du comportement des animaux, fait de nouveau fureur après avoir été proscrit pendant la Révolution culturelle. Beaucoup font venir leurs charismatiques maîtres de qi gong à domicile. Le falun gong est en revanche interdit depuis 2000 en raison de son assimilation à une secte et à une organisation dont les buts sont également politiques.

Feng shui, astrologie, médecine traditionnelle, acupuncture, thés, pharmacopée, massages, tai ji quan, qi gong, liés à une philosophie où corps et esprit fonctionnent en harmonie, sont les meilleurs avocats de la culture chinoise dans le monde. Ils se sont imposés en douceur en raison de la recherche d'une qualité de vie différente à l'aide d'une approche holistique. Ils

représentent une partie du *soft power* recherché avide-
ment par la Chine, généralement de façon erronée à
l'aide d'une stratégie gouvernementale et de financements massifs dans une approche conçue pour le *hard
power*. L'intérêt pour la langue chinoise, enseignée dans
le monde entier dans le secondaire quand ce n'est pas
dès le primaire jusque dans des bourgs reculés alors que
dans ma jeunesse seuls quatre établissements supérieurs
et deux lycées dans toute la France proposaient cet enseignement, découle tout naturellement de l'émergence
de la Chine comme puissance économique majeure.
Les écoles de commerce du monde entier et les grandes
écoles occidentales envoient leurs étudiants pendant
un semestre dans une université chinoise. C'est un
immense succès. La multiplication en quelques années
des instituts Confucius dans le monde, plus de 400 à
ce jour, a répondu à une demande plus qu'elle ne la
créait. Enfin, la stratégie exposée dans *L'Art de la guerre*
de Sun Tzu, étudié dans les académies militaires et par
les généraux du monde entier, sert également de guide
aux grandes entreprises.

La modernité et l'histoire : c'était précisément le
message délivré avec fierté et patriotisme à travers l'organisation grandiose des jeux Olympiques de Pékin,
ample fresque historique et grand bond dans un
avenir radieux. C'est aussi le message du film triomphant relatant en raccourci l'épopée chinoise lors de
l'Exposition universelle de Shanghai en 2010, qui est
toujours présenté en introduction dans le pavillon
chinois devenu musée des Arts, structure très contemporaine peinte en plusieurs nuances de rouge mais

inspirée de l'architecture dougong qui remonte à la période des Printemps et des Automnes, l'époque de Confucius.

Red amnesia

La Chine de toujours reste donc présente dans les esprits. Elle est objet de fierté. Mais quid de l'histoire des dernières décennies depuis la fondation de la République populaire de Chine ? La mémoire récente a été effacée. Il y a une forme d'amnésie collective organisée. *Red Amnesia* comme le titre – en traduction – du très troublant film de Wang Xiaoshuai, cinéaste talentueux de la sixième génération, qui s'attache dans toute son œuvre à retrouver la mémoire refoulée et les fantômes de la Révolution culturelle. L'évocation de ces thèmes n'est néanmoins pas encouragée. Une femme écrivain échaudée par la censure me disait qu'elle ne pouvait quand même pas faire mourir tous ses héros en 1949 ! S'ils avaient vécu jusqu'à nos jours, ils avaient nécessairement connu toutes les vicissitudes des campagnes de répression politique, et les écrivains ne pouvaient faire l'impasse dessus. Cette histoire est le lot commun de tous les Chinois.

Le premier tabou concerne Mao. La difficulté vient du fait qu'il est à la fois Lénine et Staline, l'unificateur du pays, le fondateur de la Chine moderne, en même temps que le dictateur criminel responsable des millions de morts du Grand Bond en avant, de la grande famine et de la Révolution culturelle. Il ne peut donc y avoir de démaoïsation comme il y a eu déstalinisation en préservant la fiction d'un Lénine idéalisé. Lui-même et sa famille ayant été victimes – son fils aîné, Deng Pufang, a été défenestré et est resté paraplégique – des crimes commis par le Grand Timonier, Deng Xiaoping a porté le jugement, jamais débattu ou réévalué depuis, que Mao avait eu raison à 70 % et tort à 30 %. Cela était d'ailleurs inspiré par le jugement porté par Mao sur Staline. L'idée était de circonscrire la condamnation de sa politique à la Révolution culturelle, en faisant l'impasse sur la politique menée depuis les débuts, pour ne pas frapper le régime communiste d'illégitimité. Ainsi, le portrait de Mao, du haut de la porte de la Paix céleste d'où il a proclamé la République populaire le 1er octobre 1949, peut toujours dominer la place Tiananmen et rester l'emblème tutélaire de la Chine. Il figure toujours en majesté sur les billets de banque. Xi Jinping, soucieux d'un juste milieu, affirme aujourd'hui que l'on ne peut renier ni la politique de réformes ni celle qui l'a précédée. Des méthodes maoïstes que l'on croyait révolues, telles la critique et l'autocritique imposées, font un étrange et inquiétant retour. Des restaurants ou « cantines rouges » existent aujourd'hui – premier ou second degré ? Phénomène de mode ou nostalgie ? Dans un décor des années 1970, servis par des employés en tenue de garde rouge, les gens retrouvent la nourriture et l'atmosphère de l'époque en admirant des pas de danses révolutionnaires, et en écoutant des chants « rouges ». Certains sexagénaires ou au-delà venus visiblement de la banlieue ou de la province dansent et reprennent avec entrain les airs de leur jeunesse.

Une précision toutefois. Si certains, parmi les plus défavorisés, peuvent cultiver la nostalgie de la période maoïste, la grande majorité en a souffert dans sa chair et dans son cœur. La réaction enthousiaste du public, que j'ai partagée lors d'une représentation annuelle du ballet *Le Détachement féminin rouge,* un des huit opéras révolutionnaires imposés par la femme de Mao, s'analyse plus, en dehors de la qualité musicale de l'œuvre, par la nostalgie que chacun peut éprouver des sons, des couleurs et des odeurs de sa jeunesse. C'est ce que j'avais expliqué au conseiller culturel qui m'accompagnait et s'en étonnait. Il en est de même pour l'iconographie maoïste et en particulier les affiches de propagande et des grandes campagnes politiques. Le propriétaire d'un musée privé de Shanghai, collectionneur d'affiches qui traduisent l'intéressante évolution de la propagande depuis les années 1950, m'a dit que cette terrible révolution avait néanmoins laissé en héritage des œuvres populaires de qualité.

Des artistes ont cependant conquis peu à peu des espaces de liberté en détournant les bustes, les portraits et les citations du président Mao, toujours omniprésent dans l'art. Les écrivains et les cinéastes laissent filtrer ces questions dans leur œuvre. La « littérature des cicatrices » (laissées par la Révolution culturelle) a dominé les années 1980, avec des témoignages personnels touchants, sans produire de chefs-d'œuvre. Les traumatismes de la Révolution culturelle, sans être nécessairement au cœur de l'histoire, transparaissent dans les œuvres des grands écrivains de la génération suivante, qui appartiennent tous à l'école réaliste influencée par les romanciers français du XIXᵉ : Yu Hua, Yan Lianke, Jia Pingwa, Mo Yan, Fang Fang, Chi Li, Bi Feiyu, Wang Anyi. Je les ai tous rencontrés, et ai établi des liens d'amitié avec quelques-uns, car ils portent un regard acéré et non dépourvu d'humour sur les évolutions de la société chinoise. J'ai eu le plaisir de remettre à certains d'entre eux la médaille des Arts et Lettres, – à Wang Anyi notamment pour son admirable roman *Le Chant des regrets éternels*[1], histoire poétique et inspirée de sa ville à travers les épisodes de la vie d'une jeune Shanghaienne typique avant 1949 et jusqu'aux lendemains de la Révolution culturelle. Incidemment, j'ai eu aussi une certaine fierté à remettre une décoration à une chorégraphe et danseuse étoile talentueuse et à la personnalité très affirmée des ballets de Shanghai, Jin Xing, ancien colonel de l'Armée populaire de libération qui a eu le courage de se faire opérer dans un pays qui ne sait pas trop quoi penser ou comment se comporter avec les homosexuels ou les transsexuels. C'est d'ailleurs la raison pour laquelle les autorités étaient jusque-là relativement bienveillantes avec les ONG s'occupant des LGBT.

Le magnifique et poignant témoignage *Stèles*[2] constitue un mémorial des morts de la grande famine et du Grand Bond en avant rigoureusement documenté

---

1. Wang Anyi, *Le Chant des regrets éternels*, trad. Yvonne André et Stéphane Lévêque, Éditions Philippe Picquier, 2006.
2. Yang Jisheng, *Stèles*, trad. Louis Vincenolles et Sylvie Gentil, Seuil, 2012. Paru à Hong Kong en 2008 dans une version de 1200 pages.

par dix ans d'enquêtes sur le terrain par le journaliste Yang Jisheng, dont le père est lui-même mort de faim et d'épuisement. Ce récit effroyable, décrivant des cas de cannibalisme, et démontant le système, a été publié à Hong Kong. Il n'est certes pas autorisé à la vente en Chine mais son existence est connue et il a été téléchargé plus de cent mille fois. Son auteur a exprimé la certitude que dans moins d'une génération, quand tous les protagonistes auront disparu, il pourra paraître.

Sur le même thème, un livre de fiction paru aussi à Hong Kong, *Les Quatre Livres*, d'un des meilleurs écrivains contemporains, un homme malicieux et généreux, Yan Lianke[1], décrit avec une poésie décalée et un humour noir, la folie des responsables des surenchères irréalistes de production agricole et industrielle visant à prendre un raccourci vers le communisme. Cela a été clairement perçu dans les débats des internautes comme une critique du système lui-même. La restitution de cet univers ubuesque impitoyable, dans ce livre comme dans la pochade *Servir le peuple*, où il détourne avec un humour ravageur ce slogan maoïste, ou encore *Le Rêve du village des Ding* qui dénonce les trafics de sang contaminé dans le Henan, lui ont valu l'attribution du prix Kafka en 2014 à Prague. Yan Lianke avait obtenu que le produit de la vente de son livre soit reversé aux villageois du Henan. Certains de ses ouvrages sont interdits de publication sur le continent, mais ils sont de toute façon tous

---

1. Yan Lianke aux éditions Picquier : *Le Rêve du village des Ding* (2006), *Servir le peuple* (2006), *Les Quatre Livres* (2012), mais aussi *Bons baisers de Lénine* (2004), *La Fuite du temps* (2014) et *Les Chroniques de Zhalie* (2015).

téléchargés. Mystère de la censure : un film inspiré de ce dernier livre, dont la réimpression n'avait pas été autorisée en raison de l'émotion qu'il avait soulevée au moment de sa parution, a été tourné tout à fait officiellement et a même rencontré un certain succès. Au générique, l'idée du scénario a toutefois été attribuée à un certain «professeur Yan», dont le caractère du nom avait été délibérément modifié...

Le Totem du loup[1] de Jiang Rong, en 2003, diffusé à plus de 20 millions d'exemplaires, magnifiquement adapté au cinéma par Jean-Jacques Annaud, qui décrit la vie des jeunes instruits en Mongolie-Intérieure pendant la Révolution culturelle et comporte une dimension critique de la destruction de la steppe par les Han, a passé la censure mais l'auteur n'est pas censé révéler son véritable nom. J'ai discuté avec cet homme d'un seul livre, qui avait souhaité témoigner de sa vie de jeune instruit. Il était très attaché au respect des détails par le cinéaste. Une phrase de son livre est restée «culte», la question de savoir, en jouant sur une quasi-homophonie, si les Chinois voulaient être des loups *lang* 狼 ou bien des moutons *yang* 羊, le loup étant à la fois l'ennemi et l'animal totémique respecté. J'ai eu la chance d'assister à plusieurs scènes du tournage dans les tempêtes de neige en hiver et dans la steppe herbeuse au printemps juste après la naissance des petits loups. La reconstitution était tellement réaliste que, lorsque Jean-Jacques Annaud m'a présenté l'acteur qui jouait le rôle du cadre

1. Jiang Rong, *Le Totem du loup*, trad. Yan Hansheng et Lisa Carducci, Bourin éditeur, 2007.

communiste, le *ganbu* 干部, figure bien identifiée de l'époque, j'ai eu un flash-back tant il ressemblait à tous les cadres que j'avais rencontrés dans les années 1970 et je me suis demandé sur le moment pourquoi il avait jugé utile de me préciser une chose aussi évidente. Le tournage du film a été joyeux et convivial, égrené de fêtes et de traditionnels « chants longs » mongols sous la yourte. Jean-Jacques Annaud m'a raconté que même les loups, maintenant immigrés au Canada sous la protection de leur dresseur, avaient la nostalgie de leur vie d'acteurs car ils se précipitaient lorsqu'ils entendaient des camions, espérant que c'étaient ceux des studios de Pékin.

La Révolution culturelle est inscrite à jamais dans la mémoire des gens. Tous l'ont vécue soit directement soit à travers les souffrances et humiliations de leurs parents. Elle a ruiné leur vie mais ils en ont souvent fait une force pour se reconstruire. Elle a commencé à émerger dans les romans et dans les films. Tous ont été marqués à cet égard par le très beau film de Chen Kaige *Adieu ma concubine* qui, partant de la renaissance de l'Opéra de Pékin au lendemain de la chute de la Bande des Quatre, témoigne des lâchetés et trahisons dans le climat de terreur de la Révolution culturelle. Vingt ans plus tard, tous ont versé des larmes en regardant le dernier film de Zhang Yimou, *Coming Home*, tous sauf les jeunes pour qui cela n'évoquait rien. J'ai assisté à une projection aux côtés du cinéaste et de sa magnifique et bouleversante interprète Gong Li. Je l'ai entendue pleurer comme moi pendant tout le film. Nous sommes toutes les deux sorties avec des yeux rougis.

En revanche, une de mes amies qui sortait elle aussi d'une séance en larmes a entendu des jeunes s'étonner de voir des gens pleurer devant ce film qu'ils n'avaient manifestement pas compris. Il est probable que cette décennie folle et douloureuse restera un des thèmes majeurs de la littérature et du cinéma même si, étrangement, les auteurs sont de nouveau invités à s'inspirer des « Causeries sur la littérature et l'art à Yan'an » de Mao en 1942, pour qui l'art constituait essentiellement un instrument politique et devait être mis au service des masses populaires, par opposition à la bourgeoisie, ce qui objectivement n'a plus beaucoup de sens aujourd'hui, sauf si l'on en retient essentiellement le premier point : un outil au service de la ligne du Parti. Et donc un resserrement du contrôle sur les activités créatrices jugées subversives. J'ai eu l'occasion de voir réapparaître des banderoles rouges portant ces mots d'ordre lors de séminaires sur la littérature mais jamais je n'ai lu de textes d'écrivains s'inspirant de ces consignes d'un autre temps.

Va pour l'évocation de la Révolution culturelle néanmoins, mais plus on se rapproche de la période actuelle qui implique des personnalités encore au pouvoir et plus les risques politiques d'aborder ces sujets sont grands. Ainsi, la répression des mouvements étudiants du 4 juin est passée sous silence du fait de la responsabilité de Deng Xiaoping, héros positif de la politique de réformes et d'ouverture, fondateur de la Chine contemporaine, dont Xi Jinping est l'héritier et le continuateur. Une fable politique orwellienne de Chan Koonchung, écrivain hongkongais installé depuis plus de dix ans en Chine, *Les Années fastes*[1], publiée en 2010, est la meilleure description de ce phénomène d'amnésie organisée : un mois entier – celui qui a précédé l'avènement de la Chine comme première puissance mondiale heureuse à la suite de la faillite économique des États-Unis – a été mystérieusement effacé des mémoires de tout un peuple. Allusion transparente aux événements du mois de juin 1989. Je laisse au lecteur de cette fable découvrir la raison de cette perte de mémoire collective.

La Chine devra inévitablement un jour faire la lumière, reconnaître les victimes, et identifier les responsabilités à propos de ces événements. À quand les prochaines *stèles* ?

---

1. Chan Koonchung, *Les Années fastes*, trad. Denis Bénéjam, Grasset, 2013.

6

La moitié du ciel

À regarder d'en haut à droite, dans les tribunes de la grande salle du Palais du peuple, là où sont généralement placés les ambassadeurs lors des sessions d'ouverture ou de clôture des congrès du Parti et de l'Assemblée nationale populaire, les cheveux sont courts et noir de jais, teints. Un impératif absolu pour les hommes exerçant des responsabilités en Chine. Très peu de femmes se distinguent, dont la présidente de la commission des affaires étrangères et porte-parole de l'Assemblée, qui porte avec coquetterie et élégance ses cheveux gris au brushing impeccable. Fu Ying a été l'une des rares femmes ambassadrices, à Manille, Canberra puis à Londres, où son intelligence et son charme ont été appréciés en dépit d'une certaine intransigeance. Elle était vice-ministre des Affaires étrangères en charge de l'Europe occidentale lorsque j'ai pris mes fonctions à Pékin, et donc ma principale interlocutrice. Je l'avais connue il y a très longtemps, alors qu'elle était membre

215

de la délégation chinoise à la conférence de paix sur le Cambodge.

Parmi les femmes politiques, Liu Yandong, vice-Premier ministre et seule femme membre du Bureau politique du Parti, une princesse rouge, souriante, à la tenue toujours stricte, chargée en particulier des questions culturelles, est la personnalité féminine qui occupe les fonctions les plus élevées dans le système. Elle n'a cependant pas pu entrer au Comité permanent du Bureau politique, instance suprême du pouvoir, même si son nom avait été évoqué comme une possibilité à la veille du XVIIIe congrès du Parti, au cas où l'on aurait jugé opportun de nommer une femme. La réduction des membres de neuf à sept l'en a en tout cas empêché.

Au titre des exceptions, Song Qingling, en tant que veuve du fondateur de la République, Sun Yat-sen, bien que non affiliée au Parti a constamment été mise en avant dans des fonctions essentiellement honorifiques : elle a notamment été vice-présidente de la République populaire de Chine et présidente honoraire de l'Association des femmes. À l'exclusion de la période de la Révolution culturelle où Zhou Enlai a dû la protéger de la vindicte de Jiang Qing, la veuve de Mao, elle a toujours été présentée comme un soutien loyal du Parti (auquel elle a été inscrite d'office quelques jours avant sa mort en mai 1981) et est toujours une figure révérée dans l'iconographie du régime, qui a transformé en musées les maisons où elle a vécu.

En réalité, en Chine, les femmes en politique suscitent la méfiance. Dans la base révolutionnaire de Yan'an, connue en Occident grâce à l'ouvrage du journaliste américain Edgar Snow *Étoile rouge sur la Chine*[1], Mao n'avait obtenu du Parti l'autorisation d'épouser Jiang Qing qu'à la condition qu'elle se tienne à l'écart de la politique. Cette actrice de films de catégorie B à Shanghai a d'emblée été considérée comme une intrigante. Elle a respecté le pacte pendant plusieurs années mais la maladie du président Mao lui a fourni l'occasion de venir sur le devant de la scène en se disant mandatée par lui. Le comportement sociopathe et le rôle pervers de celle qui a été surnommée l'«impératrice rouge» – cruauté, violences, vengeances personnelles et anéantissement de la culture – ont apporté de l'eau au moulin de ceux qui entendent tenir les femmes à l'écart de la politique.

Avant cela, deux grandes impératrices, femmes d'autorité et d'État, ont marqué l'histoire de la Chine. L'impératrice Wu Zetian (623-705), de la dynastie des Tang, a en réalité été la seule impératrice en titre, même si elle a été considérée comme usurpatrice. Elle a introduit le bouddhisme et a été une excellente administratrice, veillant au recrutement des meilleurs fonctionnaires par concours. Son époque a correspondu à une phase de prospérité. La période des Tang est également estimée comme une des plus égalitaires entre les hommes et les femmes, qui jouissaient alors des mêmes droits. L'impératrice douairière Ci Xi (1835-1908) a régné pendant quarante-huit ans. Son rôle demeure ambigu. Son image est plutôt négative car son règne correspond

---

1. Edgar Snow, *Étoile rouge sur la Chine*, trad. Jacques Reclus, Stock, 1965.

à une période de déclin et d'humiliation, dont elle est généralement jugée responsable en dépit de tentatives récentes en vue de réviser ce jugement. Deux femmes puissantes et redoutables, telle est l'image qu'elles ont laissée dans l'histoire. De nombreux contes en Chine décrivent la femme comme dangereuse, capable de se transformer en renarde ou en serpent. C'est ainsi qu'a été caricaturée Jiang Qing, la veuve de Mao, sur les murs de la capitale après sa chute. Au titre des images positives, une déesse importée du bouddhisme indien mais féminisée dans sa version chinoise, Guan Yin, déesse de la miséricorde et de la fécondité, est une des divinités les plus populaires aujourd'hui. Les femmes lui demandent d'intercéder pour avoir des enfants, mâles de préférence. Autre divinité respectée, la déesse Nüwa, protectrice du monde qui, aux origines mythiques de la Chine, a créé les êtres humains et réparé avec de l'argile le trou du ciel. Tous les enfants connaissent enfin l'héroïne Mulan, popularisée par le dessin animé de Walt Disney, qui a pris la place de son père sur les champs de bataille contre l'invasion des barbares des steppes au VIe siècle.

L'épouse du président Xi Jinping, belle, intelligente et cultivée, a beaucoup de classe et de personnalité. Elle a renoncé à sa carrière de chanteuse dans l'armée, où elle avait remporté de grands succès, et était alors plus célèbre que son mari. Elle l'accompagne aujourd'hui, en première dame, sur le modèle de Michelle Obama, dans ses voyages, arborant des tenues élégantes de designers chinois, et contribue à la stratégie d'influence de la Chine. Elle a été nommée ambassadrice de bonne volonté de l'UNESCO pour le sida et la tuberculose. Elle tranche avec les épouses des précédents secrétaires généraux du Parti, qui depuis Jiang Qing sont toujours restées dans l'ombre.

Aujourd'hui, les femmes ne sont toujours que 20 % au sein du Parti communiste, et seulement deux femmes ont été gouverneurs de province depuis 1949.

Lorsque je suis arrivée en Chine, les articles de journaux me présentaient invariablement comme « la première femme ambassadeur de France en Chine depuis le XIXe siècle » (époque de la nomination d'un premier ambassadeur), ce que mes interlocuteurs ne manquaient pas de souligner lorsque je les rencontrais pour la première fois. Comme s'il y avait eu des femmes ambassadeurs de France ou d'ailleurs au XIXe siècle ! J'ai ouvert le compte Weibo de l'ambassade le lendemain de mon arrivée, qui coïncidait avec la célébration de la Journée internationale de la femme organisée comme chaque année au Palais du peuple. Cela n'a pas manqué de susciter une curiosité sympathique, en particulier de la part des jeunes femmes journalistes, qui sont nombreuses à être attirées par cette profession. Je note que, comme dans nos pays, elles sont souvent correspondantes de guerre. Je me souviens de la très jeune et frêle journaliste qui couvrait chaque soir pour le journal télévisé les drames de la guerre en Syrie. Je pense aussi à Hu Shuli, rédactrice en chef de la revue *Caixin*, une femme intrépide qui a décidé de quitter la revue financière *Caijing* pour créer un véritable journal d'investigation économique, avec lequel elle a notamment dénoncé la corruption et rencontré un grand succès, même si les temps sont plus durs aujourd'hui pour ce type de journalisme. Elle était une de nos interlocutrices régulières.

Avant Mao déjà, la révolution de 1911 qui a instauré la république s'était fixé pour but de libérer la femme du joug imposé par le confucianisme, en particulier la subordination aux hommes. Le Parti communiste a interdit les mariages arrangés et la pratique cruelle des pieds bandés – imposée aux Chinoises depuis le Xe siècle, mais non aux Mandchoues – au nom d'une certaine représentation de la beauté, de l'érotisme et de la séduction. Ces pieds minuscules et comprimés dont les os avaient été brisés pour les contenir dans des chaussons brodés miniatures, que l'on peut trouver aujourd'hui chez les brocanteurs, étaient appelés « fleurs de lotus ». Dans ma jeunesse, durant les années 1970 et 1980, il n'était pas rare de rencontrer des femmes âgées tanguant à pas menus dans les rues de Pékin. De Pearl Buck à Jung Chang, qui a écrit une belle fresque sur les femmes de sa famille traversant le XIXe et le XXe siècle dans *Les Cygnes sauvages*[1], ou plus récemment l'auteur de romans graphiques yunnanais Li Kunwu, les supplices endurés par les petites filles font l'objet de descriptions détaillées. Leurs souffrances s'aggravaient avec l'âge jusqu'à les rendre impotentes. Mao a proclamé l'émancipation des femmes et l'égalité absolue avec les hommes *nan nü dou yi yang* 男女都一样, et j'ai entendu des femmes déclarer qu'il aura au moins laissé cela en héritage.

---

1. Jung Chang, *Les Cygnes sauvages*, trad. Sabine Boulongne, Plon, 1998.

Reprenant un dicton chinois, Mao disait surtout que les femmes soutenaient la moitié du ciel 妇女能顶半本天. Jolie formule, on ne peut plus pertinente, et que je rappelle systématiquement lorsque je suis invitée à m'exprimer à l'occasion notamment de la Journée internationale de la femme le 8 mars et que j'entends parler, à Paris, à Londres ou à New York, de « la promotion des femmes et *autres minorités* ». Une aberration quand on sait qu'il y a dans le monde plus de femmes que d'hommes.

Pourtant, s'il est un pays où elles représentent un peu moins que la moitié du ciel, c'est précisément la Chine, où la proportion de naissances de garçons est plus grande : 117 garçons pour 100 filles (contre 105 garçons pour 100 filles dans le monde), ce qui représente 50 millions de plus d'hommes que de femmes, à la suite d'infanticides ou d'avortements pratiqués par les familles paysannes. Dès lors que la règle est qu'une fille quitte sa propre famille pour entrer dans celle de son mari, elle est considérée comme une bouche inutile, et seuls comptent dans les campagnes les enfants mâles. La politique de l'enfant unique a été source de grande souffrance pour les femmes, qui ont été forcées de se cacher pour donner naissance à un deuxième enfant et qui, lorsqu'elles étaient rattrapées, ont été contraintes d'avorter jusque dans les toutes dernières semaines de la grossesse. Le prix Nobel de littérature Mo Yan dans son roman *Grenouilles*[1] et bien d'autres auteurs se sont fait l'écho de

---

1. Mo Yan, *Grenouilles*, trad. Chantal Chen-Andro, Points, 2012. Voir aussi *Beaux seins belles fesses*, trad. Noël Dutrait, Seuil, 2005 ; publié en 1995 en Chine.

ces violences faites aux femmes. Dans les derniers temps de la politique de l'enfant unique, la publication de la photo d'une femme contrainte d'avorter à sept mois de grossesse avec son fœtus ensanglanté posé à ses côtés dans son lit d'hôpital, pour l'exemple, a suscité une très vive indignation des internautes. Cela a été le dernier épisode sanglant de cette politique, aujourd'hui abolie.

La préférence pour les garçons a par ailleurs tendance à s'atténuer avec le processus d'urbanisation et la mise en place d'un système de retraite qui ne fait plus peser le poids de six ascendants sur un seul enfant. Les femmes aujourd'hui ne souhaitent pas nécessairement avoir plus d'un enfant, certaines préfèrent se consacrer à leur carrière. Il en est même qui, rompant à la fois avec la tradition et la pression familiale, décident de ne pas en avoir. Sociologiquement, le manque de femmes pose un problème car plusieurs millions d'hommes ne trouveront pas d'épouse. Les jeunes femmes sont en outre de plus en plus matérialistes et exigent qu'un candidat au mariage dispose au moins d'un appartement et d'une voiture. Cette situation sans précédent se voit reflétée dans les émissions de téléréalité, où des mères viennent littéralement faire l'article de leurs fils. Le cas de la jeune participante qui avait déclaré préférer être malheureuse et pleurer dans une Mercedes qu'être heureuse et rire sur une bicyclette a illustré ce nouvel état d'esprit, tout en suscitant un vif débat indigné sur la perte des valeurs dans la Chine d'aujourd'hui.

C'est dans le monde des affaires que les femmes réussissent le mieux de nos jours. Par nécessité, car elles ne sont pas toujours les bienvenues dans le monde politique, et par choix, comme des amies me l'ont affirmé, car elles estiment disposer de plus de liberté dans le secteur privé. Plus de 20 % des entreprises d'État et 45 % des entreprises privées sont dirigées par des femmes. Les milliardaires femmes sont plus nombreuses que les hommes – ainsi Zhang Yin, fondatrice et propriétaire de l'entreprise de papeterie Nine Dragons Paper, qui est le premier producteur de papier et d'emballage de Chine. Elle a été classée en 2006 par le magazine *Hurun*, l'équivalent chinois de *Forbes* qui recense les milliardaires, comme la femme la plus riche de Chine. Des clubs de femmes d'affaires, auxquels j'ai été conviée en tant qu'ambassadeur femme, se sont constitués. De plus en plus de femmes choisissent également la profession d'avocat. Marquant un intérêt pour cette évolution, le Forum international des femmes de Deauville avait choisi de mettre la Chine à l'honneur en 2012. Comme c'était l'année de la tenue du XVIIIe congrès du Parti, dont la date était encore incertaine, plusieurs ont préféré décliner pour être présentes à Pékin pendant cette échéance fondamentale de la vie politique chinoise. Des femmes africaines et arabes ont donc été invitées. Une délégation de 25 femmes chinoises de professions variées est quand même venue. J'ai été frappée de constater que, lors des tables rondes, les Chinoises exprimaient les mêmes préoccupations que les femmes occidentales, à savoir la conciliation entre leur vie familiale et leur vie professionnelle. C'était loin des préoccupations poignantes exprimées par les Africaines et les Arabes, et également par Shirin Ebadi, prix Nobel de la paix iranienne, pour qui la situation des femmes était encore une question de vie ou de mort, d'oppression et de menaces à l'intégrité physique. Selon les rapports de l'ONU, les pays les plus performants sont ceux où les femmes ont un emploi et des relations égalitaires avec les hommes. Or, 70 % des femmes travaillent en Chine, ce qui représente un des taux de femmes actives le plus élevé au monde. La réussite des femmes chinoises couvre, à l'exception de la politique, des domaines variés – la taïkonaute Liu Yang a ainsi été célébrée comme une héroïne après un vol spatial en 2012.

J'avais organisé à l'occasion de la Journée internationale du 8 mars un dîner passionnant et émouvant de femmes autour d'Agnès Varda, venue présenter les photos de son voyage de quatre mois dans le pays en 1954, qui regroupait des personnalités à la fois modestes et rayonnantes, toutes des sommités dans leur métier. Les convives étaient touchantes car humbles et admiratives des talents et des carrières des autres femmes en Chine. L'émancipation des femmes, qui a constitué au siècle dernier une véritable révolution culturelle au sens premier du terme, puis leurs succès peuvent constituer un exemple pour les femmes moins favorisées d'autres continents. C'est un message qu'elles peuvent faire passer en tout cas plus facilement que des Occidentales. C'est une des raisons pour lesquelles la Chine a accueilli la Conférence mondiale de l'ONU sur les femmes à Pékin en septembre 1995, dont le programme d'action adopté à cette occasion fait l'objet d'examens périodiques, même si la situation des femmes est malheureusement plutôt en voie de régression sur d'autres continents.

Ces réussites spectaculaires et de manière générale l'évolution des esprits sont surtout le fait des classes privilégiées et éduquées. Il est intéressant de noter que ces femmes se réfèrent souvent à l'ouvrage culte de Simone de Beauvoir, *Le Deuxième Sexe*[1], qui a fait l'objet de plusieurs éditions en chinois et dont l'actualité a été confirmée par une nouvelle version qui a reçu le prix Fu Lei de la traduction en 2013. Cela ne doit pas dissimuler le fait que, pour certaines Chinoises, la vie reste plus dure que pour les hommes – ce qui est le cas notamment des ouvrières de Shenzhen ou des travailleuses migrantes, souvent victimes d'agressions et de viols. La prostitution qui avait été interdite revient en force. Des cadres et des responsables du Parti abusent également de leur pouvoir en entretenant une ou plusieurs « petites secrétaires », ou des « *er nai* » 二奶, deuxième paire de seins, ce qui signifie des maîtresses ou des concubines. Dans la campagne de lutte contre la corruption, l'accusation de « relations inappropriées avec des femmes » est courante. Comme je m'en étonnais auprès d'amies, elles m'ont dit que cela suscitait une grande colère dans la population. Malgré la gravité des autres chefs d'inculpation à l'encontre de Bo Xilai, ce point, sans plus de précision, avait aussi été retenu contre lui. Il reste donc du

---

1. Simone de Beauvoir, *Le Deuxième Sexe*, Gallimard, 1949.

chemin à faire pour les femmes les moins favorisées, en s'inspirant de la deuxième partie de la citation de Mao : « Les femmes peuvent porter la moitié du ciel, il leur reste à le conquérir. »

7

La cosmogonie chinoise

La Chine n'a établi de véritables relations diplomatiques qu'au milieu du XIXᵉ siècle, sous la contrainte.
Les accords imposés par les forces occidentales après la
guerre de l'opium en 1842 et le sac du palais d'Été en
1860, puis par le Japon en 1895, ont abouti au dépeçage
de la Chine. Ces traités qualifiés d'inégaux ont imposé,
outre l'ouverture des ports et des concessions territoriales, ce que les empereurs chinois avaient toujours
obstinément refusé : des échanges égalitaires entre puissances et l'ouverture d'ambassades accréditées auprès
de l'empereur. Jusqu'à cette date, la seule relation
concevable était celle de pays tributaires venus chercher
la protection du fils du Ciel en échange de ce tribut.
Le choc frontal et l'incompatibilité entre deux concep-
tions des relations internationales ont été décrits dans
le récit de la mission de l'envoyé du roi d'Angleterre
George III, lord Macartney, en 1793. Il n'y a pas eu
de ministère des Affaires étrangères avant 1912. Son

ancêtre était le ministère des Rites, qui avait été créé de façon temporaire pour traiter avec les « barbares ». C'est précisément en raison du non-respect des rites (refus de la prosternation traditionnelle, le *kowtow*) par l'envoyé britannique que la mission a échoué.

Malgré une forme de normalisation sur le modèle des États-nations, la Chine se conçoit toujours comme l'empire du Milieu, le « pays du Milieu » pour s'en tenir à la traduction littérale, *Zhongguo* 中国, sachant que le mot Chine est dérivé de la prononciation portugaise du nom du premier empereur unificateur de la Chine au IIIe siècle avant J.-C., Qin Shi Huangdi, auquel Mao aimait à se comparer. La cosmogonie ancienne d'une terre plate et carrée, éclairée par le soleil rond, et des quatre coins demeurant dans l'obscurité, les pays étrangers peuplés par des « barbares », inspire toujours un peu la vision chinoise de l'ordre du monde. Certains pays qui appartenaient à la sphère confucéenne, comme le Vietnam ou la Corée, se rapprochaient de la culture chinoise, donc de la lumière. C'étaient les vassaux. Les autres, très éloignés, comme les pays occidentaux, étaient voués à l'obscurité, les « barbares ». La lettre de réponse de l'empereur de Chine au roi d'Angleterre qui figure dans le rapport de l'ambassade de Macartney est révélatrice de cet état d'esprit : « L'Empire céleste possède toutes choses en abondance, et ne tient pas pour précieux les objets venus de loin, et toutes les choses curieuses et ingénieuses de ton royaume ne peuvent non plus être considérées comme ayant une rare valeur. » L'empereur terminait en disant à son correspondant que ce n'était pas la peine de dépêcher de nouvel envoyé. Les Anglais avaient en vain espéré intéresser la cour par les inventions technologiques de la révolution industrielle.

Si, confrontée à la puissance des armes à feu occidentales, la Chine a dû s'ouvrir et importer l'éducation et les concepts occidentaux, elle n'en garde pas moins cette vision de centralité, d'exceptionnalité et de supériorité d'un pays et d'une culture multimillénaires. Le sentiment d'humiliation de l'ancienne première puissance mondiale, proie des nouvelles grandes puissances, Russie comprise qui avait fondé le port de Vladivostok («le maître de l'Orient») dans la partie conquise de l'Extrême-Orient au XIXᵉ siècle, qualifié de «siècle de l'humiliation», a été renforcé par la trahison éprouvée lorsque le traité de Versailles mettant fin à la Première Guerre mondiale a donné au Japon les territoires qui avaient été occupés par l'Allemagne, jusqu'à provoquer la révolution chinoise du 4 mai 1919. L'humiliation et les dommages ont été d'autant plus fortement ressentis que la Chine s'est vu imposer le versement de lourdes indemnités de guerre pour dédommager les Occidentaux des frais occasionnés par leur invasion et occupation... Tout cela est inscrit aussi bien dans les livres d'histoire que dans l'inconscient collectif et nourrit le «rêve chinois» dont le président Xi Jinping s'est fait le héraut: celui de la restauration de la grandeur chinoise. Cet objectif d'être une puissance respectée est d'autant plus fort que la première relation diplomatique établie après la fondation de la République de Chine avec le grand frère soviétique a également été traumatisante.

Dans ce contexte, la réception grandiose au château de Versailles et la privatisation du grand théâtre pour un concert de musique franco-chinoise lors de la visite d'État du Président chinois en France en mars 2014, ainsi que la réception donnée par la reine d'Angleterre au palais de Buckingham avec service de Sèvres et vaisselle d'or, la traversée de Londres dans le carrosse royal aux côtés de la reine en novembre 2015, apparaissaient comme une belle revanche sur l'histoire.

La Chine n'a pas d'alliés et n'entend pas conclure d'alliances. C'est un pays unique, un monde en soi. Sa conception des relations internationales fondée sur les principes cardinaux de « coexistence pacifique entre États à régimes différents » et de « non-ingérence dans les affaires étrangères des autres pays » évolue peu mais Pékin s'efforce de constituer un maillage de relations bilatérales fortes et de groupements à géométrie variable dont elle est le centre, et de s'insérer davantage dans la gouvernance mondiale et le système multilatéral.

Le geste du général de Gaulle, qui a brisé en janvier 1964 l'isolement de la République populaire de Chine, a valu à la France un crédit jusqu'à nos jours, mais le début de la Révolution culturelle deux ans après a cassé alors la dynamique et, sans remettre totalement les compteurs à zéro, a laissé la place à un nouvel acteur très vite dominant : les États-Unis.

La Chinamérique

Alpha et oméga de la politique extérieure de la Chine et même de sa vision du monde, c'est bien la relation avec les États-Unis qui a été et demeure déterminante. Mao, qui avait décidé au moment de la fondation du régime que «la Chine penchait d'un seul côté, celui de l'URSS», a rapidement été échaudé par le mépris des dirigeants soviétiques et a cherché à établir des relations avec Washington pour constituer une alliance de revers. On dit d'ailleurs que les États-Unis avaient été exempts de l'image prédatrice attachée aux autres puissances du XIXe siècle. Dans son livre *On China*[1], Henry Kissinger raconte le fameux épisode des joueurs de ping-pong, qui a donné son nom à la diplomatie du même nom. Mao, voulant donner un signal discret de son souhait de renouer des relations, a invité en avril 1971 à Pékin, à la toute dernière minute, une délégation de joueurs de tennis de table américains qui venaient de remporter un tournoi au Japon. Kissinger raconte leur étonnement de se retrouver soudainement face à Mao dans le grand palais du peuple à la place de diplomates qui en auraient rêvé. La visite à Pékin du président Nixon en février 1972, qui a même donné lieu à un opéra, *Nixon in China* de John Adams, est vue comme une épopée et un tournant dans le processus d'insertion de la Chine dans les relations internationales. Dès cette visite et plus encore après l'établissement des relations diplomatiques en 1978, les Chinois ont basculé vers une sorte

---

1. Henry Kissinger, *Sur la Chine*, Fayard, 2012.

de fascination pour les États-Unis dans le cadre d'une relation d'« amour/haine ». Tout le monde se souvient du chapeau de cow-boy arboré par Deng Xiaoping au Texas lors de sa tournée aux États-Unis en 1979. Meiguo 美国, « le beau pays » en transcription chinoise, est l'aune unique à laquelle se mesure la Chine, qui a inventé en 2011 un concept qui lui est exclusivement dédié, celui de « relation d'un type nouveau entre puissances majeures ». De son côté, le président Obama avait déclaré que la relation sino-américaine façonnerait le XXIᵉ siècle. La déclaration commune sur les engagements des deux plus grandes puissances émettrices de gaz à effet de serre pour lutter contre le dérèglement climatique puis l'annonce quasi simultanée de la ratification de l'accord de Paris avant la réunion du G20 à Hangzhou en sont une illustration significative et bienvenue. La Chine, tout en s'en défendant, rêve d'une sorte de condominium, de « *Chinamerica* » ou de G2. C'est dans cet esprit que les médias chinois ont relevé avec fierté en 2012 la concomitance entre l'élection du Président américain en novembre et la tenue du XVIIIᵉ congrès qui a vu l'arrivée au pouvoir de Xi Jinping. La personnalité du Président américain a suscité un véritable engouement. Toutes les boutiques vendent encore des tee-shirts à l'effigie d'Obama portant la casquette verte des militaires frappée de l'étoile rouge. En juin 2013, au sommet informel de Sunnylands en Californie, les médias chinois se sont attachés à décrire une relation spéciale entre Barack Obama et Xi Jinping comme fondant une nouvelle ère, rémanence de la relation entre les superpuissances américaine et soviétique, mais plus amicale et coopérative que du temps de la guerre froide. Une relation de puissance et d'égalité. Certains ont voulu l'interpréter comme la naissance du G2. C'était la première fois depuis vingt ans qu'un dirigeant chinois se prêtait à un exercice informel avec son homologue américain.

Experte en crime et châtiment, la Chine a tendance à punir ceux qui portent atteinte à ce qu'elle définit comme ses intérêts vitaux, et en premier lieu le Tibet. Si le crime est identique, la punition, elle, varie. Les pays européens, Allemagne, France et Royaume-Uni, ont été tour à tour « punis » – par un gel des échanges politiques et une modulation des échanges économiques selon la gradation de la faute – pendant plus d'un an parce que leurs dirigeants avaient reçu le dalaï-lama. Quant à la Norvège – dont le seul crime est que sa capitale Oslo accueille le jury du prix Nobel de la paix, tout à fait indépendant du gouvernement, qui a attribué ce prix en 2010 à l'auteur de la Charte 08, Liu Xiaobo – elle a vu ses relations avec la Chine gelées pendant six ans et les importations de saumon interdites. Le président Obama a quant à lui été vertement critiqué pendant vingt-quatre heures après avoir reçu le dirigeant spirituel tibétain. Le lendemain, comme si de rien n'était, Michelle Obama venait en vacances en Chine avec ses deux filles, arpentant tout sourires la Grande Muraille, et rencontrait l'épouse du président Xi, Peng Liyuan. Les médias, journaux comme télévision, qui ont abondamment couvert la visite, se sont alors attachés à établir un parallèle entre les deux « premières dames », en mettant en valeur ce concept essentiellement américain.

Le respect inégalé de la puissance américaine a permis de gérer rapidement et efficacement en avril 2012 l'affaire Chen Guangcheng. Cet « avocat aux pieds nus » (autodidacte), aveugle, défenseur des droits civiques très populaire a réussi à s'enfuir mystérieusement du lieu où il était maintenu en résidence surveillée dans la province du Shandong. L'affaire ne sera peut-être jamais éclaircie mais certains pensent que des complicités locales ou à plus haut niveau ont permis cette fuite, qui mettait en difficulté le tsar de la sécurité Zhou Yongkang. Toujours est-il que, après une hallucinante course-poursuite en voiture dans les rues de Pékin entre des membres de l'ambassade des États-Unis et les services de sécurité chinois, il est parvenu à se réfugier à l'ambassade américaine, avant d'être autorisé à entreprendre des études aux États-Unis. Le résultat n'a d'ailleurs peut-être pas été négatif *in fine* pour la Chine car souvent la voix des dissidents qui ont quitté le pays s'affaiblit ou devient inaudible. L'avocat aveugle, dont la cause principale était la dénonciation de la politique de l'enfant unique et des avortements forcés, s'est en outre laissé piéger par le Tea Party en raison de son militantisme pro-life.

Signe des temps, la relation sino-américaine est nécessairement complexe. La Chine est devenue le principal banquier des États-Unis par l'acquisition de bons du Trésor. L'interdépendance économique est une donnée essentielle : on ne fait pas la guerre à son banquier. Les points de friction sont toutefois nombreux : concurrence économique, excédent commercial, accusations de manipulation du yuan, défiance stratégique, cybersécurité… À ce sujet, l'affaire Snowden révélant l'ampleur de l'espionnage américain dans le monde y compris en Chine a éclaté à Hong Kong en 2013, au moment opportun pour détourner les foudres de Washington alors que Pékin faisait l'objet d'une dénonciation virulente de la part du Pentagone. Le sujet reviendra sur la table.

En mer de Chine, Pékin entend désormais contrôler ses approches maritimes et ne plus se heurter systématiquement aux sous-marins américains dès qu'elle quitte ses côtes. Les Chinois se sont dotés d'un premier porte-avions, le *Liaoning*, lancé à grand bruit même si ce n'était à l'origine qu'une coque achetée à l'Ukraine. Ils en construisent actuellement un nouveau. Ils revendiquent aujourd'hui une sorte de doctrine Monroe de l'Asie, naturellement inacceptable pour le Pentagone, pour qui la somme des budgets militaires de tous les autres pays ne peut dépasser celui des États-Unis. Le Pentagone dénonce régulièrement la montée en puissance du budget militaire chinois, qui augmente d'environ 10 % par an, même si le budget militaire américain est encore neuf fois supérieur à celui de la Chine. Il n'empêche que la Chine devient de plus en plus assertive voire agressive en mer de Chine méridionale vis-à-vis des petits pays, Vietnam, Philippines et Malaisie en particulier, avec lesquels elle entretient des conflits territoriaux (îles Spratleys, Paracels, Pratas et Scarborough). Afin de consolider ses revendications territoriales et étendre sa souveraineté, elle n'hésite pas à mener des opérations de remblaiement pour construire des infrastructures et transformer des

récifs coralliens en ports. On peut se demander si le
« pivot » ou le rééquilibrage vers l'Asie décrété par
Barack Obama et censé apporter des réassurances à
ces pays n'a pas dans certains cas alimenté la tension,
suscitant la méfiance des Chinois et une fausse assurance de ces pays tentés de défier Pékin. Les responsables chinois, inversant la formule habituelle et se
départant du soutien de principe au faible, de rigueur
à l'époque maoïste, n'hésitent pas à dire que « les petits
pays n'ont pas à embêter les grands ». Ce dossier est
appelé à connaître de nombreux rebondissements au
cours des prochaines années, ce qui signifie la pour-
suite des tensions. Chacun devrait cependant éviter
d'aller jusqu'au conflit.

L'élection inattendue de Donald Trump et son côté
imprévisible ont toutefois pris de court les dirigeants
chinois même s'ils savent d'expérience que les périodes
de campagne électorale et les débuts de mandat sont
toujours un peu tendus avant une normalisation progressive. La réception par le Président élu du coup de fil de
félicitations de la présidente indépendantiste de Taïwan,
sans précédent depuis 1979, et les déclarations ou tweets
de Donald Trump avant de se raviser sur une possible non-
reconnaissance de la politique d'une seule Chine sont de
nature à les inquiéter. Ils se sont gardés dans un premier
temps de réagir sur un même ton vindicatif mais réaffir-
ment avec constance et fermeté leurs lignes rouges. Ils
jugeront certes aux actes mais les mots, symboliques, ont
aussi un poids. Ils estiment que les menaces proférées par
le nouveau Président américain de hausse considérable
des taxes sur les produits chinois ne devraient pas être

suivies d'effet car le consommateur américain en pâti-
rait et qu'ils peuvent adopter des mesures de rétorsion
dissuasives. D'autre part, si comme le souligne Fareed
Zacharia dans le *Washington Post* la Banque centrale n'in-
tervenait plus désormais pour la soutenir, la monnaie
chinoise baisserait fortement, ce qui favoriserait les exportations chinoises aux États-Unis. Ils pensent par ailleurs
que Donald Trump sera moins interventionniste que ne
l'aurait été Hillary Clinton sur les questions de droits de
l'homme ou de soutien aux alliés asiatiques traditionnels de l'Amérique. Les stratèges chinois analysent cette
situation de rupture à Washington comme une perte
d'influence des États-Unis et réfléchissent à la manière
d'occuper l'espace. Il est en tout cas savoureux d'entendre le Président chinois demander à l'Amérique de
respecter ses engagements en matière de protection de
l'environnement et de libre-échange, après qu'Angela
Merkel eut de son côté appelé le prochain occupant
de la Maison Blanche au respect des valeurs occidentales. Le monde à l'envers… Les dirigeants chinois vont
devoir gérer une situation inconfortable pour eux qui
sont généralement à la recherche de prévisibilité : l'incertitude des années Trump, ce que l'on appelle un
« *game changer* » (qui change la donne), expression utilisée fréquemment en anglais.

Sur le long terme, la puissance des États-Unis et la
fascination qu'ils exercent tiennent aussi à leur *soft power*
软实力, locution traduite mot pour mot en langue chinoise,
et concept suscitant beaucoup de réflexion et d'envie de la
part d'un pays fier de sa riche histoire millénaire comme
de sa résurrection économique en quelques décennies,

qui ne comprend pas qu'une nation jugée sans histoire ni culture parvienne à séduire les jeunes du monde entier. Les Chinois réalisent des superproductions sur Confucius ou sur l'histoire du Parti communiste, boudées par le public chinois au profit des blockbusters américains, à tel point que les autorités imposent aux directeurs des salles de cinéma de différer la date de sortie des films américains pour que les films chinois trouvent leur public, ce qui n'est même pas toujours le cas. Les Chinois ont été mortifiés de constater que ce sont les studios Dreamworks qui ont réussi à concevoir et réaliser le dessin animé *Kung Fu Panda*, en s'inspirant avec humour et intelligence des thèmes et des personnages de la culture chinoise. Ce film d'animation a eu un succès considérable en Chine. Les jeunes et les moins jeunes se nourrissent de séries américaines, et les Chinois copient les Américains qu'il s'agisse des modes de vie ou des institutions. Malgré les dénégations, le Conseil national de sécurité mis en place après le 3ᵉ plénum d'octobre 2012 porte un nom qui ressemble étrangement au NSC américain. Alors que les agences de notation sont sévèrement critiquées, celle que la Chine a mise en place, Dagong, est une copie presque conforme de Moody's. Il suffit par ailleurs d'observer la police des frontières à Pékin pour constater qu'elle ressemble à celle de Kennedy Airport, rangers compris. Sans mentionner le «rêve chinois», pendant de l'«*American dream*», même si ses composantes en sont bien différentes.

Les États-Unis accueillent aussi le plus grand nombre d'étudiants chinois, à hauteur d'environ 200 000 par an. Ainsi, plusieurs millions seront bientôt diplômés d'universités américaines. L'engouement est tel que même des universités médiocres peuvent être préférées à d'ex-cellentes universités européennes. L'enseignement de l'anglais a connu une véritable explosion, des universi-tés américaines ont ouvert des campus dans les universi-tés chinoises. Une école privée bilingue de haut niveau, Keystone, vient d'ouvrir à Pékin. Même si la situation se tend, il n'y aura pas de retour en arrière.

Un G3 avec l'Europe ?

Dans l'esprit des Chinois, l'Europe se place dans le cadre d'une relation triangulaire. Elle a toujours été vue par Pékin comme un contrepoids aux États-Unis. Les réformes de modernisation chinoises ont également trouvé leur inspiration dans les systèmes européens, et ont été réalisées avec l'aide technique ou financière de l'Union européenne. Dans une logique de rapport de force, la Chine reconnaît la puissance de l'UE en tant que plus grand marché économique mondial, à défaut d'une puissance politique qui se cherche encore. La Chine s'est toutefois intéressée de près à la mission Atalanta de lutte contre la piraterie au large de la Somalie, qui a permis d'expérimenter une coordination des opérations navales. Dès les origines, la Chine a fait le choix d'un soutien à la construction européenne et à sa monnaie unique. J'avais été frappée lors du sommet sino-européen d'octobre 2000 à Pékin, conduit par le président Chirac au titre de la présidence de l'Union européenne, par l'insistance du président Jiang Zemin sur la confiance qu'il fallait avoir dans l'euro. La Chine a décidé en conséquence de diversifier ses réserves pour ne pas trop dépendre du dollar. Le quart de celles-ci est donc aujourd'hui constitué en euros. Les dirigeants chinois n'ont cessé d'affirmer publiquement pendant la crise grecque qu'ils avaient foi dans l'Union européenne et dans l'euro. Ils en ont administré la preuve en achetant une part de la dette grecque, espagnole ou portugaise. La Chine sait aussi que certaines questions ne peuvent être résolues qu'à l'échelle de l'UE, disputes commerciales, octroi du statut d'économie de marché, même si elle a tendance à essayer dans une tactique millénaire de diviser les « barbares », c'est-à-dire les trois puissances majeures, et même plus récemment de créer une enceinte de dialogue et de coopération séparée avec les pays d'Europe de l'Est (Format Chine + 16). Après s'être en quelque sorte fait la main en Asie, en Afrique et en Amérique latine, les entrepreneurs chinois sont invités à regarder l'Europe comme une terre privilégiée d'investissements. De fait, ces dernières années ont vu leur nombre doubler chaque année en Europe, notamment dans les infrastructures et les secteurs stratégiques, alors que Londres accueille des investissements chinois égaux à la somme des investissements en France, en Allemagne et en Italie. Xi Jinping a témoigné de son soutien et de son intérêt pour l'Union européenne en effectuant la première visite officielle d'un Président chinois aux institutions européennes à Bruxelles en mars 2014. À cette occasion a été adopté un programme de coopération à l'horizon 2030, qui porte notamment sur le développement urbain durable. Il est vrai que la perception d'une Europe affaiblie par la crise réduit quelque peu la capacité d'influence des Européens, en particulier sur les questions liées aux droits de l'homme. Estimant que sa puissance est aujourd'hui supérieure à celle des Européens, preuve à ses yeux que la démocratie n'est pas la condition de la croissance, la Chine ne tolère plus les remarques publiques. Une approche plus confidentielle peut parfois porter ses fruits. Il reste cependant à voir si l'Union européenne saura retrouver force et confiance après le Brexit, qui l'ampute d'un membre important.

Diviser les « barbares »

Interrogés au moment de mon départ pour Londres sur leur perception des trois puissances majeures d'Europe, des chercheurs et des amis, qui aiment ces catégorisations schématiques, m'ont répondu de manière identique que la France c'est la culture, l'Allemagne, les voitures et le Royaume-Uni, l'éducation (à laquelle s'ajoute aujourd'hui la finance).

Nos trois pays ont une histoire singulière avec la Chine. Le prochain chapitre portera sur les affinités électives avec la France, cependant le Royaume-Uni, dénommé en chinois simplement Angleterre, occupe aussi une place à part dans l'histoire et l'imaginaire de la Chine. Pendant que la France du XIXe siècle se donnait avant tout pour mission de protéger les missionnaires catholiques, le Royaume-Uni s'est engagé dans une conquête commerciale durable, dont Hong Kong est restée l'éclatant mais embarrassant témoin jusqu'en

1997. L'importance accordée à la Grande-Bretagne, pionnière et symbole de la révolution industrielle, était telle que le mot d'ordre de Mao en lançant le Grand Bond en avant à l'été 1958 était de «dépasser l'Angleterre en quinze ans et de rattraper les États-Unis». La Grande-Bretagne est aussi considérée comme la principale puissance responsable de l'oppression et du dépeçage de la Chine («*breakup of China*»). La guerre de l'opium a bel et bien été une initiative britannique. Elle est reprochée surtout à Londres, même si d'autres pays en ont largement profité. L'idée était de rééquilibrer le commerce extérieur déficitaire au profit de la Chine, qui exportait son thé et ses porcelaines mais n'achetait rien en retour, ce qui obligeait le Royaume-Uni à payer en argent. L'opium, qui a dilué l'esprit et la volonté des Chinois, restera avec le sac du palais d'Été ainsi que le régime des concessions de Shanghai – ces quartiers régis par le principe d'extraterritorialité, gérés par une administration et une police étrangères, avec l'infamante pancarte «Interdit aux Chinois et aux chiens» – l'un des symboles de l'humiliation de la Chine. Ce souvenir est tellement prégnant que lors de la première visite de l'ex-Premier ministre David Cameron à Pékin, en novembre 2010, le *poppy*, la fleur de coquelicot similaire à celle du pavot, qu'il portait à la boutonnière en hommage aux morts des deux guerres mondiales a été perçu comme une provocation. Il est d'ailleurs amusant de constater que les pains ou gâteaux aux graines de pavot sont pour cette raison interdits en Chine, même si Xi Jinping a eu l'occasion d'en avoir à sa table lors d'un dîner officiel à la Maison Blanche.

En sens inverse, la réputation sulfureuse des bas-fonds de Londres, le légendaire et maléfique East End, Limehouse, avec ses fumeries d'opium malfamées et ses gangsters chinois réunis dans des sociétés secrètes – comme Fu Manchu, stéréotype du génie du mal, de la cruauté et de la fourberie asiatiques inventé par le romancier Sax Rohmer –, ont alimenté, au début du XXe siècle, la notion de « péril jaune ». Aujourd'hui, retour ironique de l'histoire, les investissements chinois sont placés dans des bâtiments ou des produits iconiques de la Grande-Bretagne : la reconstruction du Crystal Palace, qui abritait l'Exposition universelle de 1851 inaugurée par la reine Victoria pour célébrer le succès de la révolution industrielle au summum de la gloire de l'Empire britannique, les bâtiments de la Lloyds, les « *black cabs* » londoniens sauvés par la compagnie Geely et la fabrication des bus rouges à impériale. Après la brouille provoquée par la rencontre de David Cameron avec le dalaï-lama en 2012, la visite d'État de cinq jours de Xi Jinping en novembre 2015 a inauguré une nouvelle ère qualifiée de « décennie dorée », avec tous les passages obligés : déjeuner privé avec la reine et banquet officiel à Buckingham Palace, banquet de 700 personnes offert par le lord-maire à Guildhall au cœur de la City avec toute la pompe Tudor, intervention devant les deux chambres du Parlement de Westminster, thé avec le prince de Galles et Camilla à Clarence House, dîner à Chequers, résidence de campagne du Premier ministre, passage dans un pub où la photo des deux dirigeants buvant côte à côte une pinte de bière (dont la marque a aussitôt suscité l'engouement en Chine) a fait la une de nombreux journaux, et enfin rencontre avec les footballeurs de Manchester City. Ironiquement, la ville de Manchester, où est née la révolution industrielle qui a fait de l'Angleterre une nation conquérante, comme la ville de Liverpool, qui abrite l'une des plus anciennes communautés chinoises d'Europe, comptent aujourd'hui sur la Chine pour rénover leurs infrastructures dans le cadre de la politique de redynamisation du Nord (« Northern Powerhouse »). En tout cas, comme l'a titré le journal *Le Monde*, « rien n'était trop beau pour Xi Jinping ». La question de Hong Kong n'a été évoquée que discrètement, et Xi a érigé le Royaume-Uni en « *best friend of China* » et porte d'entrée vers l'Europe. Quarante milliards de contrats ont été signés et la place boursière de la City, où de nombreux Chinois sont déjà employés, a été retenue comme centre financier mondial. À titre symbolique, la Banque centrale de Chine a choisi Londres pour sa première émission obligataire en yuans à l'étranger. Le Brexit risque cependant de compliquer la donne et de modifier le rapport de force entre Londres et Pékin.

L'anglais étant un critère de performance en Chine, même si une réforme de l'enseignement est revenue sur son caractère obligatoire au *gaokao* (examen sélectif d'entrée à l'université), de plus en plus de jeunes Chinois sont envoyés dès l'âge de 13 ans dans des internats, les prestigieuses « *boarding schools* », pour augmenter leurs chances de réussite à l'université. Le collège d'Eton, qui a formé 19 Premiers ministres britanniques et des générations d'aristocrates, fait rêver les parents chinois. Oxford, Cambridge, la London School of Economics et l'Imperial College, où s'est rendu le président Xi, accueillent désormais quelque 20 % d'étudiants chinois. Ils sont au total 150 000 dans les universités du Royaume-Uni (contre près de 40 000 en France). En sens inverse, le Royaume-Uni est le pays qui a ouvert le plus grand nombre d'instituts Confucius, une trentaine, pour enseigner le chinois.

Les relations entre la Chine et la Prusse ont été établies en 1861. Ces relations ont longtemps été froides car l'Allemagne a participé au dépeçage de la Chine, et elle a été l'une des huit puissances coalisées qui ont attaqué le quartier des légations assiégé par les Boxers en 1900. Elle a occupé des territoires chinois, notamment la province du Shandong, en particulier Qingdao, ville balnéaire qui conserve son architecture et son aspect germaniques, ainsi que ses brasseries, la bière de Qingdao étant aujourd'hui fort prisée en Chine et dans les restaurants chinois du monde entier. L'Allemagne est en outre assimilée aux crimes du Japon, dont elle fut l'alliée pendant la Seconde Guerre mondiale. Par la suite, la vision de l'Allemagne a été très largement utilitaire et les relations se sont beaucoup réchauffées après la réunification. Ses biens d'équipement et sa technologie ont été les bienvenus pour contribuer au développement de la Chine. Arrivée plus tard que la France, le Royaume-Uni et les États-Unis, l'Allemagne est vite devenue le plus grand partenaire commercial de la Chine avec ses PME très performantes, parties avec ténacité à la conquête du marché chinois. Un partenariat très étroit a été mis en place entre les deux principales puissances commerciales de la planète, deux nations se percevant avec fierté comme industrieuses et travailleuses. Une structure unique en son genre, une réunion intergouvernementale, sur le modèle du Conseil des ministres franco-allemand, coprésidée par le Premier ministre chinois et Angela Merkel – qui suscite une vive admiration en Chine, et est considérée comme la plus forte personnalité d'Europe –, met tous les deux ans face à face une dizaine de ministres.

Nouvelle lune de miel ou alliance de circonstance entre le dragon chinois et l'ours russe ?

Une « seconde lune de miel », de façade, entre la Chine et la Russie trouve sa source dans la similarité des positions de Moscou et de Pékin sur la scène internationale, notamment au Conseil de sécurité de l'ONU pour empêcher, au nom de la non-ingérence dans les affaires intérieures d'un État, les interventions occidentales dans un pays tiers. Les deux dirigeants se sont rencontrés plusieurs dizaines de fois en l'espace de quelques années. L'autocratie de Poutine suscite un certain respect – surtout en comparaison de Gorbatchev, jugé responsable de l'explosion de l'URSS et de la disparition du Parti communiste soviétique – même si la Chine est consciente de l'image dégradée du Président russe en Occident. L'annexion de la Crimée a également embarrassé Pékin qui, significativement, s'est abstenue en mars

2014 (comme elle l'avait fait pour la Géorgie en 2008) sur la résolution du Conseil de sécurité condamnant le référendum d'annexion, parce qu'elle ne pouvait ni se joindre au veto de Moscou, car elle aurait ainsi reconnu une intervention extérieure, ni soutenir le projet déposé par les États-Unis, par solidarité avec Poutine.

Alors que les dirigeants chinois n'ont pas pour habitude d'assister à ce type d'événements sportifs, Xi Jinping avait volé au secours de Vladimir Poutine en se rendant ostensiblement à la cérémonie d'ouverture des jeux Olympiques d'hiver en février 2014 à Sotchi, à laquelle aucun chef d'État occidental important n'avait accepté de participer. Les Chinois ont tendance à manifester de la solidarité aux pays qui ont souffert de boycott ou de sanctions, ils expliquent souvent que c'est la raison pour laquelle ils sont très réticents à adopter des régimes de sanctions dans le cadre des Nations unies. Ainsi, en 2015, des manœuvres navales communes ont été pour la première fois menées en Méditerranée et au large de Vladivostok. La relation est cependant loin d'être égalitaire. Le rapport de force entre les deux pays s'est inversé, le grand frère autoritaire et condescendant des années soviétiques qui a laissé de très mauvais souvenirs à la population chinoise est perçu comme affaibli et n'ayant pas réussi sa transition politique et économique. Le contrat d'approvisionnement de gaz russe à la Chine, d'un montant de 400 milliards de dollars, qui a fait l'objet de plus de dix ans de négociations, présenté comme un succès diplomatique par la Russie qui entendait contourner les sanctions occidentales adoptées en rétorsion à sa politique ukrainienne, s'est en réalité conclu en mai 2014 en des termes avantageux pour la Chine. Moscou a dû faire des concessions sur le prix de vente du gaz et le financement du gazoduc qui l'acheminera à partir de 2018. La Sibérie orientale peu peuplée reçoit de plus en plus de Chinois qui franchissent le fleuve Amour pour exploiter les forêts et les terres agricoles. Les grands centres commerciaux de Blagovechensk, la principale ville de la région, construits par des entrepreneurs chinois, vendent essentiellement des produits « made in China ». Un intéressant roman russe de Vladimir Sorokine intitulé *Le Kremlin en sucre*[1] anticipe une occupation pacifique de la Russie par la Chine et le mandarin colonise même la langue russe par l'introduction d'expressions chinoises. Ce nouveau rapport qualifié par Pékin de « relations entre puissances régionales », par opposition au terme de « relations entre puissances majeures » qui caractérise les liens diplomatiques entre Pékin et Washington, traduit le déséquilibre. Ce n'est pas un mariage d'amour mais une alliance de circonstance, fondée sur des intérêts bien compris et sur la géographie. C'est cependant une nouvelle donne de l'ordre du monde, surtout avec le retour de Vladimir Poutine sur la scène internationale et l'éventualité d'une relation plus cordiale entre ce dernier et le nouveau président américain.

1. Vladimir Sorokine, *Le Kremlin en sucre*, trad. Bernard Kreise, Éditions de l'Olivier, 2011.

Un passé qui ne passe pas

Le Japon occupe une place très particulière en raison du passif historique jamais soldé et de la concurrence actuelle des deux pays en Asie. Nation qui a été à l'école chinoise pendant des siècles mais qui a su entrer dans la modernité à l'ère Meiji, alors que la Chine se figeait dans ses certitudes et rejetait le contact avec les étrangers, dont elle n'avait pas perçu la supériorité militaire. Nation qui a commis contre la Chine et les pays voisins des agressions et imposé une occupation d'une infinie cruauté. En 1937, le viol de Nankin, l'un des plus grands massacres du XXe siècle, a été décrit par Iris Chang[1], une journaliste sino-américaine, mais surtout, au jour le jour, dans les carnets de John Rabe, homme d'affaires, membre du parti nazi. Ce dernier a été tellement choqué par les atrocités commises (incendies, viols de femmes et de fillettes, éventrations de femmes enceintes, décapitations au sabre, tortures…), un enfer qui a duré six semaines, qu'il a créé une zone de protection internationale pour essayer de sauver le maximum de Chinois et surtout de Chinoises et d'enfants. La visite du mausolée de Nankin en hommage aux 300 000 victimes, selon le chiffre retenu par la Chine même s'il a pu être contesté, mais cela reste des centaines de milliers, est bouleversante. Il expose en grande partie des archives japonaises, les bourreaux ayant pris des photos de leurs victimes torturées et violées, qu'ils envoyaient ensuite avec fierté à leurs familles. Les

---

1. Iris Chang, *Le Viol de Nankin*, trad. Corinne Marotte, Payot, 1997.

jeunes Japonais qui visitent aujourd'hui ce mausolée sont horrifiés et demandent pardon. Les minutes des procès de Tokyo en 1946, sur le modèle du Tribunal militaire international de Nuremberg, répertorient ces crimes ainsi que d'autres commis ailleurs en Chine, en Corée ou en Asie du Sud-Est. Les principaux criminels de guerre ont été jugés et exécutés. Certains cependant n'ont pas été poursuivis, comme les membres de l'unité 731 qui ont pratiqué des expériences biologiques et chimiques sur près de 3 000 Chinois (inoculation de poisons, dissections). En effet, comme la situation politique changeait et que la guerre froide faisait du Japon un allié, les États-Unis ont prôné l'amnistie pour les criminels de guerre des catégories inférieures, dites B et C, et se sont ensuite désintéressés du sujet. L'empereur actuel, son frère et certaines personnalités japonaises ont reconnu ces crimes et s'en sont excusés, mais d'autres responsables reviennent dessus dans une tentative récurrente de négationnisme. Des Premiers ministres et des ministres japonais vont régulièrement s'incliner au temple de Yasukuni devant les mânes de ceux qui sont morts au service de l'Empire, parmi lesquels 14 criminels de guerre condamnés par les procès de Tokyo. Un cadre important de la principale chaîne de télévision japonaise, la NHK, a, encore en 2014, nié les massacres de Nankin tandis que le P-DG de la chaîne estimait que les «femmes de réconfort», en réalité des esclaves sexuelles, souvent mineures, enrôlées de force dans des bordels pour les soldats de l'armée impériale, étaient une chose normale en temps de guerre. Le Premier ministre Shinzo Abe a de son côté laissé entendre que ces femmes étaient consentantes. Ces comportements ou déclarations ravivent périodiquement haine et ressentiment en Chine comme en Corée. Il est intéressant de noter que pour la première fois, par la voix de leur ambassadeur au Japon, Caroline Kennedy, les États-Unis ont clairement condamné ces déclarations. Ces incidents alimentent périodiquement des crises qui tant que le passif ne sera pas soldé recommenceront, même s'il y a souvent instrumentalisation de la part des dirigeants chinois, depuis Mao, qui a dit cyniquement aux Japonais de ne pas se repentir car sans leur invasion le Parti communiste ne serait pas au pouvoir en Chine. Deng Xiaoping pour sa part a eu recours à l'aide japonaise pour assurer la modernisation du pays. Il est donc resté discret sur ce sujet et a renvoyé à une période ultérieure le règlement du contentieux sur les îles Diaoyu (en chinois) Senkaku (en japonais).

La crise la plus sérieuse et la plus durable au cours de ces dernières années a précisément été déclenchée par la nationalisation par Tokyo de ces îlots inhabités malgré les fortes mises en garde de Hu Jintao et de Barack Obama au Premier ministre Abe lors du sommet de l'APEC à Vladivostok en septembre 2012. Le Japon a indiqué avoir procédé ainsi pour empêcher l'achat par le gouverneur ultranationaliste de Tokyo. La réaction de Pékin a été plus radicale qu'à l'accoutumée. Les Chinois ont même averti dès le début de la crise que la réaction serait différente des fois précédentes : ce ne serait pas « froid politiquement mais toujours chaud économiquement ». De fait, le refroidissement a été très sensible sur le plan économique. Les ventes de Toyota ont baissé de 90 % le premier mois, le tourisme vers le Japon a été gelé et les avions reliant les deux pays étaient presque vides. Surtout, la tension a été extrêmement vive pendant plusieurs mois. Des manifestations étaient organisées devant l'ambassade du Japon, voisine de l'ambassade de France. Dès le matin, j'entendais les manifestants qui criaient des slogans hostiles, agitaient des pancartes condamnant le Japon ou jetaient des œufs. Des dérapages ont eu lieu et une voiture japonaise a été brûlée. Dans le restaurant d'un petit village du sud de la Chine, j'ai vu une pancarte indiquant que l'on ne donnait à manger ni aux chiens ni aux Japonais. L'hostilité était forte et le nationalisme a vite tendance à s'enflammer. Dans la mer et le ciel autour des îles, un ballet incessant de bateaux et d'avions créait des risques d'accrochage, même si l'escalade a été contenue, aucun des deux pays n'y ayant intérêt. Il fallait bien un jour trouver une sortie de crise en sauvant la face. Ce fut chose faite lors du sommet de l'APEC à Shanghai en novembre 2014, lorsque Xi et Abe se sont salués – froidement – et que le Japon a reconnu implicitement l'existence sinon d'un « conflit territorial », du moins d'un « problème territorial ». La tension a baissé depuis, les rencontres à trois avec la Corée ont repris et le Japon a accepté en décembre 2015 un accord comprenant des excuses ainsi que des réparations pour les « femmes de réconfort » coréennes, qui ont manifesté leur insatisfaction, mais cela pourrait néanmoins servir un jour de précédent. La relation ne sera jamais simple du fait de l'histoire mais aussi de la dimension psychologique générée par l'inversion des situations au début du XXIᵉ siècle : la Chine pays du tiers-monde aidé par le Japon pendant des décennies lui a ravi la place de deuxième puissance économique mondiale en 2010. Des complexes d'infériorité et de supériorité croisés rendent cette relation très complexe et les rechutes probables.

La Chinafrique

Au fur et à mesure qu'elle se développe, la Chine est confrontée à son manque de ressources énergétiques et à son manque de terres. Elle s'est donc intéressée à de vastes continents riches en ressources et pauvres en infrastructures. Pékin a considéré l'Afrique comme une terre de conquête et un continent d'avenir. Elle a profité du désinvestissement des Occidentaux, qui se sont retirés du continent africain, jugé sans espoir. Elle y a acheté des terres et construit des usines. Les Africains ont dans un premier temps accueilli cette manne avec enthousiasme, d'autant qu'elle n'était plus liée comme l'aide occidentale à des exigences en matière de gouvernance, de transparence et de respect des droits de l'homme : routes, autoroutes, aéroports et symboliquement le magnifique siège de l'Union africaine à Addis-Abeba. La Chine a mis sur pied en 2006, sur le modèle des sommets France-Afrique, un sommet Chine-Afrique, le FOCAC (Forum sur la coopération sino-africaine), et y consacre des sommes chaque année plus considérables. La présence chinoise, d'abord discrète, est apparue au grand jour après une dizaine d'années et a commencé à susciter des critiques car, si la Chine n'avait pas d'exigences en matière de gouvernance et de respect des droits de l'homme, il est apparu qu'elle cassait le petit commerce africain et n'offrait pas de travail à la population puisqu'elle importait massivement de la main-d'œuvre chinoise habituée à des cadences de travail plus intenses. On a parlé alors de « Chinafrique[1] ». Il était quelque peu surprenant d'entendre il y a déjà quelques années sur un vol Air France de Paris à Brazzaville les annonces en français puis en chinois et en anglais. Alors que Paris a longtemps été le passage obligé pour l'Afrique francophone, la Chine a ouvert des lignes directes. L'intérêt pour ce continent a certes été un peu anarchique. Les aventuriers, les chercheurs d'or dont un millier ont dû être évacués en urgence en 2013 du Ghana où ils étaient menacés, se sont engouffrés également. Le ressentiment africain pour le comportement jugé méprisant des Chinois a été fort et s'est manifesté par des attaques voire des assassinats de patrons chinois. Le gouvernement chinois ignorait l'ampleur du phénomène – un diplomate m'a avoué, face à mon étonnement d'apprendre qu'il y avait 35 000 ressortissants chinois en Libye au moment de l'évacuation organisée avant l'intervention occidentale, qu'il ne le savait pas non plus… Une tentative de reprise en main de l'État chinois a eu lieu. L'envoyé spécial pour l'Afrique a fait un peu de pédagogie

---

1. Serge Michel, Michel Beuret et Paolo Woods, *La Chinafrique*, Grasset, 2008.

auprès des entreprises implantées là-bas, qui ne sont pas toutes entreprises d'État. Les sociétés chinoises sont désormais incitées à conclure des contrats plus équitables, prévoyant notamment un recours significatif à la main-d'œuvre locale. Cette présence et ces investissements massifs ont néanmoins eu des avantages. Des ambassadeurs africains à Pékin m'ont dit de ne pas nous étonner si les Chinois étaient massivement présents en Afrique : les Occidentaux s'en étaient désintéressés et de toute façon refusaient de faire des infrastructures. Or l'Afrique en a encore besoin, et celles qui ont été construites par les Chinois ont permis de désenclaver les pays et de faire décoller la croissance, ce qui a provoqué en retour un intérêt nouveau des Occidentaux. La Chine reconnaît cependant volontiers aujourd'hui que, si elle a les financements, elle n'a pas toutes les clés de l'Afrique. Elle est donc prête à élaborer des projets communs avec la France en zone francophone et avec le Royaume-Uni en zone anglophone. En sens inverse, les Africains ont commencé à débarquer en Chine pour s'approvisionner directement, notamment à Canton qui accueille une communauté africaine de près de 200 000 personnes, dont beaucoup sont des illégaux, comme le décrivent les derniers chapitres du très beau livre *Congo*[1] de David Van Reybrouck.

Cette politique d'achat de terres est poursuivie également en Asie, en Australie et en Amérique latine, et Pékin vient de mettre en place sur le modèle africain un sommet Amérique latine-Chine. La Chine est entrée

---

1. David Van Reybrouck, *Congo. Une histoire*, Actes Sud, 2012.

au Conseil de l'Arctique. Les Chinois sont désormais sur tous les continents.

Géométrie variable et engagement multilatéral

La Chine est certes plus à l'aise avec la diplomatie classique bilatérale mais elle a découvert les mérites de la diplomatie multilatérale ou de groupes à géométrie variable, dont elle entend être le centre, à l'instar des États-Unis avec leurs alliés occidentaux.

Elle a retrouvé la place qui lui revenait de droit à l'ONU en 1971. Entrée au saint des saints, comme membre permanent du Conseil de sécurité, la délégation chinoise est cependant restée pendant des années en retrait, ne prenant aucune initiative, se contentant de veiller au respect de ses intérêts vitaux qui se résumaient alors, jusque dans les années 1990, au maintien à l'écart de Taïwan et à la non-ingérence dans ses affaires intérieures. Haïti en a fait les frais en 1993 : à la suite d'une déclaration intempestive en Assemblée générale du président Aristide qui demandait le retour de Taïwan aux Nations unies, les diplomates chinois ont exigé, avant de donner leur accord à la mise en place d'une mission de maintien de la paix, la rédaction par la délégation haïtienne d'une note verbale d'excuse. Sa rédaction, après diffusion, a dû être amendée à plusieurs reprises, au grand amusement des autres délégations. Le représentant permanent chinois veillait également à ce que toute question relative aux droits de l'homme soit traitée exclusivement à la Commission des droits de l'homme à Genève. La Chine a pris une seule fois l'initiative pour faire condamner le meurtre d'ingénieurs chinois de la mission des Nations unies au Cambodge (APRONUC) par les Khmers rouges qui bloquaient le processus de paix, ce qui a signé leur fin. Les missions de maintien de la paix suscitaient à l'origine une méfiance assez forte de la part des Chinois et n'étaient acceptées qu'à la condition qu'elles soient demandées *expressis verbis* par le pays d'accueil. La participation chinoise était minimale dans l'élaboration des mandats comme dans leur mise en œuvre. La Chine ne recherchait pas non plus de postes de responsabilité dans la structure, le poste le moins exposé de directeur du Département des affaires économiques et sociales lui convenait fort bien. Elle observe une réserve systématique sur le droit d'intervention, codifié lors du sommet du soixantième anniversaire de l'ONU en 2005 sous le vocable de « responsabilité de protéger ». Ce concept, dont Robert Badinter est l'un des rédacteurs, permet d'intervenir en cas de massacres ou de violations massives des droits de l'homme quand le gouvernement concerné ne peut ou ne veut pas protéger sa population. De façon intéressante, en 2011, pressée par les Occidentaux, la Chine au lieu de mettre son traditionnel veto avait accepté de s'abstenir, à titre de test, sur la résolution portant sur la mise en place d'une zone d'exclusion aérienne en Libye présentée par les États-Unis, le Royaume-Uni et la France. La menace de Kadhafi de « faire un bain de sang à Benghazi comme à Tiananmen » n'avait pas dû plaire beaucoup à Pékin. Après la chute du régime et l'élimination de Kadhafi, qui outrepassait à ses yeux les termes de la résolution du Conseil de sécurité, la Chine a réaffirmé son hostilité à une politique de changement de régime et juré que l'on ne l'y reprendrait plus, ce qui explique avant tout le veto sur la résolution concernant la Syrie en 2012. Cela a précipité aussi le rapprochement avec Moscou, qui avait également le sentiment d'avoir été berné.

La Chine tient cependant à ne pas être isolée et à maintenir le plus possible une solidarité avec les autres membres permanents, comme dans le cas de la négociation des 5 + 1 (les 5 membres permanents plus l'Allemagne) ou 3 + 2 (les Européens plus la Chine et la Russie) sur l'Iran. Elle a joué le jeu des sanctions et s'est généralement ralliée à la position russe, étant entendu qu'elle avait la primauté sur l'autre dossier de prolifération nucléaire, celui de la Corée du Nord, même si c'est pour elle de plus en plus difficile depuis la mort de Kim Jong-il. Les conseils et la protection qu'elle lui prodiguait ont cessé avec le jeune Kim Jong-un, avec lequel n'existe aucun canal de communication. Ce dernier a même fait assassiner son oncle, qui jouait un rôle d'intermédiaire avec Pékin. La Chine avoue son désarroi et son irritation face à la personnalité et aux provocations de Kim Jong-un, ainsi qu'à l'évolution de ce régime qu'elle désapprouve. Son principal souci est cependant d'éviter une crise qui lui serait préjudiciable. Elle n'est donc pas prête à couper les vivres à Pyongyang afin d'éviter le chaos et l'arrivée d'immigrants, mais elle redoute aussi la puissance d'une Corée réunifiée, avec une présence américaine massive à ses frontières. Pékin appelle Pyongyang à la raison en lui conseillant d'éviter les provocations mais recommande aussi aux Occidentaux la modération pour ne pas provoquer ce dirigeant irresponsable qui poursuit ses essais nucléaires et balistiques. En attendant, elle continue de plaider pour une reprise le moment venu des pourparlers à six.

De manière générale, son implication est en ligne avec l'élargissement de ses intérêts dans le monde. La Chine, qui observait un profil bas aux Nations unies, a décidé de s'investir dans l'organisation. Elle est aujourd'hui de loin le premier contributeur de troupes des membres permanents du Conseil de sécurité avec environ 3 000 casques bleus. Elle accepte depuis l'intervention au Mali de déployer des forces combattantes et plus seulement des ingénieurs et des médecins. Lors de son premier discours devant l'Assemblée générale des Nations unies en septembre 2015, le président Xi a même annoncé la création d'une réserve de 8 000 hommes supplémentaires disponibles en permanence pour des missions de maintien de la paix et l'affectation de 1 milliard de dollars à un nouveau fonds Chine-Nations unies «pour la paix et le développement».

Le président Xi a également effectué en mars 2014 la première visite d'un chef de l'État chinois à l'UNESCO, où il a prononcé un discours théorique sur le thème de la diversité culturelle vue en fait comme l'acceptation des valeurs de l'autre. Une façon de mettre en cause les valeurs universelles alors que, si l'on évoque généralement Eleanor Roosevelt et René Cassin comme principaux auteurs de la Déclaration universelle des droits de l'homme, deux autres rédacteurs plus rarement mentionnés ont joué un rôle déterminant : les représentants libanais Charles Habib Malik et chinois Peng Chunchang. Cet ancien professeur de philosophie de l'université Nankai de Tianjin, spécialiste de théâtre, éducateur et diplomate, a laissé à New York des souvenirs très forts car il a proposé nombre de compromis en s'inspirant des valeurs humanistes confucéennes dont il a été l'ardent promoteur au comité de rédaction et à l'Assemblée générale. La Chine apprécie par ailleurs beaucoup les classements sur la liste du patrimoine mondial et du patrimoine culturel immatériel. Elle a fait inscrire plusieurs sites, 45 sur la première, 38 sur la seconde, et arrive désormais au deuxième rang derrière l'Italie. Cela contribue au *soft power* et permet de développer le tourisme.

La Chine entend aussi occuper des postes de responsabilité à sa mesure et présente progressivement des candidatures à la tête des agences de l'ONU. Elle a commencé par le poste de directrice de l'OMS en la personne de Margaret Chan, Hongkongaise éduquée au Canada, à la suite de la crise sanitaire du SRAS. Comme les grands pays, elle mobilise ses soutiens, en Afrique notamment, avec succès. C'est ainsi que Margaret Chan, à la surprise générale, avait reçu un soutien quasi unanime des Africains, au détriment du candidat français à la suite du premier sommet sino-africain à Pékin en 2006. Attachée aux prérogatives du « P5 », la Chine est toutefois conservatrice et opposée à l'élargissement du Conseil de sécurité, où elle n'a tout simplement pas envie de voir entrer ses voisins indien ou japonais.

Forte de sa croissance exceptionnelle et de son accession au rang de deuxième économie mondiale depuis 2010, la Chine compte investir de la même manière les institutions financières de Bretton Woods. Le directeur général adjoint du FMI est chinois ainsi que le vice-gouverneur de la Banque mondiale. La quote-part de la Chine a été réévaluée au FMI, même si cela est resté longtemps une décision de principe, car le Congrès américain refusait de ratifier cette décision. Le FMI a décidé d'intégrer en octobre 2015 le RMB, ou yuan, aux côtés du dollar américain, de l'euro, de la livre sterling et du yen dans son panier de devises de référence pour le calcul des droits de tirage spéciaux, ce qui consacre l'internationalisation de la monnaie chinoise. Une idée déjà suggérée en 2009 par le gouverneur de la Banque populaire de Chine Zhou Xiaochuan dans un article remarqué plaidant après la crise des subprimes américains pour que la planète se dote d'une « super-devise » de référence internationale, qui avait été sèchement refusée. C'était en fait un ballon d'essai. La Chine a entamé depuis les réformes financières nécessaires, notamment sur la marge de fluctuation du yuan, pour se rapprocher des mécanismes du marché et conclu un certain nombre d'accords de « swaps » (échanges de devises) avec des banques centrales, y compris la BCE, afin d'accroître l'usage international de sa monnaie. C'est en tout cas un très beau succès. La Chine naguère accusée par Washington de manipulation de sa monnaie voulait éviter les pressions en vue d'une réévaluation du yuan et avait essayé de résister à l'organisation d'un séminaire sur la réforme du système monétaire international demandé en 2011 par la présidence française du G20, instance qui l'a laissée longtemps dubitative. La Chine a bien compris par la suite le gain qu'elle pouvait retirer du séminaire, qu'elle a finalement consenti à organiser à Nankin le 31 mars 2011. Il a été du côté français ouvert par Nicolas Sarkozy et présidé par Christine Lagarde. C'est un des arguments que la Chine a fait valoir lorsqu'elle a fait acte de candidature pour exercer la présidence du G20 en 2016 contre le Japon, dont c'était pourtant le tour de présider l'instance. Si elle a interféré dans le rythme des présidences et pu agacer par son insistance, il est néanmoins important qu'elle exerce des responsabilités sur ce sujet. Elle a eu finalement gain de cause et organisé en grande pompe le sommet du G20 le 4 septembre 2016 à Hangzhou. Un Chinois vient également d'être élu à la présidence d'Interpol, ce qui aurait été impensable il y a quelques années.

Toutes les institutions internationales ou régionales ont été créées au lendemain de la Seconde Guerre mondiale sans la Chine qui était alors affaiblie. Elle a bien l'intention maintenant de prendre toute sa place en renforçant son rôle dans les institutions existantes mais aussi en créant de nouvelles institutions qui échapperaient à la dépendance des États-Unis. Le lancement de la Banque asiatique d'investissement pour les infrastructures (AIIB) s'inscrit dans ce cadre. Faisant le constat que le besoin d'infrastructures reste grand dans la région, elle a proposé la création d'une banque dont elle fournit la moitié du capital, à hauteur de 50 milliards, pour en conserver la direction. Cette nouvelle banque est appelée à concurrencer davantage la Banque asiatique de développement (BAD) dirigée par le Japon que la Banque mondiale. L'idée de cette banque est d'ailleurs née en 2013 au plus fort de la crise avec Tokyo. L'adhésion des Européens à la suite de l'accord donné par le chancelier britannique est un beau succès pour la Chine. Les États-Unis ne s'y sont pas trompés en critiquant la décision de George Osborne. Ils ne peuvent toutefois s'en prendre qu'à eux-mêmes en raison du refus du Congrès de ratifier la réforme sur les quotes-parts du FMI. La création de cette nouvelle banque est une idée personnelle de Xi Jinping, tout comme le projet de nouvelles routes de la soie connu aujourd'hui sous l'appellation « Une ceinture, une route », qui renouant avec la prospérité et la gloire de l'Empire chinois vise à relier la Chine à l'Europe en passant par l'Asie centrale où sont envisagés des investissements massifs.

Bien que les BRICS (regroupement des grands pays dits émergents : Brésil-Russie-Inde-Chine auxquels l'Afrique du Sud a été ajoutée en 2011) soient en perte de vitesse et que le statut et le poids de la Chine soient incomparables à celui des autres membres du club, il est intéressant de constater le changement d'attitude des Chinois. Indifférents au départ, ils ont été plus sensibles ensuite au rôle que ce forum pouvait jouer. Ils souhaitaient dans un premier temps le cantonner aux questions économiques, quand ils ont compris le profit qu'ils pouvaient en tirer sur le plan politique. Jim O'Neill de Goldman Sachs, qui a inventé le concept des BRIC, est ainsi traité avec les honneurs chaque fois qu'il se rend en Chine. L'acronyme a été traduit avec inventivité et subtilité par la formule « les briques d'or ». Le premier sommet sous présidence chinoise à Sanya dans l'île de Hainan au large du Vietnam, en marge d'un sommet du Boao Forum, qui se veut le pendant du Forum de Davos, en avril 2011, a permis une photo autour de Xi Jinping, avec pour la première fois la participation de l'Afrique du Sud et une déclaration forte sur la situation au Moyen-Orient allant à l'encontre de l'interventionnisme occidental. Cela se voulait un peu le pendant du G7 ou du G8, la Chine considérant la participation russe à cette dernière instance comme une aberration. Depuis, d'autres initiatives symboliques ont vu le jour, comme la banque des BRICS (la NDB dont le siège est à Shangaï, qui constitue cependant un défi en raison des disparités économiques de ces pays), qui sera très difficile à mettre en œuvre en raison des disparités de ces pays. L'avenir des BRICS semble certes moins prometteur aujourd'hui du fait du ralentissement économique de certains des pays qui le composent, mais la Chine maintiendra son implication en attendant de voir.

L'évolution de la position chinoise est la même pour l'APEC, qui a été accueillie en majesté en 2014 à Shanghai, Xi Jiping étant clairement l'acteur central alors que Barack Obama n'avait pu s'y rendre. Une photo très parlante montrait les dirigeants étrangers portant tous une veste chinoise au col Sun Yat-sen. Si le président Trump confirme sa politique isolationniste, la Chine pourrait gagner davantage de terrain.

D'autres groupes restreints, auxquels nous prêtons assez peu d'attention, ont vu le jour autour de la Chine, comme l'Organisation de coopération de Shanghai (OCS), créée pour lutter contre le terrorisme à la suite des attentats du 11 Septembre. Elle permet de regrouper des pays d'Asie centrale, la Russie ainsi que, à titre d'observateur, l'Iran, en un cercle de dialogue unique. Certains ont vu cette organisation comme une tentative d'alternative à l'OTAN.

Des réflexions théoriques ont accompagné les évolutions de la Chine : la lutte contre l'impérialisme, celle contre le révisionnisme, la théorie des trois mondes, la coexistence pacifique, puis l'émergence pacifique de la Chine, destinée à rassurer. La priorité de sa politique extérieure reste la politique intérieure : stabilité et développement. Elle ne cherche pas l'aventure mais entend être respectée et influente, conformément au rêve chinois de restauration de la grande nation. Puissance mondiale en devenir, qui se cherche encore, elle ne pourra cependant pas éternellement en rester à des principes : les cinq principes de la coexistence pacifique (entre régimes différents), le règlement amical des différends, la non-ingérence dans les affaires intérieures, le respect des intérêts vitaux, mais devra définir une véritable politique extérieure. Le monde académique, les think tanks l'y incitent. C'est la raison d'être de la conférence annuelle créée il y a cinq ans à l'université Tsinghua sur le modèle de la conférence de Munich sur la sécurité. Son statut de membre permanent du Conseil de sécurité, dont elle a toujours tiré fierté même du temps de son effacement, donne des droits et des prérogatives mais aussi des responsabilités en matière de maintien de la paix. Elle est maintenant attendue par les autres pays. Elle doit user de son poids pour jouer un rôle dans les crises régionales, comme elle a commencé à le faire à titre expérimental entre le Soudan du Nord et celui du Sud, où un émissaire chinois s'efforce de trouver des compromis chaque fois que surgit une crise. Elle est également attendue sur les questions globales, comme le changement climatique – son rôle pour le succès de la conférence de Paris sur le climat (COP 21) a été déterminant et témoigne d'un véritable changement d'attitude depuis la conférence de Copenhague. Elle a été symboliquement un des premiers pays à ratifier l'accord de Paris. Rompant avec le peu d'appétence des dirigeants chinois pour ces enceintes de réflexion et d'influence Xi Jinping s'est rendu pour première fois en janvier 2017 au Forum de Davos où il a fait sensation en se faisant le héraut de la globalisation, indispensable à la Chine même si celle-ci a tendance à être plus protectionniste pour protéger ses champions nationaux.

Avec sa croissance économique, la mondialisation de ses intérêts économiques, la nécessité de se préparer à des évacuations de ressortissants qui doivent dépasser le million en Afrique, les tendances nationalistes de la population et l'augmentation des moyens militaires, la question qui se pose est celle d'une tentative d'hégémonie chinoise. Tout ce que l'on peut dire à ce stade est que cela ne correspond pas à sa tradition. Les extraordinaires missions d'exploration maritimes de l'amiral Zheng He, avec ses bateaux géants de la dynastie des Ming au XVe siècle, aujourd'hui remises à l'honneur, ne visaient pas à conquérir ou à coloniser des terres mais à échanger des biens. Les temps ont néanmoins changé. La Chine est désormais dans une logique de puissance. Elle entend s'imposer d'abord comme puissance régionale, au risque d'entretenir des tensions. Les conflits ne sont cependant sûrement pas dans son intérêt.

8

Les affinités électives

Il existe un mot en chinois, *yuan fen* 缘分, qui n'a pas d'équivalent en français. Il renvoie à la prédestination et traduit une concordance, un lien particulier et indéfini venu d'on ne sait où. Ce mot qualifie parfaitement les liens entre la France et la Chine, entre les Français et les Chinois. J'aime aussi à parler d'affinités électives.

La France n'est pas tout à fait un pays comme un autre pour la Chine et inversement. Il s'agit de la rencontre de deux cultures prestigieuses, certes multimillénaire pour la Chine mais, bien que se comptant seulement à l'échelle des siècles, la culture française, d'une grande richesse, a influencé la marche du monde par son histoire, ses idées, sa littérature. La Révolution française, la Commune de Paris mais aussi la geste de Napoléon, temps forts qui appartiennent à l'histoire universelle, ont eu des résonances particulièrement fortes en Chine et à ce titre y sont enseignées dans les écoles secondaires. Lorsque la Chine a reconnu la

nécessité d'une ouverture du pays et d'une modernisation à l'occidentale après l'échec de la révolte des
Boxers à l'issue des « 55 jours de Pékin » en 1900, c'est
vers la France qu'elle s'est tournée. De manière significative, la revue *Xin Qingnian* (« La Nouvelle Jeunesse »)
qui voit le jour à Shanghai en 1915 porte un sous-titre
français : *La jeunesse.* Dès le début des années 1920,
le « mouvement des études en France » a conduit des
centaines de jeunes « étudiants-ouvriers » ou émanant
de la bourgeoisie vers notre pays. Cet épisode fondateur est raconté dans une série télévisée qui a rencontré un grand succès en Chine, *Nos années françaises.* C'est
ce que le président Xi Jinping est venu célébrer à l'Institut franco-chinois de Lyon lors de sa visite d'État en
mars 2014 : la filiation des membres du Parti communiste chinois, l'hommage aux pères fondateurs Zhou
Enlai et Deng Xiaoping qui ont étudié, travaillé ou été
formés en France. Mao était le seul à n'avoir pas quitté
le pays – certains ont dit plus tard que cela expliquait
ses erreurs, son idéologie autarcique caractérisée par
son mot d'ordre « Compter sur ses propres forces », qui
ont conduit à des aberrations meurtrières et longtemps
coupé le pays du reste du monde.

Concepts philosophiques, révolutionnaires ou
apprentissage de la modernité, la Chine a aussi été
à l'école de la France pour la littérature. Les écrivains français, qui ont eu la chance de trouver l'un
des traducteurs les plus talentueux en la personne
de Fu Lei, ont inspiré les auteurs réalistes chinois.
Chaque jeune Chinois apprend dès l'âge de 10 ans

« La dernière classe » extraite des *Contes du lundi*[1] d'Alphonse Daudet, pour la leçon de patriotisme donnée par un vieil instituteur alsacien qui refuse de faire sa classe en allemand et écrit sur le tableau, lors de sa dernière leçon : « Vive la France. » Cet enfant chinois, et j'en ai fait l'expérience lors de voyages en province, est tout heureux de le réciter à un Français de rencontre, lequel ignore bien souvent ce texte émouvant mais passé de mode dans nos écoles. À la fin de l'année scolaire, les élèves ont ce texte à l'esprit et s'en amusent lorsqu'ils entendent dire par le professeur que c'est le dernier cours. Victor Hugo est naturellement connu pour *Les Misérables* et *Notre-Dame de Paris* mais aussi pour sa très belle *Lettre au capitaine Butler* qui recherchait les félicitations du grand écrivain après le sac du palais d'Été auquel il avait participé en 1860. La description que Victor Hugo fait du palais et sa condamnation sans appel de ce crime sont gravées sur une page d'un livre en marbre au milieu des ruines de l'ancien palais d'Été, à côté du buste du poète, avec lequel les Chinois prennent des selfies : « Il y avait, dans un coin du monde, une merveille ; cette merveille s'appelait le palais d'Été [...]. L'art a deux principes : l'idée, qui produit l'art européen, et la chimère, qui produit l'art oriental. Le palais d'Été était à l'art chimérique ce que le Parthénon est à l'art idéal. Cette merveille a disparu. Un jour, deux bandits sont entrés dans le palais d'Été. L'un a pillé, l'autre a incendié [...]. Tous les trésors de

---

1. Alphonse Daudet, *Contes du lundi* [1873], Le Livre de Poche, 2001.

nos cathédrales réunis n'égaleraient pas ce splendide et
formidable musée de l'Orient [...]. Nous, Européens,
sommes les civilisés, et pour nous les Chinois sont les
barbares. voilà ce que la civilisation a fait à la barba-
rie. Il y a un vol et deux voleurs, je le constate.» Cela
nous vaut sans doute d'être un peu moins ciblés que
les Anglais dans cet épisode peu glorieux. Balzac, Zola,
Maupassant et Romain Rolland sont également au
programme des collégiens et lycéens chinois. Mais il
y a aussi des aficionados de Proust et de Marguerite
Duras, et même de Michel Houellebecq. Il ne faut pas
oublier Tocqueville, dont le livre *L'Ancien Régime et la
Révolution* est devenu en 2012-2013 un best-seller, vendu
à plus de 1 million d'exemplaires et objet d'étude sur
les recommandations d'un membre du comité permanent, Wang Qishan. Le Président chinois lors de sa
visite à Paris, dans son discours consacré à la relation
franco-chinoise, a cité 34 noms de Français célèbres
en Chine – c'est beaucoup plus que pour n'importe
quel autre pays. C'est d'ailleurs la littérature française
qui a incarné l'idée de liberté pendant la Révolution
culturelle, comme le raconte l'écrivain Dai Sijie, résidant aujourd'hui en France, dans son roman *Balzac et
la petite tailleuse chinoise*[1] qui, juste retour des choses,
est étudié dans les lycées français pour donner le goût
de la lecture. Tous les écrivains contemporains se
souviennent des livres bannis par le nihilisme obscuran-
tiste des gardes rouges, qu'ils dérobaient, se prêtaient et
dont ils déchiraient tour à tour les chapitres pour que

---

1. Dai Sijie, *Balzac et la petite tailleuse chinoise*, Gallimard, 2000.

chacun puisse les lire en cachette. Acte de courage, de liberté et d'amour pour les livres qui rappelle le film choc de François Truffaut *Fahrenheit 451*, inspiré du roman de Ray Bradbury[1].

Le peintre et auteur Shu Yi, le fils de Lao She – l'un des plus grands romanciers chinois, auteur du *Tireur de pousse-pousse*, de *La Maison de thé*, de *Quatre générations sous un même toit*, qui décrivent la vie des petites gens de Pékin sous l'occupation japonaise, « suicidé » pendant la Révolution culturelle – ne parle pas le français. Il a cependant pris l'initiative de faire restaurer les vestiges de la présence française dans les montagnes de l'Ouest en hommage à la France, au sujet de laquelle il proclame avec passion qu'elle a tout apporté à la Chine, qu'il s'agisse de littérature, de musique ou de peinture : comme en témoigne l'œuvre de Xu Beihong, mais aussi Zao Wou-Ki, Chu Teh-Chun, T'ang Haywen, peintres chinois de l'école française qui sont entrés à l'Académie des beaux-arts. La peinture abstraite qu'ils ont apprise en France dans les années 1930 a conservé une inspiration et une âme chinoises, parfait dialogue entre nos cultures. Il est amusant à cet égard de constater que les tableaux de ces peintres représentés à la résidence de l'ambassadeur de France à Pékin sont perçus comme essentiellement chinois par certains visiteurs français et comme trop occidentaux par de nombreux visiteurs chinois, qui confessent ne rien comprendre à la culture abstraite occidentale.

---

1. Ray Bradbury, *Farhenheit 451* [1953], trad. Jacques Chambon, Gallimard, 2000.

Gao Xingjian – qui est français aujourd'hui et se revendique souvent citoyen du monde – est un cas à part mais il est l'incarnation, sans doute avec le philosophe François Cheng, de cette fascination pour la culture française, qui lui a valu le prix Nobel pour *La Montagne de l'âme*[1], ce que l'establishment chinois ne lui a jamais pardonné. Ce livre est profondément chinois même s'il a été écrit dans une langue inspirée du nouveau roman et le prix qui l'a récompensé devrait aussi faire la fierté des Chinois alors qu'il se retrouve dans une espèce de purgatoire de la culture chinoise. Gao Xingjian est peintre également et ses magnifiques encres, ses paysages dans tous les tons de noir et de blanc traversés souvent par des ombres disent bien ce qu'ils doivent à nos deux pays.

Shu Yi m'avait invitée par un après-midi d'hiver à venir découvrir, avec un de ses amis professeur d'histoire, les vestiges de la présence française à Haidian. N'ayant pas mesuré la distance, je suis arrivée au soleil couchant et ai découvert ces lieux oubliés dans les collines à la lumière d'une lampe électrique.

Les montagnes de l'Ouest, à quelques kilomètres de Pékin, étaient le refuge des membres, devenus célèbres, de la communauté française, du début du XXe siècle, qui recherchaient en été la fraîcheur au milieu des champs d'abricots. Un cercle d'amis s'y retrouvait dans une maison de style chinois. Saint-John Perse, diplomate, futur secrétaire général du Quai d'Orsay et prix

---

1. Gao Xingjian, *La Montagne de l'âme, op.cit.*

Nobel de littérature, a écrit son célèbre poème *Anabase*[1] au pied du rocher où a été restaurée l'inscription du premier caractère chinois. Le poète André Dhormont a traduit *Le Rêve dans le pavillon rouge*, le roman chinois par excellence, la saga d'une grande famille au XVIIIᵉ siècle qui a fourni les archétypes de la littérature et même de la vie modernes. Le docteur Bussière, médecin de la communauté française qui y avait installé un dispensaire, soignait gratuitement les paysans dans une étrange tour périgourdine en pierres au milieu de sa propriété dans les champs d'abricots. Les autorités chinoises cherchent à présenter ce médecin comme un nouveau Norman Bethune, ce docteur canadien célébré par Mao pour avoir aidé les communistes. Claudel, dont l'œuvre, tel *Le Partage de midi*[2], est liée à la Chine, y a vécu seize ans comme consul général à Tientsin, Fucheou (aujourd'hui Fuzhou, capitale du Fujian) – où l'on peut encore visiter la maison délabrée et non identifiée où il a vécu et exercé ses fonctions consulaires, et Hankéou (intégré dans la grande conurbation de Wuhan, capitale du Hubei). Victor Segalen a écrit *Stèles*, un hommage érudit à la grande statuaire chinoise, ainsi que le plus beau roman sur l'imaginaire de la Chine, la recherche du « dedans », les mystères de la cité interdite, *René Leys*[3], qui a inspiré le pseudonyme du grand sinologue Simon Leys. Parmi les grands visiteurs occasionnels dans ces collines, on peut voir sur les photos d'époque Teilhard de Chardin ou l'explorateur Paul

---

1. Saint John Perse, *Anabase*, Gallimard, 1924.
2. Paul Claudel, *Le Partage de midi* [1906], Gallimard, 1994.
3. Victor Segalen, *René Leys* [1922], Gallimard, 1971.

Pelliot – lequel a découvert dans les grottes de Mogao les manuscrits bouddhistes de Dunhuang, qui à l'exception du plus ancien livre imprimé, le «Soutra du Diamant», donné par son rival Aurel Stein au British Museum, se trouvent aujourd'hui à la Bibliothèque nationale de France, ainsi que des peintures murales qui ont été déposées au musée Guimet. Paul Pelliot était un homme d'une extraordinaire érudition qui a largement contribué à l'étude du bouddhisme et de l'Asie centrale mais qui appartenait aussi à cette catégorie d'explorateurs-aventuriers de l'époque coloniale qui rapportaient leurs découvertes dans leur pays d'origine. L'épopée du Français est racontée dans un livre au titre évocateur: *Bouddhas et rôdeurs sur la route de la soie*[1], de Peter Hopkirk.

Autre épisode fondateur de cette relation privilégiée, celui de la reconnaissance de la République populaire de Chine le 27 janvier 1964, sous «le poids de l'évidence et de la raison», par le général de Gaulle, au moment où la Chine était isolée. Le terme juridique approprié est établissement de relations diplomatiques, car la France reconnaît les États et pas les régimes, mais c'était bien d'une «reconnaissance», hautement symbolique, qu'il s'agissait à l'époque, au risque d'une brouille assumée avec les Américains. Le général de Gaulle aura d'ailleurs ces propos visionnaires: «Il n'est pas exclu que la Chine redevienne au siècle prochain ce qu'elle fut pendant des siècles, la plus grande puissance de l'univers.»

---

1. Peter Hopkirk, *Bouddhas et rôdeurs sur la route de la soie*, trad. Carisse Busquet, Éditions Philippe Picquier, 1998.

Certains quinquagénaires et sexagénaires chinois m'ont dit se souvenir du lieu où ils se trouvaient lorsque la radio a annoncé cette nouvelle, ce qui témoigne de la portée historique de l'événement. Le général de Gaulle reste une figure révérée, à tel point que l'ancien hôtel Majestic de la concession française de Wuhan, alors Hankéou, faisait sa promotion en affirmant que le général de Gaulle – comme la reine d'Angleterre – y avait séjourné… alors qu'il n'est jamais allé en Chine. C'est en fait le président Pompidou qui à quelques mois de sa mort a effectué, en septembre 1973, la visite «due» au général de Gaulle, et s'est rendu à cette occasion aux côtés du Premier ministre Zhou Enlai dans les grottes bouddhiques de Datong dans la province du Shanxi. La visite de ce haut lieu du bouddhisme, tout juste rouvert et en cours de restauration après la Révolution culturelle, avait été présentée comme un privilège offert à la France. Un petit musée en expose encore aujourd'hui les photos jaunies. Des francophones m'ont dit que, en geste de reconnaissance pour cette décision du général de Gaulle, Mao avait décidé que le français serait enseigné pendant un an dans les écoles. Cela a été pour beaucoup le début d'une histoire d'amour avec la langue française et avec notre pays. C'est aussi pour cette raison que, lorsque les échanges culturels et éducatifs ont repris après la Révolution culturelle, les étudiants se sont dirigés vers la France. Lorsque, en 2014, nous avons célébré les cinquante ans de la relation pionnière de toutes les autres, nous avons reçu à l'ambassade la génération 1964 à son retour d'un émouvant pèlerinage à l'université de Rennes, qui les avait accueillis à cette période-là. Un

ami français qui partageait leur bâtiment à la cité universitaire m'a dit se souvenir de ces étudiants chinois qui
semblaient effrayés par les chahuts des étudiants français alors qu'eux se concentraient sur leurs études. Il
se rappelle aussi que les jeunes filles allaient au restau
U en se tenant par les couettes. La section française
des étudiants de retour de l'étranger reste très active
et entretient toujours des liens émus avec la France. Je
me suis souvent rendue à leurs invitations dans une des
anciennes demeures princières qui leur a été attribuée
au sud de la Cité interdite.

Bien avant cela, au XVIIIᵉ siècle, la Chine avait été
au cœur de la réflexion intellectuelle et philosophique
en France. Les philosophes utilisaient la pensée et
le système politique chinois, tels qu'ils les comprenaient ou voulaient les comprendre, pour développer
la thèse qui leur était chère. Chacun avait sa Chine,
idéale pour Voltaire qui y voyait « la nation la plus sage
et la mieux policée de tout l'univers[1] », négative pour
Montesquieu qui lui attribuait dans *L'Esprit des lois* le
modèle de l'État despotique. La publication des *Lettres
édifiantes et curieuses des Jésuites de Chine*, véritable encyclopédie, puis de la compilation du père Du Halde
sous le titre de *Description de l'empire de Chine*, traduite
dans plusieurs langues européennes, a suscité un fort
intérêt tout au long du siècle des Lumières. On peut
signaler les fameuses *Lettres du père d'Entrecolles* qui, en
1712 puis 1722, ont révélé les secrets de fabrication

---

1. Voltaire, *Contes philosophiques et exotiques. L'orphelin de la Chine*
(première édition 1755).

de la porcelaine avec du kaolin, connu depuis la dynastie des Han, dans les grands fours impériaux de Jingdezhen dans la province du Jiangxi (que l'on peut encore visiter aujourd'hui), espionnage industriel ou violation de propriété intellectuelle avant l'heure, qui a permis aux Européens de fabriquer à leur tour de la porcelaine qui allait faire concurrence à la porcelaine de Chine. Le contenu de ces lettres a d'ailleurs fait l'objet d'un article dans l'*Encyclopédie* de Diderot et d'Alembert. Personne n'avait évidemment cet épisode à l'esprit lorsque de la porcelaine blanche ordinaire de Chine a été détruite dans les années 1990 à la demande de la Commission car elle faisait concurrence à la vaisselle produite dans les pays européens. Ces ouvrages des jésuites ont paradoxalement inspiré les philosophes anticléricaux, dont Voltaire. La représentation de la pièce *L'Orphelin de la Chine*, en 1755 à la Comédie-Française, qui a rencontré un véritable succès, donne le ton de la sinophilie de l'époque. Les écrits des jésuites lui ont servi de modèle et permis de promouvoir un régime éclairé fondé sur la méritocratie ainsi qu'une forme de contrat social confucéen idéal. Cette bureaucratie céleste, décrite plus tard par le sinologue Étienne Balazs[1], gérait l'empire. Elle était recrutée par le biais des examens mandarinaux organisés à l'échelle du pays, examens locaux, régionaux puis nationaux qui se déroulaient au collège impérial de Pékin dans l'enceinte du temple de Confucius, lieu d'harmonie et de paix, où l'on peut toujours admirer

---

1. Étienne Balazs, *La Bureaucratie céleste*, Gallimard. 1968.

les tortues porte-stèles où sont gravés pour l'éternité les noms des lauréats aux concours. Se qualifiant souvent avec fausse modestie de « misérables vers de terre » en s'adressant à l'empereur ou à leurs supérieurs hiérarchiques, ces mandarins faisaient tourner la machine et encadraient même en réalité le pouvoir de l'empereur. Ce système resté en vigueur jusqu'en 1908, trois ans avant la fondation de la République, a constitué la pièce maîtresse de la sinophilie voire de la *sinomania* de l'époque. Au titre des allers et retours de l'histoire, les examens mandarinaux ont inspiré la mise en place de nos grandes écoles et en particulier de l'ENA, qui accueille chaque année depuis 1983 des diplomates et autres hauts fonctionnaires chinois, et a contribué à la mise en place d'une ENA chinoise. Les jésuites présents en Chine jusqu'en 1742, date à laquelle ils ont été chassés après avoir perdu la « querelle des rites » soulevée par leurs rivaux des missions étrangères – les dominicains, les franciscains, qui ont dénoncé auprès de Rome leur tolérance vis-à-vis de l'hommage rendu à Confucius et du culte des ancêtres, jugés idolâtres – étaient de véritables sinologues. Si la première chaire de sinologie a été ouverte à la Sorbonne il y a quelque deux cents ans, la sinologie française remonte à la présence des « mathématiciens du roi », astronomes réputés, envoyés en 1685 par Louis XIV, sous l'égide de la nouvelle Académie des sciences fondée par Colbert, à la cour de l'empereur Kang Xi, présenté comme le monarque éclairé et l'*alter ego* du Roi-Soleil. Depuis cette première mission française de Pékin installée en 1688, les jésuites ont été passeurs de culture, honorés avant tout comme savants respectueux de la culture chinoise. Ils ont publié à Paris en latin *Les Entretiens* de Confucius. J'ai visité le tombeau du précurseur Matteo Ricci ainsi que d'une quinzaine de jésuites, dont trois Français, qui a toujours été soigneusement entretenu dans les jardins du siège du Parti communiste à Pékin et fait même l'objet d'échanges, de colloques et de publications. En contrepoint, je me souviens que lorsque j'étais étudiante nous avions été un jour alertés à propos d'un étrange autodafé de livres anciens commis par le conseiller culturel de l'ambassade de France afin de faire de la place sur les étagères pour des classeurs administratifs. Nous avons alors retiré du bûcher éteint dans la cour du centre culturel des livres reliés à moitié carbonisés qui avaient fait partie de la bibliothèque des jésuites, dont les noms prestigieux étaient inscrits sur la première page. Je ne sais pas ce que ces livres précieux sont devenus.

La France, du fait de ce passé partagé, garde une image positive, mais elle n'est plus la référence principale. La Révolution culturelle, qui a entraîné un gel des relations avec les pays extérieurs, ne nous a pas épargnés. Les murs en face de la vieille ambassade de Sanlitun, le « deuxième quartier diplomatique » qui a accueilli les pays qui ont reconnu la RPC dans les années 1960, ont gardé la trace des insultes antifrançaises jusqu'à la visite du président Pompidou en septembre 1973. Cet intermède violent n'aura en conséquence pas permis de bâtir immédiatement sur le geste précurseur du général de Gaulle. Puis, le temps de l'ouverture est venu. Très vite les États-Unis, dans la foulée des visites de Henry

Kissinger puis du président Nixon en 1972 et de celle de Deng Xiaoping aux États-Unis en 1979, ont remplacé la France dans l'imaginaire des Chinois et les fantasmes de la jeunesse. Une vague de reconnaissances internationales a suivi. La Chine est entrée à l'ONU en 1971 et l'avantage comparatif de la France s'est amenuisé. Trois pays ont marqué de leur influence successive la formation universitaire et intellectuelle chinoise : la France, l'Union soviétique et aujourd'hui les États-Unis. Seuls les vrais amoureux de la langue et de la culture française viennent faire leurs études en France.

La célébration en 2014 du cinquantième anniversaire de l'établissement des relations diplomatiques, qui a été inaugurée par une « nuit de Chine » au Grand Palais et l'orchestre de la garde républicaine au Musée national de Pékin, et a été marquée par le périple du cheval-dragon conçu par la compagnie nantaise. Les Machines de l'île au parc olympique, a permis d'effacer un pénible épisode après le passage de la flamme à Paris et la rencontre du président Sarkozy avec le dalaï-lama en novembre 2008 à Gdańsk. Épisode qui a valu à la France une « punition » de plus d'un an. Cette critique et cette amertume ciblées contre la France et vivaces dans la jeunesse chinoise parce que nous avons gâché la fête, la fierté d'un retour tant attendu et triomphant sur la scène internationale, ne s'expliquent que par le sentiment de trahison par un pays considéré comme ami. J'ai quelques années après encore entendu cette interrogation : « Cela ne nous aurait pas étonnés de la part d'autres pays, mais pourquoi vous, les Français, qui étiez nos amis ? »

Les dirigeants de la cinquième et sûrement de la sixième génération gardent un regard positif sur la France. Le président Xi Jinping a reconnu à cet égard à Paris que « celui qui boit l'eau du puits doit se souvenir de celui qui l'a creusé ». Ils sont aussi sensibles à l'aide apportée au programme nucléaire, à l'installation de la chaîne de montage d'une usine Airbus à Tianjin et à la coopération sur d'autres projets de haute technologie, mais l'image de la France est avant tout celle du romantisme. Phénomène au demeurant récent puisque le terme jugé bourgeois avait été banni par la Révolution culturelle. Cette qualification est celle qui vient spontanément à l'esprit des Chinois, fussent-ils étudiants ingénieurs à l'École centrale de Pékin, à l'Institut aéronautique de Tianjin ou encore à l'Institut des études nucléaires de Zhuhai, qui enseignent en français et selon le cursus des grandes écoles françaises. Les préjugés ont la vie longue et il nous faut déployer beaucoup d'efforts pour convaincre que la France est une nation moderne et ne se résume pas à la Ville lumière, où l'on rêve de passer son voyage de noces et d'acheter des sacs Vuitton, des foulards Hermès et autres produits de luxe. Le romantisme qui nous est prêté est en fait une projection des Chinois eux-mêmes. Il n'est qu'à voir l'attrait qu'a suscité le pavillon français de l'Exposition universelle de Shanghai en 2010, et la fascination des jeunes et des moins jeunes pour l'ancienne concession française, à l'ombre de ses platanes de France centenaires, de l'ancienne Paris de l'Orient. Il est vrai que Paris reste dans le monde notre *soft power* et que 2 millions de touristes chinois y sont venus en 2014. Cette représentation a fait dire à un chercheur chinois lors d'un colloque sur les images croisées que les Français devraient s'appuyer sur leur culture pour vendre leurs voitures et les Allemands sur leurs voitures pour « vendre » leur culture… Il faut d'ailleurs espérer que la perception des risques en termes de sécurité ne détournera pas les Chinois de leur rêve parisien.

Quelques provinces chinoises gardent le souvenir de la France, comme le Fujian où ont été construits sous la direction de l'amiral Prosper Giquel les arsenaux de Fuzhou d'où sont sortis les premiers bateaux de guerre chinois, dont la flotte a été entièrement détruite en 1884 par un autre marin français, le contre-amiral Courbet, pendant la guerre franco-chinoise (1881-1885), moment d'histoire souvent ignoré en France. La ville de Fuzhou continue néanmoins de célébrer cette première coopération industrielle franco-chinoise. La région du Sichuan conserve pour sa part le souvenir des « canonnières du Yang-Tse » chargées de protéger les missions religieuses au début du XXe siècle. J'ai tenu à visiter dans les environs de Chongqing, dominant la rive droite du Yangzi, l'ancienne maison de la marine française, une citadelle désaffectée, la caserne « Commandant Odent » qui conserve, cachées sous les plantes, des pierres tombales portant les noms à peine effacés des marins français.

Au Yunnan, dans un contexte de rivalité avec le résident général d'Indochine Paul Doumer, qui voulait faire main basse sur la province de Chine méridionale en prenant le contrôle du fleuve Rouge, Auguste

François, consul général à Yunnanfu (aujourd'hui Kunming, capitale de la province) surnommé le « mandarin blanc », a défendu les intérêts du Yunnan et supervisé l'édification d'une voie ferrée vers Hanoi où roulait le « petit train du Yunnan ». Achevée en 1910, cette voie ferrée a compté un nombre record d'ouvrages d'art au milieu de montagnes escarpées, comme le fameux pont sur arbalétriers, et des gares de chemin de fer semblables à celles de France. Cette voie servira paradoxalement pendant la guerre d'Indochine à acheminer des vivres et de l'armement au Viêt-minh, et aboutira à l'issue fatale pour la France de la bataille de Diên Biên Phu. Les autorités chinoises, françaises et vietnamiennes œuvrent aujourd'hui à son inscription au patrimoine de l'humanité de l'UNESCO. J'ai assisté à un séminaire à cette fin à Kunming en 2013. Le dessinateur yunnanais Li Kunwu, primé au Festival d'Angoulême, en a fait une très jolie bande dessinée intitulée *La Voie ferrée au-dessus des nuages*[1].

Le diplomate et politologue américain George Kennan disait que les Chinois étaient les Français de l'Asie car ils partageaient les mêmes traits de caractère, joie de vivre, indiscipline, plaisirs de la table. Ce sont en effet les deux plus remarquables gastronomies au monde par leur qualité et la variété de leurs mets. Les Chinois, dont on disait il y a trente ans qu'ils ne boiraient jamais de vin en raison d'une intolérance

---

1. Li Kunwu, *La Voie ferrée au-dessus des nuages*, trad. An Ning, Kana, 2013. Voir aussi la trilogie avec Philippe Ôtier, *Une vie chinoise*, Kana, 2009.

quasi génétique, ont développé une véritable passion en la matière, jusqu'à planter des vignes, devenir le plus grand consommateur au monde, acheter des châteaux dans le Bordelais et en Bourgogne. Il est devenu chic pour les jeunes Chinois et Chinoises de s'inscrire à des cours d'œnologie en France. Un exposant français dans un salon vinicole remarquait qu'il n'était pas étrange, pour un palais chinois formé à distinguer la qualité des différents thés contenant également des tanins, de faire le même exercice pour les grands crus des vins. La galerie Yishu8, installée dans les locaux de l'ancienne université franco-chinoise qui formait les étudiants envoyés ensuite à l'Institut franco-chinois de Lyon, a présenté en 2014 une très belle exposition sur la culture du thé et du vin pour célébrer le cinquantième anniversaire de l'établissement des relations diplomatiques entre la France et la Chine.

Enfin, au titre des influences croisées, une nouvelle période de sinomania et de maolâtrie, suscitée par la Révolution culturelle, a fait partie du débat sans doute moins éclairé qu'au XVIIIe siècle mais largement fondé sur des fantasmes ou des projections. Le film de Jean-Luc Godard *La Chinoise*, considéré comme annonciateur de Mai 68, est intéressant à cet égard. Anne Wiazemsky qui fut sa femme et incarna la Chinoise raconte dans son livre *Une année studieuse*[1], celle du tournage du film, les illusions et la déception de Jean-Luc Godard, lequel s'est fait quasiment jeter de l'ambassade de Chine à Paris, où on lui a déclaré

---

1. Anne Wiazemsky, *Une année studieuse*, Gallimard, 2012.

qu'il n'avait rien compris, alors qu'il imaginait une tournée triomphale de présentation en Chine. La parfaite organisation de visites de sympathisants, l'audition que réservait Mao à toute personnalité politique de passage, la séduction de Zhou Enlai, des slogans donnant à entendre qu'en Chine l'intelligence était au pouvoir et qu'on pouvait « faire feu sur le quartier général », tout cela a empêché de voir la réalité. C'était alors le combat d'un seul, Simon Leys – qualifié d'« antichinois » –, contre tous. À cet égard l'émission *Apostrophes* qui en 1983 a vu le sinologue belge répondre à Maria-Antonietta Macciocchi qu'elle disait des sottises car les sots profèrent des sottises comme les pommiers produisent des pommes restera dans les mémoires comme un moment d'anthologie. Puis, après la mort de Mao, la période de Hua Guofeng qui n'avait plus rien d'exaltant les a ennuyés, les crimes de la Révolution culturelle les ont dégrisés et ils sont passés à autre chose. La plupart des maoïstes français, à l'exception de ceux qui avaient quitté trop tôt le lycée pour effectuer leur propre « longue marche » en allant travailler dans les usines du nord de la France, se sont, comme en Chine, très bien reconvertis.

La France a aujourd'hui – en tant que grande puissance, membre permanent du Conseil de sécurité des Nations unies – établi un partenariat stratégique global avec la Chine fondé sur des intérêts communs pour le maintien de la paix et de la sécurité internationale, et au plan économique sur des partenariats structurants dans l'aéronautique, le nucléaire et le spatial. Elle a

développé un dialogue riche sur les questions culturelles et depuis l'« année de la France en Chine » qui a
succédé en 2004 à l'« année de la Chine en France », avec
des myriades d'événements et de célébrations, organisé sur le territoire chinois le plus grand festival culturel français dans le monde. Mais il reste à convaincre
les jeunes générations fascinées par les États-Unis que
notre pays, au-delà des clichés sur le romantisme, est
un pays moderne et une puissance innovante.

9

Le pays des oxymores

La Chine est un pays unique : une nation-continent, un monde en soi, un État-civilisation. Un pays à l'histoire multimillénaire en transition permanente, qui se réinvente tous les jours et se projette avec enthousiasme dans le XXIe siècle. C'est aussi le pays des contradictions et des oxymores, subtil maniement de la dialectique et adaptation de la théorie de l'interpénétration du yin et du yang à l'époque contemporaine. Il suffit à cet effet d'accoler à une politique ou à un système la précision « aux caractéristiques chinoises » ou « aux couleurs de la Chine ».

La Chine est un monde en soi, ce qui explique son ethnocentrisme et ce concept rémanent d'empire du Milieu. Mais c'est aussi un monde multiple. Du nord au sud, du fleuve Amour qui trace la frontière avec la Russie à l'île tropicale de Hainan à la latitude de Saigon, la distance est de 5 500 kilomètres. D'est en ouest, de la mer de Bohai à la frontière avec le Kazakhstan au

Xinjiang, elle est de 5 200 kilomètres traversés par quatre fuseaux horaires. L'heure officielle reste toutefois celle de la capitale de l'Empire, ce qui contraint les habitants de l'ouest de la Chine à se plier à ces horaires contraires à la marche du soleil. La Chine recense tous les reliefs et tous les climats. Des forêts sibériennes de bouleaux et de conifères aux rizières en terrasse du Yunnan remplies d'eau au printemps comme autant de miroirs du ciel, en passant par la plaine centrale, celle de la terre jaune, du lœss, berceau historique de la Chine qui a également abrité les compagnons de la Longue Marche, les déserts arides et dangereux du Taklamakan et les oasis du Gansu et du Qinhai, la steppe herbeuse de Mongolie-Intérieure couverte de yourtes blanches et parcourue de petits chevaux et de moustiques géants, sans oublier l'Himalaya, le sommet du monde et les hauts plateaux du Tibet et du Sichuan. Lors d'une première rencontre, un Chinois se verra toujours interrogé sur sa province d'origine, qui est supposée façonner les caractères. Pendant des siècles, seule l'écriture unifiée a permis la compréhension entre tous les habitants de l'Empire. Aujourd'hui le mandarin, sous l'appellation «langue commune» (*putonghua*) est enseigné à l'école et les dirigeants politiques ont perdu ces lourds accents locaux qui rendaient Mao le Hunanais et Deng le Sichuanais si difficiles à comprendre par leurs compatriotes. Des centaines de dialectes restent cependant parlés dans l'ensemble de la Chine et obligent de ce fait la télévision à sous-titrer la plupart de ses programmes. La très grande majorité de la population, à hauteur de

90 % – chiffre toutefois en diminution relative du fait
des exceptions à la politique de l'enfant unique au
profit des minorités nationales, dont l'accroissement
naturel est donc plus rapide –, appartient à l'ethnie
Han. Les 56 minorités nationales ont des langues,
des coutumes et des religions différentes, proches de
celles des pays limitrophes – Russie, Mongolie, Corée,
Kazakhstan, Népal, Afghanistan, Inde, Birmanie, Laos,
Vietnam. Les sessions annuelles de l'Assemblée nationale populaire sont un défilé coloré de costumes traditionnels que les participants prennent en photo sur
les marches du Palais du peuple : des chapkas en four-
rure surmontées de cornes de cerf des peuplades du
Nord aux tenues multicolores recouvertes de perles et
de diverses parures d'argent des Miao et autres tribus
du Sud. Cinq religions répertoriées accroissent encore
cette diversité. L'existence d'une Chine du Nord, celle
du blé, et d'une Chine du Sud, celle du riz, représente
une autre coupure.

L'immensité de l'espace et ses différents mondes
avaient généré le sentiment de Mao que la Chine
pouvait, selon le slogan obsessionnel des années 1970,
« compter sur ses propres forces ». La puissance du
nombre lui avait donné la certitude que le pays était
invincible et que « en cas de guerre atomique la Chine
ramasserait les débris du monde brisé ».

Comment faire tenir tout cela ensemble, tel est
le dilemme récurrent de tout dirigeant chinois. Les
risques centrifuges, symbolisés par l'adage chinois « Le
ciel est haut et l'empereur est loin », sont permanents.
Les responsables des provinces ont tendance à établir

des fiefs et à s'autonomiser par rapport au pouvoir central.

La Chine, qui a accédé au début de la décennie au rang de deuxième puissance économique mondiale, a accumulé au plus haut 4 000 milliards de dollars de réserves, détient des bons du Trésor américain et a vu éclore en quelques années un nombre record de milliardaires, est en même temps un pays en développement qui se classe au 87e rang en terme de PNB par tête. Un pays riche de gens pauvres ou un pays pauvre de gens riches ? Un peu des deux sans doute, car le phénomène de rattrapage se poursuit. En matière de richesses et de revenus, on dit souvent qu'il y a trois Chine, la Chine côtière, la Chine du centre et les marges – les grandes métropoles Pékin, Shanghai et Tianjin. Pékin, la capitale politique et administrative de l'empire, dont les bâtiments majestueux et imposants cherchent à impressionner, est aussi la capitale intellectuelle et culturelle dont tout procède. Le raccourcissement du trajet pour Tianjin (trente-cinq minutes de TGV) qui en est la prolongation portuaire tend à en faire une vaste conurbation. La rivalité est forte avec Shanghai, capitale économique qui accueille une grande partie de la communauté d'affaires étrangère. Cette ville, qui est depuis sa fondation la plus moderne et la plus occidentalisée de Chine, souhaite désormais se donner un vernis culturel et a ouvert de nouveaux musées étonnamment d'avant-garde, l'éloignement du pouvoir central autorisant toutes les audaces. Les provinces côtières concentrent une grande partie de la richesse. Il faut avoir à l'esprit que si elles étaient des pays, elles rempliraient les critères pour être membres à part entière du G20. Ainsi la province du Guangdong compte 100 millions d'habitants et a un PNB supérieur à celui de l'Australie. La Chine de l'intérieur, encouragée par la politique du « *Go West* », cherche à rattraper la Chine côtière en accueillant des délocalisations d'entreprises attirées par des salaires moins élevés. Dans la Chine des marges peuplée de minorités, Tibet, Xinjiang mais aussi Mongolie-Intérieure, Ningxia et Yunnan, des gens continuent de vivre en dessous du seuil de pauvreté selon la classification de l'ONU.

Les autorités oscillent entre sentiment de fierté pour les succès économiques sans précédent et volonté pragmatique de préserver leur statut de pays en développement, qui leur permet encore de bénéficier de certains avantages aux Nations unies ou à l'OMC. Dans la pratique, elles entendent bien jouer sur les deux tableaux. Les directeurs des Nations unies et organisations internationales des ministères des Affaires étrangères des cinq pays membres permanents du Conseil de sécurité se réunissent chaque année. Lorsque ce fut le tour de la Chine d'accueillir cette réunion, le directeur des Nations unies et organisations internationales chinois a réuni ses homologues à Shanghai dans un hôtel ultramoderne au milieu des lumières du Manhattan du XXIe siècle à Pudong. À l'évocation du point de l'ordre du jour portant sur l'augmentation des contributions au budget des Nations unies, le directeur chinois s'est récrié que c'était impossible pour la Chine qui était encore un pays en développement, déclenchant des éclats de rire chez tous les participants. La Chine a longtemps exploité ce même argument pour se présenter pendant la négociation climatique comme le plus grand pays en développement accroché au principe sacro-saint de responsabilité commune mais différenciée, arguant du fait que le développement inachevé donnait davantage de droits à polluer. La Chine accepte désormais de tenir son rang, de reconnaître ses responsabilités et même de jouer un rôle précurseur.

Les contradictions se retrouvent aussi dans la relation au monde. Après les humiliations ressenties pendant plus d'un siècle, y compris lorsque la Chine devait bénéficier de programmes importants d'aide au développement, sa croissance fulgurante a généré un mélange, ou une alternance, d'assurance parfois mâtinée d'arrogance à l'égard des étrangers et d'insécurité profonde. Parce que tout s'est fait très vite – trop peut-être –, la Chine n'en revient pas et certains dirigeants ou hauts fonctionnaires sont enclins à prendre de haut les Occidentaux, notamment depuis les crises financières aux États-Unis et de l'euro dans l'Union européenne. En même temps, elle garde une forme de modestie et continue de s'inspirer, avec patience et empirisme, des meilleures pratiques dans les pays occidentaux. À l'opposé de l'approche idéologique de Mao, qui préférait «des trains socialistes arrivant en retard à des trains capitalistes arrivant à l'heure» et des responsables «plutôt rouges qu'experts», les dirigeants recherchent depuis Deng Xiaoping «la vérité dans les faits». Une expérimentation est donc initiée dans une province ou une zone spéciale avant de pouvoir être généralisée dans toute la Chine. En cas d'échec, on n'hésite pas à abandonner et à tenter une autre expérience.

Même dans le domaine politique, on procède à des études de cas. Les révoltes des pays du Proche et du Moyen-Orient que nous avons qualifiées avec optimisme de « printemps arabes », terme récusé par les Chinois, qui ont choisi très vite de s'y référer comme à des « hivers arabes » générateurs de chaos, ont suscité, comme précédemment les « révolutions de couleur », des inquiétudes fortes à Pékin. Ces mouvements ont éveillé la crainte d'une mise en cause du système. Ce n'est qu'après une étude et une réflexion de quelques mois que les autorités chinoises sont arrivées à la conclusion que ces rébellions ne pouvaient être répliquées en Chine car elles résultaient à la fois d'une crise économique profonde et de l'incapacité à renouveler les dirigeants accrochés au pouvoir depuis des décennies. Or la Chine avait instauré un système d'alternance, avec le renouvellement du personnel politique tous les dix ans à la faveur des congrès du Parti. Toutefois, ce type d'insurrection, qui renvoie à la fois aux révoltes qui ont abouti à la chute des différentes dynasties et aux mouvements étudiants de 1986 et 1989, reste l'obsession de la Chine. Les premières agitations populaires au Brésil, qui ont commencé avant que le pays, méritant encore son statut de « brique d'or », ne s'enfonce dans la crise, ont suscité l'incompréhension de Pékin. Nos interlocuteurs les trouvaient injustifiées et s'étonnaient de l'ingratitude du peuple car, aux yeux des dirigeants chinois, le contrat social qui consistait à assurer la croissance avait été rempli par les autorités brésiliennes.

Toutefois, c'est la chute de Mikhaïl Gorbatchev qui demeure le traumatisme le plus profond. C'est pour Pékin le contre-modèle absolu car le dernier dirigeant soviétique a provoqué une double perte : la fin de la domination du Parti communiste et l'explosion du pays, réduit désormais à sa portion congrue, ce dont la Russie ne s'est jamais relevée ni au plan économique ni au plan stratégique. Les sessions de formation permanente organisées à l'école du Parti longtemps dirigée par Xi Jinping à l'intention de ses adhérents (il n'est pas rare d'apprendre que notre interlocuteur habituel dans un ministère est indisponible pour quelques mois car il est en session de formation) continuent d'analyser cet échec. Il est généralement attribué à l'inversion des priorités, l'homme de la perestroïka et de la glasnost ayant accordé la priorité à la réforme politique sans avoir préalablement créé un socle solide en procédant aux réformes économiques indispensables. Le ressentiment à l'encontre du dernier dirigeant soviétique est d'autant plus fort que, lors de sa visite en mai 1989, l'appel des étudiants chinois qui manifestaient sur la place Tiananmen au maître du Kremlin érigé en grand réformateur et en quelque sorte en héros de la démocratie avait été ressenti comme une humiliation. Qui plus est, cette visite se voulait historique à un autre titre puisqu'elle était la première d'un secrétaire général du Parti communiste soviétique depuis celle de Nikita Khrouchtchev en 1959 et visait à la totale normalisation des relations bilatérales. Les dirigeants chinois avaient été mortifiés de devoir annuler la traditionnelle cérémonie devant le Palais du peuple en raison des manifestations étudiantes et d'organiser l'accueil à l'aéroport. Je venais de quitter, en ce mois de mai, mon poste à Moscou où j'avais pu observer l'assurance des autorités soviétiques, plus détendues, plus jeunes et plus modernes – c'était l'époque de la « Gorbimania » – qui contrastait avec la crispation d'un pouvoir vieilli à Pékin. Tout cela, certes, n'a eu qu'un temps, et la Chine a pris l'ascendant.

Le sentiment d'insécurité intérieure se traduit aussi par un besoin de reconnaissance de la part des pays occidentaux. Tout en rejetant catégoriquement toute forme de critique ou de « leçons » sur les droits de l'homme, assimilée à une ingérence injustifiée compte tenu de la situation d'affaiblissement économique des démocraties, la Chine s'interroge souvent sur ce qu'on pense d'elle, sur son image à l'étranger. Elle est attentive à la couverture de presse et a tendance à surréagir. La Chine, qui s'attendrait plutôt à être louée et admirée pour avoir réussi à sortir 700 millions d'habitants de la pauvreté, permettant au passage à l'ONU de considérer que les objectifs de développement du millénaire ont été atteints, a du mal à comprendre la crainte et la méfiance qu'elle peut susciter en Europe ou aux États-Unis. Des chercheurs et de jeunes étudiants m'ont souvent fait cette réflexion. Les autorités chinoises ne comprennent pas que l'on ne puisse corriger ou au moins, comme cela m'a été dit à maintes reprises, « orienter » nos journalistes dans la description du pays en gommant tous les problèmes, comme le faisait autrefois la revue de propagande *La Chine en construction* ainsi que *La Revue Chine nouvelle*. Il y a une incompréhension totale de ce que signifie la liberté de la presse, qui autorise à critiquer nos propres dirigeants. Je renvoyais généralement les diplomates chinois qui avaient été en poste en France aux *Guignols de l'info* ou au *Canard enchaîné* en leur faisant observer, que si les dirigeants français avaient quelque volonté ou moyen d'intervenir, ils commenceraient sans doute par censurer les critiques portées contre eux. Nos interlocuteurs, même des diplomates habitués à être confrontés à l'étranger, étaient globalement imperméables à cet argument. Or, de manière générale, la connaissance d'autres pratiques reste limitée parmi les générations qui ne pouvaient sortir du pays ou même apprendre une langue étrangère sauf nécessité professionnelle absolue.

Sur le plan politique, le régime autoritaire, centralisé, s'incarne dans l'État-parti. La distinction entre les fonctions du gouvernement et celles du Parti au niveau central est relativement claire. Xi Jinping cumule les fonctions de secrétaire général du Parti et de président de la République. Ce dernier titre est utilisé en cas de visite à l'étranger, Corée du Nord exceptée car elle est dirigée par un parti frère. Il est vrai toutefois qu'aucune visite officielle n'a eu lieu depuis l'arrivée au pouvoir de Kim Jong-un. Lorsqu'ils souhaitaient s'enquérir de la situation en Corée du Nord ou de la relation de Pyongyang avec la Chine, les diplomates étrangers étaient généralement renvoyés par le ministère des Affaires étrangères au bureau de liaison extérieure du Parti communiste, en charge des relations avec les partis frères. Les membres du gouvernement sont moins puissants que ceux du Parti. Certains parmi les ministres, en termes protocolaires et d'influence, prennent rang après des conseillers que l'on ne rencontre jamais. Par exemple, le ministre des Affaires étrangères, actuellement Wang Yi, se place derrière le conseiller d'État pour la politique étrangère, Yang Jiechi, qui est d'ailleurs son prédécesseur. Mais un homme dont peu de gens connaissent même le nom et que l'on rencontre uniquement dans les visites d'État, Wang Hunin, au demeurant excellent francophone, proche de Xi Jinping, est le véritable inspirateur de la politique étrangère. Ce système de double commande apparente où les responsables du Parti se superposent aux membres du gouvernement est répliqué aux échelons locaux, où le secrétaire du Parti de la province ou de la ville a préséance sur les gouverneurs ou les maires. Ces derniers, comme sur une échelle de perroquet, font parfois l'objet de promotions dans des fonctions relevant du Parti. Dans les universités, les hôpitaux, les usines, les musées, l'homme du Parti, héritage du commissaire politique en Union soviétique, assiste souvent discrètement ou même parfois silencieusement aux rencontres avec les directeurs de ces différentes institutions.

Comble des oxymores, la Chine est dirigée par un Parti communiste à la tête d'une entreprise capitaliste, la « China Inc. », dont le secrétaire général du Parti est en quelque sorte le P-DG. La Chine a défini sans état d'âme son régime comme une économie socialiste de marché. L'expression « aux caractéristiques chinoises » justifie toutes les contradictions. Les internautes s'en amusent généralement, y voyant là la définition d'une forme de « surréalisme à la chinoise ». Le Parti communiste chinois est avant tout un parti de type léniniste, ce qui renvoie essentiellement à une méthode de conquête et de maintien au pouvoir et non pas à une idéologie, souvent fluctuante au demeurant et qui n'est plus de toute façon marxiste-léniniste. Il s'agit d'un parti unique, autoritaire, l'avant-garde prônée par Lénine. Malgré des tentatives récentes de régénérer l'idéologie, plus personne n'y croit vraiment. C'est devenu un appareil et un moyen de faire carrière quand aucun poste de responsabilité n'est concevable sans appartenance au Parti. Il y a eu parfois des exceptions liées à une expertise particulière, comme ce fut le cas de Chen Zhu, ministre de la Santé de 2007 à 2013, titulaire d'un doctorat en France et qui a bâti le nouveau régime de Sécurité sociale chinois. Le pays n'a plus de communiste que le nom et l'organisation du Parti qui le dirige. Un membre de l'Académie des sciences sociales m'a dit un jour qu'un hypothétique changement de nom du Parti, en Parti socialiste ou Parti démocrate, contribuerait certainement à faire taire la méfiance des Américains. Il est vrai que de nombreux visiteurs qui ne connaissent pas la Chine sont étonnés de la liberté de la société. Une délégation de maires de petites et moyennes communes françaises m'a ainsi confié à l'issue d'un séjour de dix jours qu'ils repartaient « rassurés pour leurs petits-enfants ».

Même si le régime chinois peut être défini comme un capitalisme d'État, certaines pratiques économiques tendent vers l'ultracapitalisme sans régulation.

La concurrence entre les entreprises est encouragée. L'étude des slogans chinois sur le long cours serait instructive. Du temps de Deng Xiaoping, il était proclamé sur les murs des villes que l'enrichissement était un objectif glorieux. Toute forme de protection sociale avait même disparu après le lancement de la politique de réformes. Les grandes entreprises d'État entretiennent des liens incestueux avec le Parti. Les dirigeants de ces grandes entreprises peu rentables sont nommés par le Parti communiste, avec lequel ils entretiennent des liens de subordination. Une ligne de téléphone rouge les relie. En même temps, la Chine est soucieuse de modifier son modèle économique et de développer l'économie de marché ainsi que le secteur privé, ce qui aboutit à une coexistence entre ces mastodontes et des entreprises privées supposées être indépendantes du pouvoir politique. Ces dernières estiment au demeurant être étouffées. La mise en œuvre difficile et sans cesse retardée des réformes du 3e plénum d'octobre 2013 présentées comme révolutionnaires sur le rôle directeur du marché reflète ces contradictions et le poids des intérêts acquis. Le pas n'est pas complètement franchi. Les économistes chinois sont d'ailleurs sévères et n'hésitent pas à mettre en garde contre les risques à retarder davantage la mise en œuvre desdites réformes. Cela n'empêche pas la Chine de revendiquer le statut d'économie de marché.

L'inquiétude des dirigeants porte plus que jamais sur le fossé avec les jeunes générations. Celles d'après 1980 et 1990, pour lesquelles un terme spécifique a même été forgé, *balinghou* 八零后, *jiulinghou,* 九零后, une fois arrivées dans la vie professionnelle. Celles qui n'ont pas connu les révolutions, les générations de l'Internet et de l'ouverture du pays mais aussi les générations des enfants uniques. Des «enfants empereurs» gâtés par les parents et grands-parents, et de ce fait enclins à l'égoïsme. Si les vétérans et les personnes âgées sont reconnaissants au Parti communiste de leur avoir apporté la fin des troubles, l'unité et l'indépendance du pays, les générations suivantes se montrent pour leur part essentiellement redevables au Parti de la croissance économique et de la fierté retrouvée. Le Parti communiste reste ainsi légitime aux yeux des générations précédentes, mais comment convaincre les plus jeunes des bienfaits du système? Le retour aux cours de marxisme-léninisme n'a guère de chances d'atteindre cet objectif. On dit que les étudiants récupèrent tous leurs livres après un examen, sauf ceux qui portent sur la doctrine, abandonnés sur la table. Pour des jeunes habitués à voyager et qui ont accès par des systèmes VPN (réseau privé virtuel) à l'information véhiculée par les médias étrangers, tout cela est dépourvu de sens. En revanche, les autorités développent de plus en plus l'argument de la faillite des démocraties. Le thème des dysfonctionnements de la démocratie entravée par les choix électoraux de court terme et les querelles partisanes a été abondamment utilisé pour la première fois à la suite de l'incapacité de la Maison Blanche pendant plusieurs semaines à trouver un compromis avec le Congrès sur le budget, la fameuse «falaise fiscale» (*fiscal cliff*) ou mur budgétaire de l'automne/hiver 2012 qui risquait de conduire à une récession. La lenteur des décisions des 28 pendant la crise de l'euro et celle des réfugiés, l'émergence de partis extrémistes, les errances et outrances de la campagne pour l'élection présidentielle américaine, sans compter les drames du Moyen-Orient, imputés aux révolutions démocratiques génératrices de désordres, alimentent ces critiques. Les drames et comédies shakespeariens de la vie politique britannique consécutifs au Brexit sont aussi vus de Pékin comme une pierre dans le jardin de la démocratie. La presse chinoise, qui a suivi avec intérêt et stupeur la campagne électorale américaine, a qualifié la démocratie de farce en pointant Trump du doigt, le *China Daily* écrivant : « *Democracy is a joke : look at Trump.* » L'image de la démocratie auprès des jeunes ne peut évidemment qu'en pâtir.

Si cette analyse ne convainc pas tous les jeunes Chinois, certains sont néanmoins sensibles à l'argument de l'échec ou du moins de la crise de nos systèmes. Ils opposent la prise en compte de l'intérêt général dans la longue durée, que permet un système autoritaire éclairé, et les préoccupations électoralistes de court terme du personnel politique de nos pays confrontés à des élections fréquentes. Un dialogue informel lors d'un dîner suivant des consultations officielles entre deux personnalités politiques chinoise et française traduit bien cette perception. L'assertion chinoise : « Votre problème est que vous avez trop d'élections », avait suscité une réponse française du tac au tac : « Le vôtre est que vous n'en avez pas assez. »

Cette crise économique et politique des démocraties, générée par la peur face à la mondialisation ainsi que la perte des repères et en même temps aggravée par un ralentissement économique prolongé, permet aux dirigeants chinois de convaincre leurs concitoyens que la Chine doit en tout état de cause créer son propre modèle. Contrairement à la proclamation de Fukuyama lors de la chute du mur de Berlin sur « la fin de l'histoire », qui correspond à l'avènement de la démocratie pour tous, la Chine estime que compte tenu de sa spécificité il n'existe pas de précédent pertinent dans l'Histoire. Il est d'ailleurs à relever qu'elle n'est pas prosélyte, même si elle retire une certaine satisfaction de l'intérêt en Afrique pour ce qui a été qualifié de « consensus de Pékin » (par opposition au consensus de Washington), soit le développement sans la démocratie.

Si l'impérieuse nécessité d'une transition vers un modèle économique plus qualitatif est acquise, le sujet de la démocratie reste néanmoins au cœur de la réflexion. Xi Jinping, évoquant avant même son arrivée au pouvoir le « rêve chinois », dont la réalisation est prévue en deux étapes (2021 d'abord, avec le centenaire de la fondation du Parti communiste chinois, qui va coïncider avec la fin de son mandat et a pour objectif de doubler le revenu national ; 2049 ensuite, avec le centenaire de la fondation de la République populaire de Chine), il appelle à une puissance restaurée et respectée mais aussi à un pays hautement démocratique. Cela ne signifie pas que la démocratie occidentale sera le modèle de référence mais qu'une forme de démocratie est un objectif, même si sa définition et ses modalités restent à préciser.

Même les autorités réfractaires aux démarches occidentales sur des cas individuels ne nient pas le respect insuffisant des droits de l'homme. Elles le justifient par un niveau de développement inférieur à celui des pays occidentaux. Les Chinois concèdent qu'ils doivent progresser sur ce point, mais à leur rythme. Le précédent Premier ministre, Wen Jiabao (2002-2012), dont l'héritage demeure ambigu surtout après les révélations du *New York Times* sur l'enrichissement de sa famille en 2013 qui l'ont grillé politiquement, n'hésitait pas à dire haut et fort que la question de la démocratie était cruciale. Il a eu le mérite, quoi qu'en pensent ses critiques qui l'accusent d'hypocrisie, de mettre le débat sur la place publique. Wen Jiabao, surnommé « grand-père Wen », était connu pour verser facilement des larmes témoignant de son empathie en cas de tragédies, catastrophes naturelles ou autres affectant le peuple chinois, comme le tremblement de terre au Sichuan en 2008. Dénonçant sa duplicité, l'écrivain Yu Jie dans un livre publié aux États-Unis l'a décrit comme « le plus grand comédien de Chine »[1]. Ce qui lui a été reproché principalement était de ne pas traduire ses paroles en actions. Mais compte tenu des forces en présence, des rivalités politiques et de la permanence de néomaoïstes ou même simplement de gardiens du temple, comme le président de l'Assemblée nationale populaire, Wu Banguo, qui avait fermé la porte à l'introduction de la séparation des pouvoirs – le pouvait-il ?

---

1. Yu Jie, *China's Best Actor: Wen Jiabao*, New Century Publishing Co., 2010.

Il faut se souvenir que Wen Jiabao était un proche de l'ancien secrétaire général du Parti Zhao Ziyang et était à ses côtés sur la place Tiananmen lorsque ce dernier a rencontré les étudiants protestataires en juin 1989. Toujours est-il que la nécessité d'une réforme démocratique a été le thème central de l'une des plus longues et substantielles conférences de presse de l'histoire à l'issue de l'Assemblée nationale populaire de mars 2012, un an avant la fin de son mandat. Il a repris ce dernier sujet plus brièvement dans son dernier rapport en tant que Premier ministre le 5 mars 2013, lors de l'ouverture de l'Assemblée nationale populaire, avant de céder sa place à Li Keqiang. Est-ce réellement, comme les partisans des droits de l'homme l'ont dit, une « décennie perdue » ?

L'entre-deux, la période entre le XVIIIe congrès du Parti qui a choisi la nouvelle équipe dirigeante en novembre 2012 et la session annuelle de l'Assemblée nationale populaire qui a vu la mise en place du gouvernement en mars 2013, a connu une floraison de débats sur ce sujet. Les juristes attachés à la réforme du droit, notamment l'indépendance de la justice et la constitutionnalité des lois, ont pensé leur moment venu car le nouveau Premier ministre Li Keqiang avait, dans sa jeunesse, traduit en chinois un ouvrage sur la démocratie. De nombreux rapports de think tanks, d'universitaires, sortes de conseils au roi ou à l'empereur, à l'instar des « *policy papers* » produits aux États-Unis pendant les périodes fécondes des campagnes électorales pour conseiller le nouveau Président, ont été publiés sur ce thème. Ce moment de grandes espérances a fait long feu et les juristes chinois ont connu depuis bien des déconvenues.

Le sujet sur lequel il y a toutefois eu un incontestable progrès au cours des dernières années est celui de la peine de mort. La peine capitale ne correspond pas à la tradition philosophique chinoise et son abolition figurait en outre dans la charte du Parti communiste en 1921. Si le nombre des exécutions est encore important, il a fortement diminué et le gouvernement n'objecte pas à l'expression des abolitionnistes. La réalité est même que le gouvernement serait disposé à abolir la peine de mort si le peuple dans son ensemble n'y était pas si hostile. Il y a eu l'exemple d'un procès où la peine de mort avec sursis avait été prononcée, ce qui signifie une peine de prison à perpétuité, voire de dix ou quinze ans. La réaction indignée des internautes, qui jugeaient que la population n'était pas protégée dans le cas de crimes de sang, avait conduit les juges à rectifier le verdict et à décider la peine de mort avec exécution immédiate. C'est le résultat d'une organisation de la justice, où les comités du Parti interviennent en amont de la décision des juges, qui est dénoncée par des juristes comme He Jiahong, professeur de droit et chef de l'unité de recherche des preuves de l'Université du peuple. La critique du système se fait non pas au nom de valeurs morales mais du fait des nombreuses erreurs judiciaires. On a assisté en effet au cours des années à la multiplication de cas de « revenants », ces prétendues victimes de meurtres qui ont quitté un beau jour leur village et ont réapparu quelques années après que leur meurtrier présumé eut été exécuté. Le nombre des chefs d'inculpation passibles de la peine de mort a été réduit et les condamnations à la peine capitale ont diminué depuis qu'il est fait obligation au président de la Cour suprême de valider ce jugement. La justice a un peu progressé à la faveur du 3e plénum du Parti à l'automne 2013, en ce sens qu'elle a été rendue indépendante des autorités locales. Plusieurs révisions du code de procédure pénale l'ont rapproché des systèmes judiciaires des pays occidentaux. Le problème reste celui du droit de la défense, reconnu en théorie mais qui n'est pas systématiquement assuré. La profession d'avocat a été interdite pendant une vingtaine d'années. Le nombre des avocats qui n'était que de quelques centaines au moment du rétablissement de la profession en 1979 atteint aujourd'hui plus de 200 000, regroupés dans 17 000 cabinets. He Jiahong, qui parallèlement à sa pratique juridique, a écrit plusieurs romans policiers[1], a d'ailleurs choisi comme héros un avocat pékinois. Celui-ci, redresseur de torts, cherche à rectifier les erreurs judiciaires. La grande majorité des avocats préfère toutefois se consacrer au droit des affaires, plus lucratif et moins risqué que le droit pénal. Les avocats dits des droits civils ou de la défense ou encore des droits de l'homme étaient bien souvent arrivés là non par choix mais au gré des circonstances en fonction des problèmes rencontrés par leurs clients. Ils sont de plus en plus victimes d'intimidations

---

1. He Jiahong aux éditions de l'Aube : *Le Mystérieux Tableau ancien* (2002) ; *L'Énigme de la pierre Œil-de-Dragon* (2004) ; *Crime de sang* (2005) ; *Crimes et délits à la Bourse de Pékin* (2005) ; *Crime impuni aux monts Wuyi* (2013).

voire d'arrestations quand leurs clients sont considérés comme des dissidents. Ils ont payé un prix particulièrement lourd au cours de ces dernières années. Des
magistrats de la Cour suprême et une grande partie de
l'école juridique chinoise continuent de plaider pour
des réformes. Des spécialistes ont effectué des missions
d'information en Europe pour s'inspirer des bonnes
pratiques. Ils ont notamment effectué des enquêtes
pour trouver des alternatives aux camps dits de rééducation par le travail, les *laogai*, qui ont fait suite aux
sinistres camps de rééducation, notamment pour traiter des cas de drogués et de prostituées. La fermeture
de ces camps de rééducation par le travail a été décidée à l'automne 2013. Il reste néanmoins des cas de
disparitions forcées, des « prisons noires », lieux de
détention secrets et illégaux dont l'existence est niée
par le régime, et l'on attend toujours la ratification du
pacte international des Nations unies relatif aux droits
civils et politiques signé par la Chine en 1998. Pour le
moment, selon la formule en langue anglaise, la Chine
est « *ruled by law* » (régie par des lois) mais ne constitue
pas un État de droit, « *rule of law* ».

Certains Chinois cependant ne voient pas pourquoi
la démocratie et les élections ne seraient pas pour eux.
J'ai interrogé des amis sur leur vote hypothétique en
cas de suffrage universel, en mentionnant le risque de
l'élection d'une personnalité populiste et ultranationaliste. La conviction est répandue en tout cas chez
les intellectuels chinois que ce serait le résultat automatique d'une élection démocratique en l'absence de
maturité de la population chinoise. La réponse qui a

fusé est intéressante : « Nous voterions bien sûr pour des membres du Parti communiste car ce sont les plus compétents, mais nous voulons avoir le choix. » D'autres, comme le jeune blogueur adulé pour son bon sens impertinent, Han Han, que j'avais rencontré à Shanghai en 2012 lorsqu'il était le blogueur le plus lu au monde avec 1 million de lecteurs par jour avant de se consacrer prudemment à sa passion pour les voitures de course, estiment que la démocratie n'est envisageable que dans les grandes villes « civilisées » comme Shanghai mais pas dans le reste du pays arriéré culturellement et politiquement. C'est cet argument de l'absence de maturité du peuple chinois, au demeurant partagé par l'ensemble des intellectuels, qui a fait dire à un responsable chinois, à l'occasion d'une conversation privée en réponse à un plaidoyer prononcé par un Occidental en faveur d'un système électoral, que le résultat serait inévitablement l'élection d'un « paysan qui déclarerait aussitôt la guerre au Japon ».

En réalité, à l'époque d'Internet, plus qu'à des élections, les Chinois aspirent à une information fiable et à la liberté d'expression. Des internautes qui ont suivi de très près l'élection d'Obama et l'attente fébrile des résultats ont ironisé sur la supériorité de leur système qui leur permettait dix ans à l'avance de savoir qui serait élu président de la République… Le système est en effet le miroir inversé de celui de l'Occident, où la campagne électorale est transparente et le résultat incertain jusqu'au dernier moment, alors que la « campagne électorale » chinoise se déroule derrière le rideau dans une totale opacité mais le nouvel « élu »

est connu de longue date (sauf accident de parcours).
Cette opacité dissimule des luttes de pouvoir très fortes,
dont normalement presque rien ne transparaît, tout en
alimentant de nombreuses rumeurs. Je me souviens des
rumeurs insistantes sur la mort de Jiang Zemin, secrétaire général du Parti de 1992 à 2002 mais continuant
de veiller en coulisse depuis Shanghai au respect de son
courant. À l'été 2011, certains prétendant détenir des
informations directement de la famille assuraient qu'il
était déjà mort et que l'on attendait une date propice
pour les funérailles. À la surprise générale, il a réapparu en octobre à l'occasion de la célébration au Palais
du peuple du centième anniversaire de la révolution
de 1911...

C'est au moment des réunions secrètes des dirigeants
dans la petite ville balnéaire de Beidaihe au mois d'août
que les rumeurs sont les plus nombreuses. De fait, la
réunion elle-même n'est jamais annoncée. On devine
sa tenue car les dirigeants n'apparaissent plus à la une
du *Quotidien du peuple* ou du journal télévisé. Le rituel
est quasiment le même depuis Mao. Tous les dix ans, à
la veille des congrès qui désignent une nouvelle génération de dirigeants du Parti, tout le monde scrute avec
encore plus d'attention les nouvelles ou échos en provenance de cette villégiature de la nomenklatura communiste.

En théorie, l'organisation des carrières et des
promotions au sein du Parti, qui compte 86 millions
de membres, comme la préparation des élites à leurs
futures fonctions qui leur permet ensuite de diriger
le pays dans une optique de long terme, au moins

décennale mais même au-delà, sont parfaitement logiques. La stabilité et la continuité sont les maîtres mots. Oui, mais c'est compter sans la nature humaine et les luttes de pouvoir. Un grain de sable est ainsi venu enrayer en 2012 la machine bien huilée de la succession et a transformé la vie politique chinoise en un soap opera à l'américaine, un *Dallas* ou un *House of Cards*. Les rebondissements ont été nombreux et rocambolesques. C'est le mystère de l'affaire Bo Xilai, qui était alors l'étoile montante de la vie politique chinoise. Ce fils de prince, dirigeant charismatique et séduisant, à la parole aisée dépourvue de langue de bois, a voulu faire une campagne à l'occidentale en jouant de sa popularité pour forcer la porte du saint des saints, le comité permanent du Bureau politique du comité central, où il n'était pas sûr d'entrer. Cet ancien ministre du Commerce considéré comme une personnalité décontractée, ouverte et moderne par les hommes d'affaires occidentaux avait été nommé en décembre 2007 secrétaire du Parti à Chongqing, municipalité autonome et plus grande mégalopole du monde avec plus de 30 millions d'habitants. Bo Xilai s'est alors transformé en néomaoïste qui, tout en luttant contre la corruption, promouvait la culture rouge et menait une politique révolutionnaire, le tout résumé dans une expression concise et imagée que les Chinois affectionnent: *dahei changhong* 打黑唱红, « frapper les noirs (la mafia se dit en chinois société noire, *heisherui*, 黑社会) et chanter rouge ». Ces fameuses chansons de la Révolution culturelle. On a alors parlé d'un « modèle de Chongqing » comme alternative au « modèle du Guangdong », initiée par Wang Yang, son prédécesseur à Chongqing, qui incarnait l'ouverture et la modernisation. Le nouveau modèle de Chongqing a été promu par des professeurs d'université, y compris à Pékin, qui se font les théoriciens d'une «nouvelle gauche», en fait un renouveau du maoïsme. Les statues de Mao, omniprésentes dans les universités et les usines dans les années 1960 et 1970 qui avaient été retirées en 1978 ont fait leur réapparition à Chongqing. Les membres du Comité permanent se rendaient tour à tour sur place – à l'exception du Premier ministre de l'époque, Wen Jiabao – et donnaient l'impression d'un soutien à l'approche de Bo Xilai. Sa politique a toutefois très vite suscité des polémiques. L'élimination de la mafia locale, quelque 2 000 personnes dont des chefs de la police et des parrains, une politique de logements sociaux et la plantation de nombreux arbres embellissant la ville lui ont certes valu le soutien de la population. Il est cependant apparu qu'à la faveur des arrestations et des procès, des opposants étaient éliminés ; de véritables purges ont eu lieu. Les prisonniers étaient torturés en prison. C'est alors qu'un événement digne d'une série policière américaine s'est produit qui a préludé à sa chute. L'impensable est survenu qui a rappelé l'épisode de la disparition de Lin Biao, successeur désigné de Mao, dans un accident d'avion en Mongolie – ce qui prouve que, en Chine comme ailleurs, la roche tarpéienne est proche du Capitole. Wang Lijun, chef de la police de Chongqing considéré comme un incorruptible, et en même temps un des obligés de Bo Xilai qui l'avait fait venir de Dalian où ils avaient travaillé ensemble, s'est enfui à Chengdu, capitale de la province voisine du Sichuan éloignée de 300 kilomètres. Le 8 février 2012, il s'est rendu en voiture déguisé en femme, vite poursuivi par les hommes de Bo Xilai, au consulat général des États-Unis. Il a livré aux autorités américaines des informations sur un meurtre commandité en novembre 2011 contre Noël Heywood, citoyen britannique, par la femme du secrétaire du Parti, l'avocate connue Gu Kailai. Craignant pour sa vie, il a pris des assurances auprès de Pékin avant de quitter le consulat américain. Curieusement, Bo Xilai a participé « normalement » aux sessions de l'Assemblée nationale populaire le mois suivant et a même fait une conférence de presse très suivie pendant deux heures le 9 mars. Une session des membres du Bureau politique a statué sur son sort le lendemain. Il a été démis de ses fonctions de secrétaire du Parti à Chongqing, exclu du comité central le 10 avril 2012, et son épouse a été mise en garde à vue puis condamnée à mort avec sursis le 20 août 2012 à l'issue d'un procès retransmis à la télévision, où elle est apparue bouffie et méconnaissable. Selon l'agence Xinhua, elle a reconnu les accusations d'empoisonnement en expliquant qu'elle avait agi ainsi car elle pensait que la vie de son fils était en danger. Le procès de Bo Xilai s'est ouvert un an plus tard en août 2013 à Jinan, capitale du Shandong, loin des villes où il a occupé des fonctions pour éviter le soutien de ses partisans, qui se manifestaient sur Internet. Accusé de « corruption, détournement de fonds et abus de pouvoir », il a été condamné à la prison à vie, avec suppression des droits politiques et saisie des biens en septembre 2013. Il est apparu lors du verdict en chemise blanche sans cravate, les cheveux gris, signe d'affaiblissement et de perte de statut dans un pays où les dirigeants se teignent systématiquement les cheveux, entre deux policiers mesurant près de 2 mètres pour le rapetisser alors qu'il est de haute taille. Il a contesté courageusement le verdict et annoncé qu'il ferait appel. Sa demande a été rejetée en septembre 2013. Il purge aujourd'hui sa peine dans la célèbre prison de Qingcheng, où ont séjourné avant lui les membres de la Bande des Quatre. Cet épisode témoigne d'un affrontement impitoyable des factions, cette «lutte entre les deux lignes», la gauche conservatrice et la droite réformatrice, qui n'a jamais cessé. On a laissé entendre aussi qu'il avait organisé des écoutes des responsables du Parti, y compris du secrétaire général en exercice, Hu Jintao, lors de leurs visites dans son fief. On a même parlé d'une tentative de coup d'État avec la complicité de Zhou Yongkang, responsable de la sécurité au comité permanent. Ce sera d'ailleurs l'affaire suivante du mandat de Xi Jinping. Dans l'intervalle, un autre mystère aura occupé les observateurs : la disparition de Xi Jinping pendant dix jours. Plusieurs raisons ont été données sans que la vérité soit aujourd'hui établie : rumeurs de tentative de coup d'État avec déploiement de chars dans Pékin, explications officielles sur un mal de dos ou encore pression pour obtenir tous les pouvoirs afin d'éviter la situation de Hu Jintao, qui avait dû accepter au moment de la passation des pouvoirs que Jiang Zemin conserve pendant deux ans la présidence de la puissante Commission militaire centrale.

Autre contradiction ou incompréhension qui m'a longtemps intriguée : les officiels ou médias chinois opposent régulièrement le prétendu égoïsme et individualisme occidental au sens de la collectivité des Chinois. Or, qui vit en Chine observe dans l'espace public le règne de la loi du plus fort. La Révolution culturelle a encore aggravé ces comportements. Une scène du film de Zhang Yimou *Coming Home* restitue cela en montrant la prise d'assaut d'un bus qui correspond parfaitement à mes souvenirs de l'époque. Nul n'aidera une personne âgée à porter une valise trop lourde, on vous bousculera volontiers. La plus grosse voiture a dans les faits priorité sur la plus petite qui a priorité sur le cycliste qui a priorité sur la vulgaire piétaille. Il a été très difficile d'imposer des queues dans le métro. Tout le monde se souvient du scandale de la petite fille écrasée par plusieurs voitures sans que quiconque lui porte secours, ce qui a provoqué une vive indignation et un véritable débat sur la perte des valeurs. De fait, le délit de non-assistance à personne en danger intégré dans les lois occidentales n'existe pas en Chine. Au contraire, après des cas d'escroqueries où des personnes ont porté plainte avec succès contre celui ou celle qui leur avait porté secours en les accusant d'être responsables de leur accident ou de leur chute, la tendance est de passer son chemin pour éviter les ennuis. Ces cas ont été suffisamment fréquents pour que la soirée de Nouvel An de l'année du Cheval, en 2014, en fasse une saynète satirique. Après en avoir discuté des dizaines de fois avec des amis chinois, j'ai fini par comprendre que par « collectif » nous n'entendions pas la même chose. Le collectif s'entendait en Chine par la famille, le clan qui peut inclure les amis ou même des invités. Toutes les délégations venues dans ce pays constatent l'extrême gentillesse des Chinois, prêts à se plier en quatre pour aider et faire plaisir. Ce qui fait en revanche défaut en Chine est le sens civique dans l'espace public. Une amie chinoise constamment indignée par les manquements aux règles, l'absence de respect de l'autre, le fait que les gens crachent dans la rue, jettent leurs bouteilles vides depuis leurs véhicules, et qui elle-même s'est fait accrocher par une voiture alors qu'elle respecte scrupuleusement les règles de circulation m'a dit que, si elle avait un vœu pour la Chine, ce serait d'imposer le civisme, le respect de l'autre et de ses droits pour une vie en société apaisée. Les Chinois, de plus en plus nombreux à voyager à Taïwan, sont souvent frappés par la douceur et la politesse des habitants. L'argument généralement donné est la surpopulation. « Nous sommes trop nombreux » est la phrase que j'ai sans doute le plus entendue pendant mon séjour.

Xi Jinping a aujourd'hui nominalement tous les pouvoirs, plus qu'aucun autre dirigeant avant lui : secrétaire général du Parti, président de la République, président de la Commission militaire centrale du Parti, président des deux commissions qu'il a mises en place à l'occasion du 3e plénum sur les réformes économiques : Conseil national de sécurité et Conseil de mise en place des réformes et de la modernisation, dont on pouvait penser qu'elle reviendrait au Premier ministre. Son statut qualifié de « central », sans que l'on sache exactement ce que cela signifie, a même été renforcé symboliquement lors du dernier plénum du Parti en octobre 2016. Que veut Xi Jinping? Comme Mao et Deng, il a une vision de la Chine exprimée dans ses discours. C'est certainement un réformateur, même si les luttes de factions et l'extraordinaire survie politique de Jiang Zemin, toujours à l'affût, lui imposent d'affirmer aujourd'hui qu'on ne peut rien renier de l'histoire du Parti, ni *ante* ni *post* 1978, qui sont des périodes qui ont pourtant connu des politiques antagonistes. Le recours à des méthodes maoïstes de culte de la personnalité ou d'autocritique, la répression des avocats, les contraintes imposées aux journalistes ont étonné certains membres de l'establishment qui attendaient beaucoup de lui. L'ampleur et les objectifs de la campagne de lutte contre la corruption suscitent bien des interrogations dans un pays inquiet.

Le XIXe congrès en octobre 2017 devrait être un moment de vérité. Normalement, cinq des membres du comité permanent ont atteint l'âge du départ à la retraite (moins de soixante-cinq ans au moment de la nomination), ce qui constitue un renouvellement plus important que ce n'est d'habitude le cas à l'occasion des congrès intermédiaires. Les spéculations et les luttes ont déjà commencé. La mésentente visible entre Xi et son Premier ministre Li Keqiang pourrait conduire à nommer ce dernier à la tête de l'Assemblée nationale populaire, qui est un poste largement honorifique. Wang Qishan, proche de Xi, responsable de la commission de la discipline au sein du Parti et l'inspirateur de la politique de lutte contre la corruption, pourrait en

ce cas prendre le poste de Premier ministre en bénéfi-
ciant d'une dérogation quant à son âge. Son nom avait
déjà été évoqué pour ce poste avant le XVIIIe congrès
car il avait été reproché à Li Keqiang de ne pas avoir
de chance en politique, notamment en raison de la
gestion de l'affaire du sang contaminé lorsqu'il était à
la tête de la province du Henan. Xi aura-t-il les moyens
de se constituer une équipe de fidèles dans un pays où,
même si le principe de direction collégiale est moins
visible, il est loin d'avoir disparu et oblige toujours à
des compromis ? La sixième génération se profile – le
vice-président Li Yuanchao, présenté comme un libéral
et favorable au respect des droits de l'homme ; Huang
Qifan, le puissant secrétaire du Parti à Chongqing et
ancien membre de la commission du développement et des réformes ; Wang Yang, actuel vice-Premier
ministre et l'homme du modèle du Guangdong ouvert
aux réformes ; Hu Chunhua, le discret secrétaire du
Guangdong moderne et libéral que l'on présentait il
y a trois ans comme « le petit Hu », successeur envi-
sagé à Hu Jingtao puis Xi Jinping lors du XXe congrès.
Ou d'autres moins prévisibles ? Ou encore, comme
on commence à le murmurer, une prolongation du
mandat de Xi Jinping interviendra-t-elle ? La vie politique chinoise réserve bien des surprises et des péripé-
ties et, comme les Chinois disent eux-mêmes qu'ils en
sont réduits à deviner la politique, nous ne pouvons
pas faire mieux.

Il faut toutefois garder à l'esprit que la Chine est le
pays du yin et du yang, ce qui signifie que les contradictions ne sont pas antagonistes, à l'image du jeu d'échecs

chinois où l'échec et mat n'existe pas. Le Parti est aujourd'hui un caméléon qui a changé plusieurs fois de couleur et qui est parfaitement adaptable, sachant que son objectif premier est la conservation du pouvoir. Un film de kung-fu tourné à Hong Kong dans les années 1970 et détourné par les situationnistes s'intitulait avec humour *La dialectique peut-elle casser des briques ?* Le Parti devra continuer d'utiliser l'art de la dialectique pour inventer un modèle d'économie et de société qui lui sera propre.

CONCLUSION

Un pays *sui generis* qui se réinvente tous les jours

On est loin de la fin de l'histoire en Chine. La vie politique comme le modèle économique connaissent des transformations constantes. La Chine restera pendant des années encore un pays en transition, mais qui a la capacité de se réinventer tous les jours. Selon les principes de la sagesse chinoise, toutes écoles de pensée confondues : « Rien n'est constant, si ce n'est le changement. » C'est justement *Le Livre des mutations* qui est à l'origine de la pensée chinoise. La grande force de la Chine est aussi un infini pragmatisme qui tient au caractère dialectique de la pensée chinoise. Les contraires ne s'opposent pas. Ils se complètent en vertu de la permanente interaction du yin et du yang. (« Les dix mille êtres portent le yin sur le dos et le yang dans les bras/ Mêlant leur souffle, ils réalisent l'harmonie. ») Il est à partir de là concevable de faire preuve de souplesse en tout et de trouver des solutions pratiques.

Les difficultés actuelles sont nombreuses et conco-mitantes. Il n'est plus possible en outre de tâtonner en s'appuyant sur les quelques pierres solides. La Chine doit donc aller de l'avant « en eaux profondes ». La détermination et les compétences des dirigeants sont fortes. Quelques amis critiques des rigidités du système me disaient un jour qu'ils pensaient que leurs diri-geants étaient les plus informés et les plus intelligents au monde, hommage rendu à la fameuse méritocratie chinoise au long des siècles. Ils ont aussi la durée pour eux car ils ne sont pas sous la pression d'échéances élec-torales. La destination et le chemin sont connus dans les grandes lignes. Les composants et les échéances du « rêve chinois » sont définis dans une feuille de route jusqu'aux « deux centenaires » tracés par Xi Jinping, qui ont respectivement pour objectif de créer un pays à la croissance moyenne en 2021, avec doublement du PNB par rapport à 2012, puis de consacrer la réémergence de la grande nation chinoise, « pays puissant, respecté et démocratique » en 2049.

Comme les États-Unis au siècle dernier, la Chine est entrée dans notre vie à tous, pas seulement par ses produits bon marché, ses investissements ou même le renforcement, jugé inquiétant par ses voisins, de ses capacités militaires, mais par son existence même, son incroyable dynamisme, ses idées, son esthétique, sa culture et son *soft power*, même s'il est encore en deçà de ce que la Chine s'estime en droit d'attendre. Sa langue, réputée la plus difficile au monde, est ensei-gnée dans toutes les académies en France et dans le monde entier dès le niveau primaire ou secondaire.

Son apprentissage est devenu gage d'excellence pour les élèves. L'engouement est tel que le nombre des enseignants est insuffisant et que l'inspecteur d'académie du chinois est dépassé par les demandes jusque dans des écoles de campagne. Conscient de la nécessité d'une meilleure compréhension de la langue et de la culture chinoises, et faisant un pari sur l'avenir, le fonds Blackstone a pris l'initiative de financer des bourses dans une des plus grandes universités de Pékin, Tsinghua, à l'intention des Américains, auxquels peuvent se joindre d'autres étrangers. À des députés français qui m'ont demandé un jour si je conseillerais à des jeunes d'aller en Chine, j'ai répondu positivement mais en soulignant que je n'avais même pas besoin de le leur conseiller car ils étaient déjà là. De fait, de jeunes Européens, Américains, Australiens, ou même Africains et Latino-Américains, qui contrairement aux générations précédentes ont grandi avec la Chine dans leur paysage mental, viennent chercher l'aventure dans ce qui leur apparaît comme un nouvel Eldorado, où il est facile de créer une entreprise, en particulier dans le domaine de la high-tech. J'en ai rencontré qui n'ont pas hésité à quitter la Silicon Valley pour s'installer à Shanghai. Cette tendance est appelée à se développer. Alors que l'on cherchait encore à contrôler des filières illégales vers l'Occident (qui n'ont pas disparu), nul ne s'est aperçu que, silencieusement, les chemins de l'immigration s'étaient inversés. La Chine connaît aujourd'hui un phénomène d'immigration illégale qu'elle a d'ailleurs du mal à gérer parce qu'elle ne l'a pas anticipé. Certains étrangers qui ont travaillé pendant plus d'une décennie en Chine souhaitent désormais y prendre leur retraite. Les enfants des *Huaqiao* 华侨, les membres de la diaspora chinoise qui avaient fui le pays à la suite des nombreuses turbulences politiques et économiques, reviennent profiter des opportunités professionnelles et établissent des ponts avec leur pays de résidence. Les ambassades chinoises ont repris le contact avec les communautés à l'étranger et s'efforcent de les mobiliser. La Chine, qui prend peu à peu conscience de ces phénomènes, devra adapter sa législation à ces nouveaux cas et sans doute accorder un jour la double nationalité.

De manière générale quand il s'agit de la Chine, les préjugés ou les idées reçues ont la vie plus longue que la réalité. La perception des changements est toujours décalée. Ainsi, contrairement à une conviction bien ancrée, les Chinois ne se contentent plus de copier. La Chine est devenue, ou redevenue si l'on se souvient qu'elle a été à l'origine des plus grandes inventions de l'Histoire, une terre d'innovation. Le nombre des brevets déposés a connu une croissance exponentielle, même si tous ne remplissent pas les critères et que certains ne sont donc pas brevetés *in fine*. Mais ce qui est important, c'est la tendance. En 2015, la Chine est devenue la première puissance innovante en dépassant les États-Unis et a conçu un plan ambitieux intitulé « 4.0 industrie 2025 ». Steve Jobs, le cofondateur visionnaire puis président-directeur général d'Apple, est un héros en Chine. Ses admirateurs éplorés sont allés déposer des montagnes de fleurs devant les Apple

Store de Chine à l'annonce de son décès en octobre 2011. Sa biographie, traduite en chinois, est toujours un best-seller. Elle saute aux yeux dans tous les aéroports. L'ambition de la Chine est que les prochains Steve Jobs soient chinois. Lei Jun, créateur de la marque Xiaomi, souvent qualifié de nouvel Apple chinois, est son émule. Ma Yun, plus connu en Occident sous le nom de Jack Ma, fondateur d'Alibaba, la plateforme de vente en ligne, fervent admirateur des Américains et excellent communicateur notamment en anglais, a fait sensation lors de son entrée à la Bourse de New York en 2015. Le respect de la propriété intellectuelle, notion d'autant plus difficile à conceptualiser en Chine que l'art consistait justement à reproduire le mieux possible un modèle réputé parfait, progresse. Non pas pour des raisons éthiques mais parce que la Chine commence à créer ses propres marques, qu'elle devra être en mesure de défendre. D'ores et déjà, les équipementiers téléphoniques rivaux Huawei et ZTE sont en procès pour « pillage de technologie » devant des tribunaux chinois mais aussi devant des cours internationales. La percée technologique qu'a constituée le lancement en août 2016 d'un satellite de communication quantique témoigne à la fois de l'ambition et des compétences des chercheurs et ingénieurs chinois.

Autre instrument et mesure de la puissance ainsi que du rayonnement d'un État : sa monnaie. Mesure aussi du changement intervenu en à peine quelques années. Alors que l'on en était encore à dénoncer la manipulation du yuan, la Banque populaire de Chine concluait des accords de « swaps » avec les banques centrales d'une

quarantaine de pays, y compris la Banque centrale européenne, la monnaie chinoise se calait davantage sur le
marché et le nombre de transactions en yuan augmen-
tait. Dans un article remarqué, Gabriel Grésillon écrivait d'ailleurs dans *Les Échos* en 2012 : « Le combat de
la sous-évaluation du yuan est dépassé. Et si l'on changeait de disque ? » La création en 2013 de la Free Trade
Zone de Shanghai, laboratoire de la convertibilité en
yuan, qui a suscité un grand scepticisme à l'annonce
de sa mise en place, a déjà été suivie par trois autres.
Les Bourses de Shanghai et Hong Kong ont été inter-
connectées en 2014. L'inclusion du yuan ou RMB, la
« monnaie du peuple », dans le panier de devises qui
sert à créer le DTS, unité de compte utilisée par le FMI,
est effective depuis octobre 2016. La première émission
internationale d'obligations en renminbi a été lancée
avec succès à Londres. La part de la monnaie chinoise
dans les paiements mondiaux est passée de 0,3 % en
2012 à 2,2 % à ce jour, talonnant désormais le yen japonais. Selon une estimation de HSBC, en 2020 la moitié
des échanges commerciaux de la Chine devraient être
libellés dans sa propre monnaie. Le RMB pourrait être
pleinement convertible aux environs de 2020 et devenir
la troisième monnaie de réserve aux côtés du dollar et
de l'euro. Les hauts et les bas inévitables de la Bourse
de Shanghai, où la masse de transactions est inégalée,
ne devraient pas remettre en cause cette évolution,
laquelle intéresse beaucoup le Stock Exchange de
Londres qui prévoit une interconnexion.

Un *chengyu* 成语, un proverbe ou une expression en
quatre caractères qui signifie, « en tout temps et en tous

lieux » (« *Gu jin zhong wai* » 古今中外), résume les caractéristiques de ce que devrait être la Chine de demain :
« Ancienne-nouvelle-chinoise-étrangère. » Ces termes
sont d'ores et déjà constitutifs de l'identité chinoise.
La Chine s'est modernisée à une vitesse fulgurante,
mais en redonnant vie à son passé, dont elle est fière.
Inversement, sa forte identité n'empêche pas une
certaine occidentalisation, déjà à l'œuvre. La Chine est
fondamentalement syncrétique et incarne le mariage
du yin et du yang. C'est sa force.

Les Occidentaux qui attendent que la montée en
puissance des classes moyennes résultant des réformes
économiques entraîne automatiquement une démocratisation à l'occidentale ne peuvent qu'être déçus,
les Américains notamment qui ont tendance à avoir
une vision missionnaire de la Chine. Une sinologue
américaine comparait récemment l'Union soviétique
et la Chine comme sujets d'étude, faisant valoir que
la différence était que la première n'avait jamais été
objet d'amour pour les kremlinologues alors que la
deuxième l'était pour les sinologues. C'était donc
l'histoire d'un amour non partagé (« *unrequited love* »),
ce qui expliquait la force des déceptions, des frustrations et des ressentiments. La Chine n'est pas et ne sera
jamais telle que la veulent ses experts amoureux, déçus.
Nul ne pourra la façonner à son image. La Chine sera
comme toujours dans l'Histoire son propre modèle.
Compte tenu du nouveau rapport de force où le poids
des Occidentaux dans le monde diminue de façon relative, la question a été posée lors d'un récent colloque

au tout nouveau China Center d'Oxford de savoir si c'était à la Chine de s'adapter à nous ou à nous de nous adapter à la Chine.

Sauf accident de parcours – mais jamais dans l'Histoire les grands bouleversements ou les révolutions n'ont été prévus, même s'il se trouve toujours des experts pour expliquer doctement *a posteriori* pourquoi c'était inéluctable – le modèle de croissance devrait continuer de se transformer, avec le renforcement du secteur privé, du tertiaire et la priorité accordée à l'innovation. L'explosion du e-commerce en deux ou trois ans montre la capacité de transformation de ce pays, qui dans les années à venir risque de devancer les tendances et pas seulement comme naguère de les suivre. Dans les années 1980, l'économiste Chen Yun comparait les relations entre le marché et le Parti à un oiseau en cage. Il faudra beaucoup élargir la cage. La Chine prépare sa deuxième révolution industrielle qui devrait aussi permettre avec le temps de réduire la pollution. Elle joue maintenant un rôle d'entraînement dans le monde, se permettant même de faire la leçon aux États-Unis.

Une évolution démocratique qui se traduirait d'abord par une plus grande indépendance de la justice et un respect croissant des droits de l'homme est plus difficile à prédire. Ce n'est certes pas la tendance actuelle, alors que le droit de la défense est souvent dénié à des avocats traités comme des criminels. Mais la désignation, encore incertaine, d'une nouvelle équipe plus loyale à Xi Jinping au XIXe congrès du Parti à l'automne 2017 pourrait permettre des progrès durant son deuxième mandat. Ce n'est pas certain, d'autant plus qu'on ne gouverne pas un pays de près de 1 milliard et demi d'habitants, pour certains peu éduqués et facilement enclins à l'ultranationalisme, comme d'anciennes démocraties européennes. Avec la perte d'influence des démocraties occidentales, la question d'un pouvoir fort est posée qui rappelle les discussions d'autrefois sur les vertus du « despotisme éclairé ». Les Chinois, comme les Russes, souhaitent des dirigeants forts. Avant l'accession au pouvoir de Xi Jinping, beaucoup, y compris des membres de l'establishment, mentionnaient avec regret la faiblesse de leurs dirigeants. En tout cas, la détermination des dirigeants à maintenir le Parti au pouvoir restera la constante de base. Toutefois, la capacité de transformation d'un Parti communiste caméléon est infinie. À l'intérieur du système, dissimulée en grande partie au public, la lutte pour le pouvoir, cette fameuse « lutte entre les deux lignes », gauchisme et fermeture *versus* libéralisme et ouverture, qui existe depuis les débuts du régime perdurera simplement car, comme le rappelle avec sagesse et bon sens le jésuite de Lantau, les Chinois, et donc les politiciens chinois, ont les mêmes aspirations et réactions que leurs semblables sur d'autres continents. Comme l'ont dit plusieurs de mes amis avec dépit, nous en sommes réduits à essayer de deviner la politique de nos gouvernants. Les experts occidentaux ne peuvent certainement pas faire mieux.

La question du renouvellement des générations est bien sûr essentielle : alors que les dirigeants actuels n'ont eu d'éducation et d'expérience que chinoise ou soviétique, leurs successeurs auront été formés en grande partie à l'étranger et la société sera en grande majorité citadine, ce qui constitue un changement de paradigme. La montée en puissance des classes moyennes et de l'opinion publique dotée de vecteurs de communication fera aussi pression sur le pouvoir pour davantage de liberté d'expression. Sans esprit critique ni liberté de création, il ne peut y avoir d'innovation. Il y aura en tout état de cause modernisation du système.

En réalité, les choses ont déjà changé. La Chine, malgré des hauts et des bas, n'a plus rien à voir avec celle que j'ai connue il y a quatre décennies, même du point de vue des libertés publiques. Les autorités font parfois deux pas en avant et un en arrière mais, comme me le faisait remarquer un de mes interlocuteurs chinois confiant dans l'avenir, cela constitue toujours un pas en avant. Certains changements s'opèrent sous nos yeux, d'autres sont plus lents, mais on s'aperçoit sur la longue durée que les choses ont bougé. Un proverbe paysan dit que si l'on s'assied pour regarder l'herbe pousser, on a le sentiment qu'elle ne pousse pas, or si l'on revient plus tard on s'aperçoit qu'elle a poussé.

Il faudra de plus en plus compter avec la Chine sur la scène internationale, où ce nouvel acteur continuera de s'imposer, qu'il s'agisse de routes commerciales, d'investissements, de prises de responsabilités dans les enceintes internationales, ou encore de présence militaire et de défense de ses intérêts. La véritable problématique est celle qui a été posée il y a plus de quarante ans par Henry Kissinger, et qui est plus que jamais d'actualité : celle de la « coopération stratégique » dans l'intérêt de tous, par opposition à la « confrontation stratégique ». On peut penser que, compte tenu de l'interpénétration des intérêts entre les deux grandes puissances, elles auront à cœur d'éviter un conflit mortifère. L'Union européenne facteur d'équilibre entre les deux et productrice de normes aura sa partition à jouer, même s'il faudra tirer les conséquences d'une mise en œuvre du Brexit. Une sorte de G3 composé par les États-Unis, l'Europe et la Chine pourrait exercer une forme d'influence équilibrante dans le monde.

L'émergence de la Chine a changé le monde, mais l'influence est réciproque. Nous avons déjà changé la Chine, qui s'est inspirée et continue de s'inspirer des bonnes pratiques de l'Occident. Ainsi, toutes les entreprises chinoises ont à cœur de faire figurer dans leurs objectifs et bilan la responsabilité sociale et elles commencent à développer des opérations caritatives sur le modèle anglo-saxon. Certains redoutent que la Chine entende imposer de nouvelles règles du jeu parce qu'elles ont été élaborées sans elle, en raison de son extrême faiblesse, mais force est de constater qu'elle a aussi adopté beaucoup de nos règles. Il faut reconnaître que ses performances exceptionnelles rendent ses initiatives pour peser davantage dans le monde, comme par exemple la création de deux nouvelles banques, parfaitement légitimes. La Chine est entrée dans une logique de puissance que nous ne pouvons contester.

Comme la Chine fera de plus en plus partie de nos vies et de nos paysages mentaux, à l'instar des États-Unis au xxᵉ siècle, notre intérêt est de rechercher une coopération mutuellement bénéfique, « gagnant-gagnant » selon l'expression favorite des Chinois, et pour cela de la comprendre et donc de la connaître mieux. Notre intérêt, celui de la France, de l'Europe et des pays occidentaux en général est une Chine prospère qui puisse demeurer un des moteurs de l'économie mondiale et un pôle de stabilité dans un monde troublé.

Bibliographie

Balazs Étienne, *La Bureaucratie céleste*, Gallimard. 1968.

Beauvoir Simone de, *Le Deuxième Sexe*, Gallimard, 1949.

Blanch Lesley, *Journey into the Mind's Eyes*, Collins, *1968*; *Voyage au cœur de l'esprit*, Denoël, 2003.

Bout Judith, *Les Confessions de maître Zhang*, Bourin éditeur, 2013.

Bradbury Ray, *Farenheit 451* [1953], Gallimard, 2000.

Buck Pearl, *Vent d'Est, vent d'Ouest la terre chinoise* (1930), *La Terre chinoise* (1931)... ; Prix Nobel de littérature en 1938 (réédition dans la collection Omnibus).

Cao Xueqin, *Le Rêve dans le pavillon rouge*, Gallimard, « La Pléiade », 1981.

Carré John le, *The Honourable Schoolboy*, Hodder and Stoughton, 1977 ; *Comme un collégien*, Seuil, 2004.

Cayol Christine et Hongmiao Wu, *À quoi pensent les Chinois en regardant Mona Lisa ?*, Tallandier, 2012.

Chang Iris, *Le Viol de Nankin*, Payot, 1997.

Chang Jung, *Les Cygnes sauvages*, Plon, 1998.

Chan Koonchung, *Les Années fastes*, Grasset, 2013.

Chen Kaige, *Une jeunesse chinoise*, Éditions Philippe Picquier, 2001.

Claudel Paul, *Le Partage du midi* [1906], Gallimard, 1994.

Confucius, *Les Entretiens.*

Dai Sijie, *Balzac et la petite tailleuse chinoise,* Gallimard, 2000.

Daudet Alphonse, *Contes du lundi* [1873], Le Livre de Poche, 2001.

Gao Xingjian, *La Montagne de l'âme* [1990], Éditions de l'Aube, 2000.

Gulik Robert van, *Les Enquêtes du Juge Ti,* 10-18, « Les grands détectives ».

He Jiahong, aux éditions de l'Aube : *Le Mystérieux Tableau ancien* (2002), *L'Énigme de la perle Œil-de-Dragon* (2004), *Crime de sang* (2005), *Crimes et délits à la Bourse de Pékin* (2005), *Crime impuni aux monts Wuyi* (2013).

Hergé, *Le Lotus bleu* [1936], Casterman, 1946
Tintin au Tibet, Casterman, 1960.
Tintin en Amérique, première publication en noir et blanc (1932) en couleur (1946).

Hilton James, *Les Horizons perdus,* 10-18, 1998.

Hopkirk Peter, *Bouddhas et rôdeurs sur la route de la soie,* Éditions Philippe Picquier, 1998.

Hugo Victor, *Lettre au capitaine Butler, Les Misérables, Notre-Dame de Paris,* Gallimard, « La Pléiade ».

Javary Cyrille J.-D., *100 mots pour comprendre les Chinois,* Albin Michel, 2008 ; *La Souplesse du dragon,* Albin Michel, 2014.

Jiang Rong, *Le Totem du loup,* Éditions Books, 2009.

Kissinger Henry, *Sur la Chine,* Fayard, 2012.

Lao She, *Le Tireur de pousse, La Maison de thé, Quatre générations sous un même toit, etc.,* Gallimard.

Lettres édifiantes et curieuses des Jésuites de Chine, 1702-1776, Desjonquères, 2002.

Leys Simon, *Les Habits neufs du Président Mao,* Champ libre, 1971 ; *Ombres chinoises,* 10-18, 1998.

Li Kunwu, *La Voie ferrée au-dessus des nuages,* Kana, 2013.

Li Zhisui, *La Vie privée de Mao racontée par son médecin*, Plon, 2006.

Louo Kuan-Tchong, *Les Trois Royaumes* [xive siècle], Gallimard, « La Pléiade », 1978.

Luo Ying, *Le Gène du garde rouge*, Gallimard, 2015.

Mao Zedong, *De la pratique* [1937], *De la contradiction* [1937], *De la juste solution des contradictions au sein du peuple* [1957], *Servir le peuple*, *À la mémoire de Norman Bethune*, *Comment Yu Gong déplace les montagnes*.

Mason Richard, *Le Monde de Suzie Wong*, Gope, 2014 ; *The World of Suzie Wong*, Éditions Collins, 1957.

McGregor Richard, *The Party : The Secret World of Chinese Communist Rulers*, Harper Collins, 2010.

Menzies Gavin, *1421, l'année où la Chine a découvert l'Amérique*, Intervalles, 2007.

Michel Serge, Beuret Michel et Woods Paolo, *La Chinafrique*, Grasset, *2008*.

Mo Yan, *Les Grenouilles*, Points, 2012 ; *Beaux seins belles fesses*, Seuil, 2005.

Nothomb Amélie, *Le Sabotage amoureux*, Albin Michel,1993.

Orwell George, *1984* [1948], Gallimard, 1972.

Peyrefitte Alain, *L'Empire immobile*, Fayard, 1989 ; *Quand la Chine s'éveillera... le monde tremblera*, Fayard, 1973.

Polo Marco, *Le Devisement du monde ou le Livre des merveilles* [1299].

Puel Caroline, *Les Trente Ans qui ont changé la Chine*, Buchet-Chastel, 2011 ; réédition, *Les trente glorieuses chinoises*, Perrin, 2013.

Reybrouk David van, *Congo. Une histoire*, Actes Sud, 2012.

Saint-John Perse, *Anabase*, Gallimard, 1924.

Segalen Victor, *René Leys* [1922], Gallimard, « L'Imaginaire », 1971.

Shi Nai-an, *Au bord de l'eau* [XIVᵉ siècle], Gallimard, « La Pléiade », 1978.

Snow Edgar, *Étoile rouge sur la Chine*, Stock, 1965.

Sorokine Vladimir, *Le Kremlin en sucre*, Éditions de l'Olivier, 2013.

Sun Tzu, *L'Art de la guerre*.

Tocqueville Alexis de, *L'Ancien Régime et la Révolution* [1856], Flammarion, 1988.

Voltaire, *Contes philosophiques et exotiques. L'orphelin de la Chine* [1755].

Wagenstein Angel, *Adieu Shanghai*, L'Esprit des péninsules, 2004.

Wang Anyi, *Le Chant des regrets éternels*, Éditions Philippe Picquier, 2006.

Wu Cheng'en, *Le Singe pèlerin ou La Pérégrination vers l'ouest* [fin XVIᵉ siècle].

Wu Han, *La Destitution de Hai Rui*.

Yang Jisheng, *Stèles*, Seuil, 2012.

Yang Mo, *Le Chant de la jeunesse* [1958].

Yan Lianke aux éditions Philippe Picquier : *Le Rêve du village des Ding* (2006) ; *Servir le peuple* (2006) ; *Les Quatre Livres* (2012) ; *Bons baisers de Lénine* (2004) ; *La Fuite du temps* (2014) ; *Les Chroniques de Zhalie* (2015).

Yi Jing, *Le Livre des mutations*.

Yu Dan, *Le Bonheur selon Confucius*, Belfond, 2009.

Yu Hua, *Brothers*, Actes Sud, 2008 ; *La Chine en dix mots*, Actes Sud, 2010.

Yu Jie, *China's Best Actor : Wen Jiabao*, New Century Publishing Co., 2010.

Zhao Ziyang, *Mémoires*, Seuil, 2011. Le livre a été publié en anglais et en chinois en 2009 sous le titre : *Prisoner of the State, the secret journal of Zhao Ziyang*.

Pour en savoir plus :

Bonin Michel, *La Génération perdue, le mouvement d'envoi des jeunes instruits à la campagne*, Éditions de l'EHESS, 2004.

Brizay Bernard, *La France en Chine. Du XVIIᵉ siècle à nos jours*, Perrin, 2013.

Brown Kerry, *The New Emperors : Power and the Princelings in China*, I.B. Tauris, 2014 ; *CEO, China : The Rise of Xi Jinping*, I.B. Tauris, 2016.

Cheng Anne, *Histoire de la pensée chinoise*, Seuil, 1997 ; Points « essais », 2002.

Domenach Jean-Luc, *Mao, sa cour et ses complots. Derrière les murs rouges*, Fayard, 2012.

Du Qinggang, *Le président Mao est mort*, Desclée de Brouwer, 2002. Illustration tragi-comique de la vision du monde inculquée par le maoïsme.

Spens Renaud de, et Augier Jean-Jacques, *Dictionnaire impertinent de la Chine*, Éditions Books, nvelle éd., 2015.

Des romans :

Ma Jian, *Beijing coma*, Flammarion, 2008. Récit au jour le jour des mouvements étudiants de 1989 et description de l'apparition du Falungong jusqu'à son interdiction.

Xiaolong Qiu, *Mort d'une héroïne rouge, Encre de Chine, La Danseuse de Mao, Cité de la poussière rouge*, etc., Liana Levi.

Ces enquêtes de l'inspecteur Chen, policier poète et gastronome de Shanghai, en disent long sur la société et la vie politique ainsi que sur la remontée du passé, la Révolution culturelle.

Filmographie

Ang Lee, *Lust, Caution*, 2007. Adapté de la nouvelle du même nom d'Eileen Chang (Robert Laffont, 2008) publiée à Shanghai dans les années 40.

Annaud Jean-Jacques, *Le Dernier Loup*, 2015. Adapté du roman de Chen

Capra Frank, *Lost Horizons*, 1937.

Chen Kaige, *Adieu ma concubine*, 1993.

Delannoy Jean, *Macao, l'enfer du jeu*, 1939.

Diao Yinan, *Black Coal, Thin Ice*, 2014.

Duras Marguerite, *India Song*, 1975.

Godard Jean-Luc, *La Chinoise*, 1967.

Hu Mei, *Confucius*, 2010.

Jiang Rong, *Le Totem du loup*.

Kaneto Shindo, *L'Île nue*, 1960.

Kenji Mizoguchi, *Contes de la lune vague après la pluie*, 1953.

Meaux Charles de, *Portrait de femme*, 2015. Pas encore sorti en salles.

Resnais Alain, *L'Année dernière à Marienbad*, 1961.

Shaw Brothers, *Kowloon cité*, 1982.

Truffaut François, *Fahrenheit 451*, 1966. Adapté de la nouvelle de science-fiction de Ray Bradbury.

Vienet René, *La dialectique peut-elle casser des briques?*, 1973.
Wang Xiaoshuai, *Red Amnesia*, 2016 ; *Les Onze Fleurs*, 2011.
Wong Kar-wai, *In the Mood for Love*, 2001.
Zhang Yimou, *Coming Home*, 2014.

Films documentaires :

Chai Jing, *Sous le dôme. Enquête sur le brouillard chinois*, 2015.
Gore Al, *Une vérité qui dérange*, 2006.
Wang Bing, *Les Trois Sœurs du Yunnan*.

Séries télévisées :

Nos années françaises, en coopération avec l'ECPAD.
House of Cards.
Le Rêve dans le pavillon rouge.
Les Enquêtes du juge Ti.

Musicographie

Adams John, *Nixon in China*, 1985-1987.

Bizet, *Carmen* (Version chinoise dirigée par Jean Perrisson et mise en scène par Jean Terrasson à l'Opéra central de Pékin en 1982).

Cui Jian, *Rien en mon nom*, 1986. Chanson culte du mouvement étudiant de 1989.

Jin Xie, *Le Détachement féminin rouge*, 1961.

Lemarque Francis, *Mon copain de Pékin*, 1955.

Qigang Chen, *Wuxing* (*Les cinq éléments*). Pour grand orchestre symphonique, 1998-1999.

Qigang Chen, *You and Me*, 2008. Air des Jeux olympiques de Pékin.

Xie Tianxiao et son orchestre, *Cold Blooded Animal, Those who Pursue the Shadow, Sunflower and Illusion, Guzheng Reggae*...

Fleur de jasmin (*molihua* 茉莉花 mélodie composée au XVIIIᵉ siècle sous l'empereur Qian Long, reprise par toutes les chanteuses chinoises. Céline Dion l'a chantée en duo lors d'un gala de nouvel an à la télévision centrale.

Shangelila (Shangrila) Shanghai années trente.

Et toutes les «chansons rouges» à la gloire de Mao et du Parti : *Pour naviguer en haute mer il faut un timonier* 大海航行靠舵手, *L'orient est rouge* 东方红, *Dong Fang Hong, Sans le Parti communiste il n'y aurait pas de Chine nouvelle* 没有共产党就没有新中国...

Table

DANS LA MÊME COLLECTION

Hannah Arendt et Mary McCarthy, Correspondance, 1949-1975, *2009.*

Didier Epelbaum, Obéir. Les déshonneurs du capitaine Vieux, Drancy 1941-1944, *2009.*

Béatrice Durand, La Nouvelle Idéologie française, *2010.*

Zaki Laïdi, Le Monde selon Obama, *2010.*

Bérénice Levet, Le Musée imaginaire d'Hannah Arendt, *2011.*

Simon Epstein, 1930, Une année dans l'histoire du peuple juif, *2011.*

Alain Renault, Un monde juste est-il possible?, *2013.*

Yves Michaud, Le Nouveau Luxe. Expériences, arrogance, authenticité, *2013.*

Nicolas Offenstadt, En place publique. Jean de Gascogne, crieur au XVe siècle, *2013.*

François Heisbourg, La Fin du rêve européen, *2013.*

Axel Kahn, L'Homme, le Libéralisme et le Bien commun, *2013.*

Marie-Claude Blais, Marcel Gauchet, Dominique Ottavi, Transmettre, apprendre, *2014.*

Thomas Bouchet, Les Fruits défendus. Socialismes et sensualité du XIXe siècle à nos jours, *2014.*

Olivier Rey, Une question de taille, *2014.*

Didier Epelbaum, Des hommes vraiment ordinaires? Les bourreaux génocidaires, *2015.*

François Heisbourg, Secrètes histoires. La naissance du monde moderne, *2015*

Marcel Gauchet, avec Éric Conan et François Azouvi, Comprendre le malheur français, *2016.*

Yves Michaud, Contre la bienveillance, *2016.*

Axel Kahn, Être humain, pleinement, *2016.*

François Heisbourg, Comment perdre la guerre contre le terrorisme, *2016.*

Marcela Iacub, La Fin du couple, *2016.*

Olivier Rey, Quand le monde s'est fait nombre, *2016.*

Guillaume Bachelay, La Politique sauvée par les livres, *2016.*
Bérénice Levet, Le Crépuscule des idoles progressistes, *2017.*
Pierre Haski, Le Droit au bonheur, *2017.*

«RÉPLIQUES»
sous la direction d'Alain Finkielkraut

Ce que peut la littérature, *2006.*
Qu'est-ce que la France?, *2007.*
La Querelle de l'école, *2007.*
L'Interminable Écriture de l'Extermination, *2010.*

Cet ouvrage a été composé
par Belle Page
et achevé d'imprimer en France
par CPI Bussière
à Saint-Amand-Montrond (Cher)
pour le compte des Éditions Stock
21, rue du Montparnasse, 75006 Paris
en février 2017

Imprimé en France

Dépôt légal : mars 2017
N° d'édition : 01 – N° d'impression : 2028509
49-07-2235/0